V

ROBIN WOOD

Und vor uns sterben die Wälder

Herausgegeben von Volker Lange
und Erdmann Wingert

Rowohlt

Lektorat Klaus Humann
Layout Edith Lackmann
Umschlagentwurf Klaus Detjen
(Foto der Umschlagvorderseite dpa / Cornelia Gus;
Foto der Umschlagrückseite
Fotoagentur argus / Manfred Grohe)

1. Auflage April 1984

Gesetzt aus der Trump Mediaeval (Linotron 202)
Gesamtherstellung Clausen & Bosse, Leck
Printed in Germany
ISBN 3 498 07299 4

Inhalt

Könnt ihr noch Wetterbuchen liefern?

Aber es werden Menschen kommen
denen das zeitlauf zeitab
der Fabriken gleichgültig ist
sie wollen nicht auf Märkten einkaufen
aber sie fragen
nach dem Millionen
Jahre alten Wind
ob ihr noch Vögel
Fische
Füchse
Sumpfdotterblumen
aufgehoben habt
wenn anderswo
alle Wälder zerstückelt sind
alle Städte über die Ränder getreten
alle Täler überquellen vom Müll
Könnt ihr noch Wetterbuchen liefern?
einen unbegradigten Fluß?
Mulden ohne schwelenden Abfall?
Hänge ohne Betongeschwüre?
Seitentäler ohne Gewinn?
Habt ihr noch immer nicht genug
Einkaufszentren in Wiesen gestreut
Möbelmärkte zwischen Skabiosen
nicht genug Skilifte ohne Schnee
Nachschubstraßen für Brot und Spiele
Panzerschneisen hügelentlang
Fichtenschonungen auf der Albheide
wenn ihr die Schafe aussterben laßt
stirbt der Wacholder

Margarete Hannsman

Ein Vorwort,

in dem Peter Glötzel aus Bremen nachweist, daß Robin Wood einen Zug zum Höheren hat und dennoch auf dem Teppich bleibt.

Mit knapp vierzig Mitgliedern aus Bremen, Hamburg, Kiel und Köln fingen wir Ende 1982 an.
Im Januar 1983 gründeten wir in Berlin die nächste Regionalgruppe und hatten damit in fünf von insgesamt elf Bundesländern ein Bein oder – (um im Bild zu bleiben) etwas korrekter – eine Zehenspitze auf dem Boden.
Fünf überregionale (und mindestens ein Dutzend lokale) Aktionen bilden die Bilanz unserer jungen Organisation.
Im Februar, kurz vor der Bundestagswahl, eröffneten wir unseren gewaltlosen Kampf gegen das Waldsterben mit einem dreifachen Paukenschlag: Die Kölner bestiegen den Schlot des Kraftwerks Frimmersdorf, die Berliner den in Charlottenburg, und die Hamburger enterten ihr Wahrzeichen, den Kirchturm des «Michel» am Hafen.
Im April setzten wir zweimal zum Höhenflug an: Zuerst in Wien und Kufstein, wo eine ROBIN WOOD-Gruppe und Mitglieder der österreichischen Organisation GLOBAL 2000 zwei Schornsteine bestiegen.
Am 29. April, als die berühmt-berüchtigte Großfeuerungsanlagenverordnung im Bundesrat auf der Tagesordnung stand, besetzten wir den Baukran der zukünftig größten bundesdeutschen Dreckschleuder Buschhaus, placierten einen garagengroßen Schwefelkasten als Denkhilfe vor den Bundesrat, spielten auf dem Berliner Ku-Damm das Lied vom Waldtod, begruben in Kiel einen entnadelten Baum und schmückten in Hamburg einen Schlot mit einer toten Fichte.
Es nützte nichts. Minister Zimmermann, Meister des Augenwischens, setzte sich und sein schwefel- und verderbenspeiendes Verordnungswerk durch. Der Wald darf ordnungsgemäß weitersterben. Deshalb entwickelten wir uns Boykottmethode Giro Blau, die wir im August mit der Erstürmung des berühmten bayrischen Schlosses Neuschwanstein propagierten.

Im Dezember, am Nikolaustag, begleiteten wir den unharmonischen Verlauf des Europäischen Gipfeltreffens mit einem sonoren Dreiklang: Die Freiburger ROBIN WOODS schützten ein Stück Schwarzwald, indem sie es nach Christo-Manier einpackten; die Berliner kippten eine Fuhre toter Kiefern über ihre Schandmauer und die Hamburger kletterten – sechs Mann hoch – auf die beiden Schlote ihres schmutzigsten Kraftwerkes.
Das waren unsere «Großtaten» gegen die großen Untaten der Großfeuerungsanlagen. Die kleinen Taten will ich nur kurz auflisten, obgleich sie fast wichtiger sind als das «Spektakuläre», das aktuell mit den Zeitungen und Frühstücksbrötchen erscheint und ebenso schnell veraltet. Da sind die alternativen Waldspaziergänge, auf denen wir arglose Bürger das Gruseln lehren, die Infostände auf den Märkten, wo wir die schlimme Botschaft vom Wald- und Weltuntergang hektographiert verteilen, die Dia-Vorträge, mit denen wir Schüler aufmüpfen, die Schwefelschweine, die wir an besonders schwefelliebende Politiker, Manager und Kalkfetischisten verleihen; da gibt es noch vieles, was man aufzählen müßte – es ist in diesem Buch nachzulesen.
Können wir stolz sein? Zufrieden? Sind wir Helden? Nein. Unser Verein, gemeinnützig und e. V., wie es sich für eine gewaltlose, steuer- und spendenbegünstigte Organisation gehört, rekrutiert sich aus Menschen, die allesamt keine übermenschlichen Helden, keine «Berufsindianer» sind, die unablässig auf schwindelerregenden Schloten herumturnen. Der arbeitslose Koch Andreas und der ehemalige Kapitän Klaus zum Beispiel, der Taxifahrer Gerd und die Geigenlehrerin Ute bilden mit vielen anderen – mit Lehrlingen, Studenten, Forstwissenschaftlern, Juristen, Ärzten, Handwerkern, Beamten, Krankenschwestern und Hausfrauen die bunte Schlachtreihe dieser Organisation, die meist auf dem Boden harter Tatsachen agiert.
Sicher trägt unser Treiben dazu bei, daß das Thema «Waldsterben» und «Saurer Regen» in der öffentlichen Diskussion bleibt. Aber meßbare Wirkungen hat unser Engagement bisher nicht gefunden. Wir können nicht ein Gramm Schwefel vorweisen, das auf Grund unserer Aktivitäten in irgendeinem Kohlekraftwerk zurückgehalten wurde.
Ein Grund mehr, auf dem Teppich zu bleiben, nicht zuletzt, weil viele ROBIN WOODS schon schwindlig werden, wenn sie auf eine schlichte Haushaltsleiter steigen. Aber das «Bodenpersonal», das eben diese Leiter zum Schornstein trägt, damit unsere Kraxler den Absprung schaf-

fen, das mit Polizei und Werkschutz verhandelt, über das Funkgerät abgeschlaffte Turmbesteiger aufmuntert, um ihnen dann jubelnd um den Hals zu fallen, wenn sie heilfroh wieder runterkommen – all diese «Hintergrundakteure» sind ebenso wichtig wie die Kraxler.

Der Lohn für eine gute Tat ist die Tat selbst. Doch leider lohnen sich bis jetzt die Untaten noch mehr.

Keiner konnte erwarten, daß ein Jahr nach unserer Gründung die Luft sauber und der Wald gesund sein würde. Im Gegenteil: Es ist ein bitterer Witz, aber es stimmt: Seit es ROBIN WOOD gibt, haben die Waldschäden in Mitteleuropa dramatisch zugenommen. Doch dafür müssen wir andere verantwortlich machen, nämlich den Filz aus Energiewirtschaft, Politik und Industrie, der noch so lange an der Luftverschmutzung verdienen möchte, bis der Wald endgültig am Säuretod krepiert ist.

Wir wissen, daß man eine schlagkräftige Aktionsgemeinschaft nicht durch Eintragung im Vereinsregister wird, schon gar nicht, wenn man von Anfang an ein Konzept verfolgt, das überregionale und lokale Aktivitäten zum Ziel hat. Nach unseren Erfahrungen müssen wir vor einem solchen Vorhaben warnen. So etwas macht ziemlich viel Arbeit.

Immerhin. Bis jetzt dürfen wir darauf hinweisen, daß

- wir 400 Mitglieder sind, die in neun Regionalgruppen und in (mehreren) Initiativgruppen Wühlarbeit für den Wald leisten,
- bei unseren Aktionen niemand zu Schaden gekommen ist, weder Schornstein-, Kran- und Turmbesteiger oder einer von der Bodentruppe,
- die Strafverfahren wegen angeblichen Hausfriedensbruchs, die in München, Berlin, Hamburg und Helmstedt gegen unsere akrobatischen Aktivisten anhängig waren sang- und klanglos eingestellt worden sind,
- wir bei allen Aktionen Verständnis in der Öffentlichkeit und vielfach auch Unterstützung von örtlichen Umweltschutzinitiativen gefunden haben,
- wir, nämlich 400 ausgeprägte Einzelwesen, es trotz mancher Unkenrufe geschafft haben, uns zu organisieren und in längeren Zeiträumen gemeinsam zu planen,
- es gelungen ist, Anfänge einer brauchbaren Kommunikation zwischen den Regionalgruppen zu entwickeln und (trotz allen Mißtrau-

ens gegen Machtmißbrauch und Hierarchie) auch die zentralen Organe (Vorstand, Geschäftsstelle) arbeitsfähig zu machen,
und daß wir es im großen und ganzen geschafft haben, menschlich miteinander umzugehen.

In einer Gesellschaft, die sich so menschenfeindlich, so selbstmörderisch verhält, ist dies vielleicht noch das Einzige, was uns Mut gibt, weiterzumachen.
Ein letztes zum Schluß, weil es dahin gehört: ROBIN WOOD, so glaube und hoffe ich, wird niemals eine Massenbewegung werden. Wenn es uns wenigstens gelänge, die Masse zu bewegen – das wäre schon viel!

Dieses Buch konnte nur in Gemeinschaftsarbeit entstehen. Mit großen und kleinen Taten sind dabei:
Rolf Bennecke, Christof Bosch, Stephan Breuer, Gisbert von Eyb, Peter Glötzel, Regine Glötzel, Dieter Herold, Andreas Hesse, Reinhard Hübener, Imre Kerner, Christa Kunkel, Volker Lange, Claus-Peter Lieckfeld, Robert Meuchelmann, Anna Meyer, Sophie Müller, Hubert Perras, Rolf Praml, Eike Probst, Martina Raab, Dagny Radek, Karoline Ramlow, Gerd Renker, Christiane Rieve-Bergner, Roland Rose, Anne Scheerer, Klaus Scheerer, Heidi Schirmer, Thomas Schult, Reiner Sievers, Stefan Singer, Lollo Stankowski, Werner Steinke, Günter Vogel, Katrin Voigtländer, Benjamin Vollmer, Otmar Wassermann, Erdmann Wingert, Helga Wingert, Herta Wingert, Ilse Winterberg und Richard Zimmer.

Der lange Marsch nach oben

Lollo Stankowski und Katrin Voigtländer, zwei ROBIN WOOD-Frauen aus Köln, schildern, wie sie 120 Meter hoch in die Luft gingen, heilfroh wieder runterkamen und daß Mut aus Angst entsteht, die man auch und gerade als Frau überwindet.

LOLLO: Als wir uns zum erstenmal eines der Kraftwerke hier im Braunkohlenrevier angesehen haben und vor dem dampfenden Ungeheuer standen, kam es mir vor wie im Märchen: Der böse Drache, der seinen giftigen Rauch über das ganze Land ausspuckt. Allen macht das, was herauskommt, zu schaffen, aber keiner weiß, was er gegen den Giganten unternehmen kann. Ich dachte, wir sind wahnsinnig. Wir standen am Zaun, hinter dem wieder mehrere Maschendrahtzäune kamen. Ich habe noch gar nicht an den Schornstein gedacht, sondern nur, wie wir es schaffen sollten, überhaupt aufs Gelände zu kommen. Sind die Werkschützer bewaffnet? Schießen die vielleicht auf uns?

KATRIN: Ich habe es auch erst für Wahnsinn gehalten. Als Michael anfing, mit Fernglas, Zirkel und Daumensprung das Gelände und den Schornstein abzupeilen, habe ich gemerkt, wie zuverlässig und genau gearbeitet wird. Ich bekam mehr und mehr Vertrauen in die Gruppe, in der ich ja neu war. Wir haben angefangen zu üben, die Ausrüstung zu kaufen. Der Gedanke, auf den Schornstein zu klettern, wurde zwar immer vertrauter, aber ich habe bis zum Ende, noch auf dem Gelände, gedacht, es kommt etwas dazwischen.

LOLLO: Ich wußte von früheren Aktionen, daß wir es schaffen, wenn wir es richtig wollen.

KATRIN: Für mich war immer der rote Faden, was ich will. Wenn ich nach unseren Besprechungen abends heim kam, konnte ich oft nicht einschlafen. Dann mußte ich alles noch einmal mit mir allein ausmachen. Die ganze Vorbereitungszeit war eine ständige Auseinandersetzung mit mir selbst.

LOLLO: Ich war wie gespalten. Einerseits wollte ich unbedingt auf den Schornstein. Andererseits fand ich mich total verrückt. Ich bin 38, unsportlich. Ich bin zwar schon auf Kirschbäume gestiegen und auch mal vom 5-Meter-Turm im Schwimmbad gesprungen. Aber wie komme ich denn dazu, mir zuzutrauen, die 120 Meter zu schaffen?

KATRIN: Ich hatte keine Angst vor den körperlichen Anstrengungen, aber vor den juristischen Konsequenzen. Mir ging immer durch den Kopf – Verhaftung, Prozeß. Eventuell bin ich vorbestraft und bekomme keine Anstellung als Lehrerin. Als wir im Arbeitskreis darüber geredet haben, wer mit hoch will, fiel es mir schwer, darüber zu sprechen. Von den Männern kam gleich: «Ach, da muß man doch drüber stehen. Das muß man in Kauf nehmen.»

LOLLO: Als du gesagt hast, daß du auch mit auf den Schornstein willst, ist mir erst mal der Boden unter den Füßen weggerutscht. Wir hatten vorher immer gesagt: «Damit es keine reine Männeraktion wird, soll eine Frau mit hoch.» Da dachte ich, tja, die Katrin ist die Frau. Sie ist jung und sportlich, die kann das. Da bin ich weg vom Fenster!

KATRIN: Das habe ich so gar nicht mitgekriegt. Ich fand das sehr angenehm, daß du auch zur

Katrin überprüft den Brustgurt

Debatte standest. Ich habe das nicht als Konkurrenz aufgefaßt, sondern als Sicherheit. Wenn ich irgendwann merken sollte, daß ich doch nicht will, kann ich noch einen Rückzieher machen, denn dann bist du ja noch da.

LOLLO: Als du von deiner Angst gesprochen hast, war ich erst in Versuchung, dich darin zu bestärken, um selbst als Nummer eins rauszukommen. Aber dann habe ich zum erstenmal die Männer im Arbeitskreis mit anderen Augen gesehen. Keiner wollte sich mit deiner Angst auseinandersetzen. Da hatte ich das Gefühl, ich muß zu dir halten. Du hattest Angst, ich hatte Angst, wir beide wollten uns trauen. Dadurch, daß du angefangen hast, über deine Angst zu reden, konnte ich erst über meine reden.

KATRIN: Das war ein ganz intensives Gespräch nur zwischen uns beiden. Die Männer hatte ich ganz vergessen.

LOLLO: Für mich war es doch auch so wie für dich, daß mir in der Gruppe, außer Thomas, keiner Mut gemacht hat, mit hochzugehen. Bei meinen Freunden war es ganz ähnlich: «Lollo, das schaffst du nicht.» Ein Freund hat ausgerechnet, daß ich 480mal die Karabiner ein- und ausklinken muß. Andere haben gesagt: «Du hast ein Kind. Als Mutter kannst du so gefährliche Sachen nicht machen.» Aber eine Freundin meinte: «Lollo, du bist stark, du schaffst das!» Dann kam unser Ausflug zum Übungsschornstein auf dem stillgelegten Zechengelände in Essen. Sonntagnachmittag, Winter, Leute gehen spazieren. Wir acht Leute holen eine Leiter vom Auto und gehen mit ihr zu dem alten Schornstein. Zuerst wollte ich mich verstecken, aber irgendwas hat mich dann doch an den Schornstein range-

Die Kölner am Abend vorher: Achim Dreyer, Axel Krause, Lollo Stankowski, Eva Hammel und Katrin Voigtländer

trieben. Ich wußte, wenn ich jetzt nicht hoch gehe, traue ich mich nicht mehr. Ich habe zum erstenmal den Gurt angezogen und bin hoch. Die Karabiner haben sich verhakt und verklemmt, die Stufen waren so weit auseinander. Nach 10 Metern habe ich nach unten geguckt. Ich hatte kein sehr gutes und auch kein schlechtes Gefühl. Mehr so: na ja, das könnte gehen. Aber auch: 120 Meter sind 12mal so hoch!

KATRIN: Um die Kletterei habe ich mir gar nicht soviel Gedanken gemacht. Ich weiß noch, daß im Arbeitskreis alle gefragt haben: «Bist du denn schwindelfrei?» Ich wußte gar nicht, woran man das merken sollte.

Deshalb bin ich ganz allein auf den Kölner Fernsehturm gefahren und habe die 160 Meter in die Tiefe geguckt. Mich hat beruhigt, daß man aus der Höhe noch die Menschen erkennen kann.

LOLLO: Mir war klar, Schwindel hat was mit Angst zu tun und Angst macht einen kraftlos. Ich hatte für mich vorher nie die Sicherheit, daß ich am Schornstein nicht irgendwann Angst bekäme.

Ich habe immer damit gerechnet, daß ich schwindlig werde und weder vor noch zurück kann. Ich wußte, mit dem Hubschrauber kommt man nicht ran und die Feuerwehrleitern sind nicht so hoch. Da ist es bei mir immer dichter geworden, und ich wußte, ich muß es irgendwie ganz allein von mir aus schaffen.
KATRIN: Ich wußte, wenn die Angst erst bei der Aktion kommt, gerate ich in Panik. Deshalb habe ich immer versucht, alle Faktoren, die mir Angst einjagen, vorher abzuklären. Bei der Aktion hatte ich dann auch die größte Angst, über das Grundstück zu gehen. Alles andre habe ich vorher für mich durchspielen können.
LOLLO: Das war für uns alle so. Als wir uns von denen draußen am Zaun getrennt hatten, hatte ich das Gefühl, ich muß über einen Todesstreifen. Alles hell erleuchtet. Vor uns der rauchende brummende Moloch, 150 Meter links neben uns das Pförtnerhäuschen. Axel und Joachim gingen ganz vorn, dann du und Eva Hand in Hand. Das sah aus wie Hänsel und Gretel, die allein in den bösen Wald geschickt werden. Ich war die letzte. Falls einer uns entdekken sollte, mußte ich ihn ablenken und aufhalten. Das war für mich eine Entlastung, weil ich von der Kondition her die Schwächste war. Ich wußte gar nicht, was ich zu ihm gesagt hätte, aber mir war klar, wenn es soweit ist, halte ich ihn irgendwie auf, damit ihr Zeit gewinnt und an den Schornstein ran könnt.
KATRIN: Da hätte ich viel mehr Angst davor gehabt. Ich war froh, daß du das freiwillig übernommen hast und ich vorweggehen konnte.
LOLLO: Am Kühlturm war schon ein wichtiges Stück geschafft. Eva, du und ich haben uns da getroffen, uns angeguckt und sind dann das letzte Stück zum Schornstein rüber. Ihr seid vorweg, ich als letzte auf die Leiter. Irgendwann höre ich von oben: «Lollo, der Sack hängt fest. Du mußt warten und ihn halten.» Ich war ganz ruhig und habe mich zwischen Erdboden und dem ersten Plateau wie ein Korken gefühlt. Keiner wäre an mir vorbeigekommen. Dann habe ich mit meiner ganzen Kraft den Sack gehalten. Wie lange, weiß ich nicht. Unten fuhren Autos vorbei ... Irgendwann kam Joachim von oben, hat mich angelacht und gefragt, wie es mir geht, ob ich es noch schaffe. Das hat mir so gut getan.
KATRIN: Als wir oben auf der 40-Meter-Plattform waren, war ich erst mal heilfroh, daß ich nicht an deiner Stelle war. Aber dann war

mein erster Gedanke, daß wir dir helfen müssen. Wir haben ein zweites Seil gelegt, Karabiner ausgetauscht. Ich wollte nicht noch einmal runter ins Ungewisse steigen und war erleichtert, als Joachim zu dir runter ist. Und dann hat auf einmal die halbe Lollo aus der Luke geguckt.

LOLLO: Ich habe erst gar nicht durchgepaßt und mich dann quer durchgequengelt. Ich war so froh, als ich dich und Eva sah. Ihr habt mich dann lachend hochgezogen. Ich dachte, gut – die erste Etappe ist geschafft, aber jetzt wird's ernst. Ich habe ganz scheu am Schornstein hochgeguckt. Der ragte ganz endlos, immer wieder von Rauchschwaden verdeckt, ins Dunkle. Ich hatte das Gefühl, das geht nicht. Ich kann nicht hoch! In die Dunkelheit und in den Rauch.

KATRIN: Ich habe auch gedacht: Huii, das ist aber ganz schön hoch! Da ist der Probeschornstein ja nichts dagegen. Aber mir war klar, daß wir da hoch müssen. Und dann hat Joachim gesagt, das sei nicht zu machen, er könne das nicht verantworten. Ich bin zu der Leiter gegangen und habe mich gefragt, warum kann er das nicht verantworten? Wir hatten uns doch vorher genau überlegt, daß es nur eine Situation gibt, in der wir nicht hoch können, und zwar wenn es gefroren hat und die Bügel vereist sind. Ich habe nicht einsehen können, warum wir nicht weitermachen sollten. Da war für mich einfach keine Logik. Ich mußte mit Joachim und euch reden. Dann haben wir uns hingesetzt, Zigarettchen geraucht, die scheußlichen Müslitabletten gegessen und eine richtige Basisgruppenbesprechung gemacht. Eva und ich haben Joachim gefragt: Was ist mit dir? So nach und nach kam heraus, daß er sich verletzt und starke Schmerzen an der Schulter hatte. Deshalb wollte und konnte er nicht weiter. Er hat wohl gedacht, er kann die Aktion nicht verantworten, wenn er nicht mit höher kommt. Aber ich finde es auch typisch, daß er von sich aus nicht über seine Schmerzen geredet hat. Da kam eine Phase allgemeiner Verwirrung. Joachim als gelernter Schornsteinfeger war für uns immer der Garant für die Aktion gewesen. Es wurde immer kälter. Erst bin ich noch auf dem Plateau hin und her gegangen, dann wurde ich so müde. Ich habe mich in meinen Schlafsack gesetzt und über die Wolken aus den zwölf kleinen Schornsteinen geguckt. Durch die Rauchschwaden sah ich hinten die Sonne aufgehen. Ich dachte: Warum sitze ich jetzt hier? Könnte es nicht jemand anderes sein? Ich könnte jetzt in meinem Bett liegen. Alles nur, um auf diesen Schornstein raufzusteigen. Da hatte ich auf einmal das Gefühl, daß alles in gar keinem Verhältnis steht. Die machen sowieso weiter. Als ob es an mir, Katrin Voigtländer liegt, daß sich an dieser Großfeuerungsanlagenverordnung oder an dieser Dreckschleuder etwas ändert. Daß es an mir liegen soll!? Ich habe immer an mein Bett gedacht.

LOLLO: Bei mir ist die Angst vor dem Schornstein plötzlich in Wut umgeschlagen. Warum müssen wir denn solche Wahnsinnsaktionen machen? Es steht doch überall zu lesen. Jeder weiß, daß der Wald zugrunde geht, wenn nicht bald was Richtiges passiert! Irgendwann hat Axel mit hastiger Stimme gesagt: «Also Leute, ich geh jetzt mal hoch gucken!» Ich dachte, der kann doch jetzt keinen Alleingang machen. Wir müssen doch immer alles zusammen machen. Aber er war nicht zu halten und ist im Dunkeln die Leiter hoch. Ich habe ihn dann als Schatten oben gesehen, im Rauch zwischen den roten Warnlampen und so eine Angst um ihn gehabt, ob er vielleicht vom Rauch ohnmächtig wird... Auf einmal kam er wieder herunter, hat gelacht und gesagt: «Da oben ist es prima!» Und das war die Wende. Eva hat dann wie eine bayrische Bergsteigerin lustig gesagt: «So, jetzt geht's aufi!», und dann sind die beiden los.

Dann war ich ganz für mich allein. Ich habe auch nicht mehr mit dir und Joachim geredet. Es wurde langsam hell. Da sind mir zum erstenmal die draußen eingefallen. Ich wußte, daß sie jetzt die Presse holen. Axel und Eva waren schon fast oben. Ich stand an der Leiter und habe zu mir gesagt: «Lollo, du wolltest doch immer da hoch! Dann mach es jetzt!» Ich habe meine Karabiner genommen und mir gesagt: «Mach es so, wie du es kannst.» Und dann habe ich ganz ruhig eingehakt, ausgehakt, step by step, ich war ganz für mich, wie in Trance. Irgendwann habe ich im Augenwinkel den Sack neben mir gesehen und gewußt, Eva und Axel haben es geschafft, das Monster hochzuziehen. Dann habe ich ihre Stimmen gehört. Die haben mich das letzte Stück hochgezogen. Auf einmal gucken sie lachend durch die Luke zu mir runter.

Ich steige auf das Plateau, bin auf 120 Meter, gucke durch das Gitter senkrecht nach unten, nach oben in den blauen Himmel mit weißen Wolkenfetzen und bin glücklich. Ich habe mich da oben wie zu Hause gefühlt.

KATRIN: Als ihr oben in Sicherheit wart, fiel mir ein, mit denen draußen zu funken. Vorher hatte ich immer noch Angst, wir könnten zufällig vom Werkschutz abgehört werden. Ich habe die Antenne rausgezogen und wußte gar nicht, was man in so ein Funkgerät reinspricht. Ich habe nur gesagt: «Hallo, hallo, hört ihr mich?» Dann war gleich Michael dran und sagte: «Ganz toll, ganz toll! Ihr habt es also doch geschafft!» Er erzählte mir dann, daß sie seit zwei Stunden auf Nachricht von uns gewartet hätten und in Panik waren, ob wir vielleicht entdeckt worden wären. Sie waren schon zweimal ums Gelände gelaufen und konnten uns in der Dunkelheit nirgendwo sehen. Ich habe dann mit dem Fernglas rüber aufs Feld geguckt und unsere Leute mit dem Funkgerät gesehen, Michael und Stefan. Auf einmal war die Verbindung mit unserer Gruppe wieder da. Das war ganz toll. Im Werk hatte uns immer noch keiner entdeckt. Joachim und ich sahen gegenüber Leute, die Fenster putzten. Wir dachten immer, die müssen uns doch sehen! Das ist doch nicht normal, daß Leute auf einem Schornstein sitzen! Unter uns gingen Arbeiter vorbei. Wir konnten es nicht fassen, daß wir 40 Meter über ihnen sind und keiner uns sieht. Dann gab Michael durch, er ginge jetzt zum Pförtner, um zu sagen, daß wir den Schornstein besetzt hätten. Und dann ging alles rasend schnell: Werkschützer mit weißen Helmen kamen unten angelaufen, wie die Ameisen. Wir wurden mit Megaphon aufgefordert, sofort den Kamin zu verlassen. Dann habe ich gesehen, daß die ersten zwei Arbeiter versuchten, über die Leiter nach oben zu kommen. Da dachte ich, jetzt muß ich auch nach oben. Jetzt muß ich unbedingt zu euch. Ich wußte, von dem 40-Meter-Plateau können sie uns noch runterholen, aber auf 120 Meter klettert uns keiner hinterher. Dann bin ich in Hektik an die Leiter und ganz schnell die ersten Stufen hoch, weil ich dachte, ich muß jetzt schnell vor den Werkschützern flüchten. Erst beim Klettern ist mir klar geworden: «So, jetzt geht's rauf. Nicht nach unten und nicht nach oben gucken.» Ich dachte immer an Michaels Rufe am Übungsschornstein: «Linker Fuß und rechter Arm, und linker Arm und rechter Fuß.» Ich habe immer genau geguckt, daß die Karabinerhaken richtig eingeklinkt sind und nie zwei an derselben Stufe. Eigentlich habe ich nur am Wind gemerkt, daß es höher ging. Ich wußte auch nicht, wie weit ich war. Mir kam es vor, als wäre

ich schon Stunden am Klettern. Der rote Backstein hat mich beruhigt. Damit verbinde ich nur Angenehmes wie die Häuschen in Holland …

Irgendwann habe ich eure Stimmen gehört. Das war schon fast so gut wie oben sein. Durch die Luke hoch, eure Gesichter, ihr habt mich umarmt. Der erste Gedanke war: «Jetzt hast du's geschafft.» Dann ging mein Blick direkt durchs Gitter in die Tiefe. Da dachte ich «Um Gottes willen». Ich hatte zum erstenmal richtig Angst. Ihr hattet schon die gelbe Plane als «Sichtschutz» auf einer Seite festgemacht. Vor der Aktion habe ich immer gedacht, so ein Quatsch. Stefan hat sich soviel Arbeit damit gemacht, hundert Ringe angenäht und mir genau erklärt, wann und wie ich sie festmachen soll. Oben war ich heilfroh, daß wir sie hatten. Ich brauchte dann nicht mehr in die Tiefe zu gucken, nur in den Himmel, und das war unheimlich schön.

LOLLO: Ich fand das toll, als der Polizeihubschrauber kam und über Lautsprecher zu uns dröhnte: «Verlassen Sie sofort den Kamin!» Da konnte ich nur lachen. Uns kriegt hier keiner weg!

KATRIN: Ich habe zu Hubschraubern ein schwieriges Verhältnis. Ich denke an Brokdorf und fühle mich von ihnen bedroht und ausgeliefert. Wenn ich das Geräusch schon höre, werde ich unruhig. So war das auf dem Schornstein auch. Irgendwann wurde mir dann klar, daß sie gar nichts machen können, daß sie völlig nutzlos rumfliegen.

LOLLO: Mir ging es gut, bis Axel sagte, wir müssen jetzt die Transparente raushängen. Der Wind, dieses riesige Ding! Ich wollte überhaupt nicht mehr auf die Leiter. Da fing Axel an, wie ein Wilder das Transparent aus dem Sack zu zerren. Ich hatte Angst, der Netzstoff, auf den die Buchstaben genäht waren, verheddert sich und habe dann mitgeholfen. Erst mal habe ich «Stoppt» mit dem Taschenmesser abgetrennt. Axel ist die Leiter zum 160er-Plateau hoch und hat es festgemacht. Und dann haben wir die Riesenstoffschlange mit «Sauren Regen» an der Leiter nach unten festgemacht. Ich habe an der Luke auf dem Bauch gelegen und einen Buchstaben nach dem anderen runtergelassen. Der Wind hat den Stoff wie ein Segel aufgebläht und im Bogen von der Leiter weggetrieben, bis Axel es geschafft hat, ihn an der Leiter mit Karabinern einzuhaken. Ich war heilfroh, daß Axel die Leiter runter ist.

KATRIN: Schweißnaß kam er wieder hoch. Er war ja ständig auf

Achse. Morgens allein hoch, runter, wieder hoch, allein auf 160 Meter, mit dem Transparent hin und her. Dann beim Abstieg erst mit mir, dann mit Eva und dir. Physisch hat er von uns allen die Spitzenleistung gebracht. Während ihr mit dem Transparent beschäftigt wart, kam bei mir wieder die Angst. Was machen die mit mir, wenn ich runterkomme? Mittlerweile sammelten sich unten am Schornstein Feuerwehr, Polizeiautos und Massen von Leuten. Da habe ich mit Walter gefunkt. «Wie geht's denn euch da oben?» fragte er und ich: «Ach, ich glaube, den andern geht's gerade gut.» Er hat nicht locker gelassen, bis ich ihm von mir erzählt habe. Da ist mir klar geworden, wie wichtig die Verbindung von oben nach unten ist, daß einer über die Entfernung sich um mich gekümmert hat. Schon bei der Vorbereitung hat Walter ganz genau mit mir über die juristischen Konsequenzen geredet und nichts beschönigt, aber mir auch immer Mut gemacht. So war das auf dem Schornstein auch. Später kamen über Funk nur noch Erfolgsmeldungen über die Aktionen in den anderen Städten, daß das Fernsehen da ist und ein Bericht im Mittagsmagazin gekommen ist... Unsere Arbeit war getan. Das Transparent hing. Wir verabredeten mit unseren Leuten, daß wir gegen 14 Uhr runterkämen. Der Sack wurde gepackt. Schnell noch ein paar «Gipfelfotos» geschossen. Ich hatte es sehr eilig, nach unten zu kommen, weil ich dringend mußte und stieg mit Axel als erste runter. Als ich auf dem 40-Meter-Plateau war, bin ich wie ein Tiger im Zoo vorm Gitter auf und ab gelaufen und habe nach unten auf die Menschenmenge gestarrt. Was werden die mit mir machen, wenn ich unten ankomme? Joachim hat irgendwann gemeint: «Geh doch runter, es wird schon nichts Schlimmes passieren.» Da bin ich runter. Vor Angst habe ich bis zur letzten Stufe die Karabiner eingehakt. Als ich unten angekommen bin, habe ich mich umgedreht und stand in einer riesigen Menschenmasse, Mikrofonstangen vorm Gesicht, Kameras, die auf mich zielten. Direkt neben mir Werkschützer in Uniform. Ich war mit dem Rücken an den Schornstein gedrückt und alle redeten auf mich ein: «Sie waren jetzt 12 Stunden da oben. Wie fühlen Sie sich? Glauben Sie, daß Ihre Aktion Erfolg hat?» Ich konnte noch keinen klaren Gedanken fassen und sollte Rede und Antwort stehen. Ich dachte, nur weg hier. Dann habe ich in der Menge Michael erkannt, der da als Fotograf stand. Er hat mir zugeblinkt, und

G
E

das hat mir in diesem Moment Kraft gegeben. Wenn die von der RWE wüßten, daß sogar hier auf dem Gelände unsere Leute sind! Dann habe ich noch Heide gesehen und wußte, Michael und sie passen auf mich auf. Dann haben mich die Werkschützer zur Baracke geführt. Da sah ich nur Uniformen, Werkschützer und Polizisten. Nur Männer, nicht eine einzige Frau war dabei. Sie fragten mich, ob ich etwas haben wolle. Sie waren sehr freundlich, aber ich dachte, daß sie mich reinlegen wollten. Ob ich nicht einen Cognac oder Schnaps wollte? Lauter Männer, die darauf warten, daß ich als Frau mir einen Schnaps reintue. Ich habe dann nur gesagt, daß ich ganz schnell hier raus will und aufs Klo. Es war schwer für sie, ein Frauenklo aufzutreiben. Es gab nur eins in der Krankenstation. Zwei Männer haben mich dahin geführt, einer rechts, einer links, wie einen Verbrecher. Es haben nur die Handschellen gefehlt. Auf dem Weg kamen zwei Journalisten vom ZDF. Ich habe ihnen für später ein Interview zugesagt und bin dann in die Krankenstation aufs Klo gegangen. Da fielen mir die Filme von Eva ein, die ich in der Daunenjacke hatte. Damit sie nicht so leicht gefunden wer-

Glücklich wieder unten: Lollo und Katrin

den können, habe ich sie in meiner Skiunterwäsche versteckt. Das war sehr umständlich mit dem Gurt und den vielen Klamotten, die ich anhatte. Es hat lange gedauert. Auf einmal kam einer meiner Bewacher in den Vorraum reingeplatzt und schrie: «Wo sind Sie? Wo sind Sie?» Er dachte wohl, ich sei durchs Fenster abgehauen. Als ich herauskam, standen wieder drei Uniformen vor mir und sagten, sie würden mich jetzt rausfahren. Ich sagte, daß ich lieber selber rauslaufen wollte. Die 50 Meter würde ich nach dem Schornstein auch noch locker schaffen. Aber sie ließen nicht mit sich reden, faßten mich links und rechts am Arm und versuchten, mich ins Feuerwehrauto reinzumanövrieren. Ich konnte gerade noch den Journalisten zurufen, daß ich weggebracht würde und nicht wüßte, wohin. Sie sind sofort in ihr Auto gesprungen und hinter dem Feuerwehrauto hergerast. Vorm Schlagbaum hielten sie, die Schranke ging hoch, ich raus, und da war keiner! Als erste kamen die Journalisten. Ich habe mit ihnen das Interview gemacht, und da kamen dann auch Michael, Anne und die anderen. Sie hatten an einem anderen Ausgang gewartet. Sie umarmten mich und sagten: «Ganz toll, Katrin!»

LOLLO: Als du mit Axel runtergestiegen warst, ist es mir richtig schwergefallen, mich vom Schornstein zu trennen. Ich habe mir gedacht: Jetzt sind wir oben. Zeitungen, Radio und Fernsehen bringen unsere Meinung und unsere Kritik an den Sonntagsreden der angeblichen Waldretter. Ich wußte, wenn wir unten sind, fängt der Alltag wieder an. Daß wir zwar unten genauso recht haben wie oben, aber daß wieder soviel gegen uns steht. Daß die anderen mehr Macht haben und Herr Zimmermann täglich seinen Bluff in den Medien verkünden kann. Ich habe mit Eva richtig Abschied von oben genommen. Der erste Schritt runter war sehr schwer. Auf halber Höhe rief Axel: «Der Sack hat sich verhakt. Halt ihn fest!» Ich dachte nur: O nein, nicht schon wieder. «Nein, das kann ich nicht!» schrie ich zurück. «Doch, das kannst du!» rief Axel, und da konnte ich es. Ich habe festgehalten, nach unten geguckt, Karabiner umgehakt. Auf dem 40-Meter-Plateau habe ich nach unten auf die Menschentraube geguckt und gedacht: «Das ist der letzte Abschnitt. Den schaffst du auch noch.» Im Kopf waren die letzten 40 Meter für mich eine Kleinigkeit, aber in Wirklichkeit ging's mir anders! Ich war ganz unkonzentriert, konnte die Haken nicht mehr richtig einklinken, meine Arme und Beine haben gezittert. Auf der Hälfte dachte ich, jetzt kann mich auch die Feuerwehr runterholen. Aber den Triumph habe ich ihnen dann doch nicht gegönnt und es schlecht und recht bis unten geschafft. Als ich mich umdrehte, zerrte mich sofort ein Werkschützer am Arm. «Kommen Sie mit!» Da habe ich ihn angefaucht: «Ich komme mit, wann ich will!» Daraufhin hat er mich in Ruhe gelassen. Zusammen mit Axel habe ich den Journalisten gesagt, warum wir die Aktion gemacht haben. Dann sind wir rüber zur Baracke. Auf dem Weg fielen mir Evas Filme ein, die ich in der Anoraktasche hatte. Da habe ich Christel gesehen, die mit der Kamera unter den Journalisten stand, bin ihr um den Hals gefallen und habe ihr dabei die Filme in die Manteltasche gesteckt. Dann bin ich ganz erleichtert und fröhlich in die Baracke. Bewundernde, anerkennende Blicke. Ein älterer Werkschützer hat sich besorgt erkundigt, ob wir auch gute Schuhe angehabt hätten. Ein höherer Kriminalbeamter im schicken

Trenchcoat durchsuchte den Sack und nahm unsere Personalien auf. Als die Formalitäten erledigt waren, sind Eva, Axel und ich fröhlich ins Feuerwehrauto gestiegen. Ich fand das dufte, endlich mal mit der Feuerwehr zu fahren! Die Schranke ging hoch. Dahinter unsere Freunde. Ich war glücklich. Glücklich, unten und draußen zu sein. Glücklich, weil jeder von uns, egal ob unten oder oben, alles so gut gemacht hatte wie er nur konnte.

Aktion durch Aktien

Ein paar Tage nach der Schlotbesteigung von Frimmersdorf faßten die Kölner ROBIN WOODS noch einmal nach. Lollo Stankowski erzählt, wie man / frau mit neun Buchstaben den hohen Herren über Gift und Geld die Leviten lesen kann.

Wir sind mit dem VW-Bus unterwegs nach Essen zur Aktionärsversammlung der Rheinisch-Westfälischen Elektrizitätswerke (RWE), dem mit Abstand größten Energieversorgungsunternehmen der Bundesrepublik. Die RWE erzeugt mehr als ein Drittel des westdeutschen Stroms: Entsprechend hoch ist ihre Produktion von Schadstoffen – nicht ein einziges der über hundert RWE-Kohlekraftwerke besitzt eine Rauchgasentschwefelung. Die Versammlung findet in der Gruga-Halle statt, die wir sonst nur von Pop-Konzerten her kennen. Diesmal ist unsere Eintrittskarte eine Aktie der RWE. Am Eingang erwartet uns ein Body-Check wie am Flughafen. Wachpersonal durchleuchtet unsere Taschen, durchsucht uns nach Waffen. Doch unsere «Waffen» schlüpfen durch das Sicherheitsnetz: Jeder von uns hat unterm Pullover ein

T-Shirt mit einem Buchstaben auf der Brust und einem auf dem Rükken, die – in der richtigen Reihenfolge gelesen – den Slogan ergeben «Stoppt So_2 – Robin Wood».
Im Foyer drängen sich die Kleinaktionäre, holen sich ihre Lunchpakete und Getränke. Aus Gründen der Tarnung machen wir es genauso und gruppieren uns unauffällig um einen der vielen Imbißtische.
Um uns herum wimmelt es von Werkschützern. Wir fühlen uns beobachtet. Erkennt uns vielleicht einer aus Frimmersdorf wieder, wo wir den Schornstein besetzt und viel Aufsehen erregt haben? Einige von uns gehen nach oben in die Halle, um die Lage zu peilen. Auf dem Podium, von Blumen umrahmt, die hohen Herren des Vorstands. Am Rednerpult spricht gerade der Vorsitzende des Verbands der Kleinaktionäre. Er geißelt das unverantwortliche, einseitige Engagement der Medien in Sachen Waldsterben und gibt zu bedenken, ob nicht die vielen Raucher mehr Schuld an der Luftverschmutzung hätten als die zu Unrecht beschuldigten Kraftwerke. Zustimmendes Nicken auf dem Podium, hämisches Gelächter und tosender Beifall im Saal.
Unser Plan, auf dem Podium unseren Slogan zu enthüllen, erweist sich als undurchführbar. Die Vorstandsherren sitzen ganz vorn am Rand der Bühne. Wir könnten uns nur hinter sie stel-

len, dann wären wir vom Saal aus schlecht zu sehen. Wir machen eine Lagebesprechung unten im Foyer und entwerfen einen neuen Plan.
Jetzt warten wir nur noch auf den richtigen Augenblick. Als ein Redner dafür plädiert, den Vorstand wegen unverantwortlicher Umweltpolitik nicht zu entlasten, ist es für uns soweit. Wir gehen mit weichen Knien die Treppen zur Halle hoch, bleiben auf einem Treppenabsatz stehen. Neben dem Podium eine Traube von Werkschützern. Schnell flüstern wir uns noch zu: «He, du bist das R, du mußt neben das O», dann marschieren wir im Gänsemarsch vor das Podium. In der Mitte bleiben wir stehen, ziehen blitzartig unsere Pullover aus und haken uns ein. «Robin Wood» ist zu lesen, wir drehen uns um wie Gogo-Girls, «Stoppt So_2» steht auf unseren Rücken. Nervöses Gemurmel auf dem Podium, verwirrte Stille im Saal. Das von uns erwartete Geschrei «Aufhören» und «Raus» kommt nicht. Dem Aufsichtsratsvorsitzenden der RWE, Herrn Dr. Christians, der außerdem noch viele Aufsichtsratsposten in großen Unternehmen wie der Karstadt AG und bei Bayer hat und zum Vorstand der Deutsche Bank AG gehört, rufen wir zu: «Guten Tag, Herr Christians, wir sind die Leute vom Schornstein!»
Als er über Mikrofon den Aktionären im Saal bekanntgibt, er werde die Störer gleich entfernen lassen, handelt er sich Zurufe ein: «Warum? Die stören doch gar nicht!» Wir warten ruhig ab, bis der Redner am Pult seine Anklage gegen den Vorstand beendet hat und verlassen dann den Saal.
Im Foyer unten lassen die Kleinaktionäre ihre Gratis-Würstchen auf die Pappteller sinken und starren uns an. Dann diskutieren sie aufgeregt miteinander. Die Meinungen scheinen geteilt. Aber einige der Getränkeausteiler, Garderobenfrauen und Aufräumer sehen uns mit unverhohlener Sympathie an.

Rettet das Waldsterben!

Die Überschrift dieses Kapitels klingt zynisch und ist frei erfunden. Denn natürlich propagiert niemand offen den Tod der Wälder, auch wenn er ihm in den Kram paßt.
Wahr ist aber, daß das Waldsterben die makabre Kulisse abgibt für den letzten Versuch der Atomlobby, ihre gescheiterte Energiepolitik zu retten. Atomstrom, heißt es, rettet den Wald. Doch die so reden, sind bereit, den Wald zu opfern, um den Atomfetisch zu retten. Der Beitrag von Rolf Praml weist nach, wie die Bundesregierung ihre Umweltpolitik an diesem fatalen Interesse der deutschen Elektrizitätswirtschaft ausgerichtet hat.

Vor der Kohle war der Wald. Vor Urzeiten versanken in Mitteleuropa riesige Wälder. Ihre pflanzlichen Überreste setzten sich um in Kohlenstoff. Gewaltige geologische Verschiebungen preßten sie zu einem hochwertigen Brennstoff – der Kohle. Jahrmillionen später ist die Kohle dabei, weite Teile der Wälder unseres Landes zu vernichten.
Die Geschichte der industriellen Zivilisation ist eine Geschichte des explosionsartigen Anstiegs industrieller Verbrennungsprozesse. Nur durch den immer größeren Einsatz der fossilen Brennstoffe Kohle, Öl und Gas gelang es, den Energiehunger der technischen Gesellschaft zu stillen. Eine Generation nach dem Wirtschaftswunder der Nachkriegsjahre zeigt sich jedoch, daß die unbekümmerte Energieverbrauchssteigerung ein Wechsel auf die Natur war, der nun geplatzt ist.
Denn die Verfeuerung fossiler Brennstoffe hat einen entscheidenden Haken: Jeder Brennstoff enthält Bestandteile, die in der Natur zwar vielfach vorkommen, in großen Mengen aber zu Schadstoffen werden: Schwefel, Stickstoff, Schwermetalle. Schwefel und Stickstoff verbinden sich im Verbrennungsvorgang mit Sauerstoff, und es entstehen Schwefel- und Stickoxide. Welche Mengen da anfallen, hängt beim Schwefel vom S-Gehalt des Brennstoffs, beim Stickoxid von der Brenntemperatur ab: je höher, desto mehr.

Diese beiden Schadstoffe sind sogenannte Säurebildner: wo sie durch Regen, Nebel oder Staub auf feste oder flüssige Gegenstände treffen, greifen sie viele Materialien an, schädigen natürliche Lebensvorgänge, versauern das Wasser und den Boden.
Da Verbrennungsvorgänge in vielfältiger Form vorkommen, gibt es eine Fülle von Schadstoffquellen, Emittenten genannt: Heizungen, Maschinen, Schmelzöfen und Kraftwerke. Letztere erzeugen Strom, Fern- und Prozeßwärme, Dampf. Für die Belastung der Umwelt mit Schadstoffen spielen sie eine besondere Rolle: Da ist einmal ihre schiere Größe. Ein Kraftwerk gängiger Größenordnung (mit einer Leistung von 700 Megawatt pro Stunde) läßt in der Stunde soviel Luft ab, daß man den ganzen Petersdom damit füllen könnte. Und diese Luft hat es in sich. Bei normaler Kohle werden stündlich 2,5 Tonnen Schwefel und 1,5 Tonnen Stickoxid in die Luft geblasen – bei schlechten Kohlen können es bis fünfmal mehr Tonnen Schwefel sein. Auf diese Weise stammen fast zwei Drittel der 6,5 Millionen Tonnen saurer Schadstoffe jährlich, für die Deutschlands Himmel als billige Müllkippe dient, aus den Schloten von Kraftwerkswirtschaft und Industrie.
Daß diese gewaltigen Schadstoffmengen für Mensch und Natur schädlich sind, weiß man seit langem: schon im 14. Jahrhundert gab es Verbote, Kohle in der Stadt zu verbrennen. Doch der Erfindergeist unserer Ingenieure fand eine Abhilfemöglichkeit. Mit immer höheren Schornsteinen wurden die Schadstoffe weiträumiger verteilt und dadurch verdünnt. Willy Brandts «blauer Himmel über der Ruhr» – in den sechziger Jahren als Wahlkampfslogan verlacht – heute gibt es ihn. Doch die Schadstoffe sind nicht verschwunden. Bis zu 300 Meter hohe Schornsteinriesen lassen den sauren Niederschlag viele hundert Kilometer weit schweben, bis er auf früher unbelasteten Wäldern und Seen niedergeht. Und das ist Grund Nr. 2 für die besondere Bedeutung der «Großfeuerungsanlagen», wenn es um das Waldsterben geht: Während die hohen Schornsteine ihren Anteil an der Luftverschmutzung der Ballungsgebiete sinken läßt (hier spielt der Kraftfahrzeugverkehr eine immer größere Rolle), besorgen die großen Feuerungsanlagen den Ferntransport der Schadstoffe fast ganz allein.
In den ballungsfernen Waldgebieten hat dieser Ferntransport gründlich gewirkt. Schadstoffkonzentrationen, die Stadtwälder noch klaglos hinnehmen, haben in den ehemals unberührten Wäldern Süddeutschlands die Bäume in Massen sterben lassen. Tanne und Lärche dürften bald

völlig ausgerottet sein, bei der Fichte – dem «Brotbaum» deutscher Waldbesitzer – sind Schadensquoten von über 50 Prozent keine Seltenheit mehr. Und nun kränkelt auch noch die Buche, der Baum also, der in den meisten mitteleuropäischen Wäldern wachsen würde, wenn es keine Forstwirtschaft gäbe. Vor allem aber: die Schadensentwicklung beschleunigt sich rapide. Innerhalb eines Jahres ist (bei allen Vorbehalten gegen die Zählmethoden) mindestens eine Verdoppelung der Schäden eingetreten.

Zwar tobt der Streit der Wissenschaftler über die Wirkungszusammenhänge und -abläufe des Waldsterbens nach wie vor erbittert. Ob es der saure Boden, erhöhte Verdunstung, ein aus den Fugen geratener Nährstoffkreislauf oder die gesteigerte Anfälligkeit gegen natürliche Schadensursachen sind – über eines sind sich die Wissenschaftler einig: die übermäßige Luftverschmutzung ist der maßgebliche Schadensauslöser. Der von der Bundesregierung berufene Sachverständigenrat für Umweltfragen bringt es auf den kurzen Nenner, daß es «diese neuartigen Waldschäden ohne Luftverunreinigung nicht gäbe».

Die existentielle Bedrohung unseres größten Ökosystems beunruhigt die deutsche Öffentlichkeit wie kein Umweltproblem zuvor. Zu Recht, denn es steht viel mehr auf dem Spiel als die gefühlsbeladene «deutsche Ersatzkirche» für den Sonntagsspaziergang. Ein Waldsterben in dem sich abzeichnenden Ausmaß würde unvorstellbare Konsequenzen für den Naturhaushalt, das Klima, den Grundwasser- und den Artenschutz haben. Auch ökonomisch wäre es nicht eben ein Pappenstiel: auf 200 Milliarden Mark wird der Wert des vorhandenen Waldes geschätzt, 750000 Arbeitsplätze in der Forstwirtschaft sind bedroht.

Vor diesem Hintergrund werden viele Patentrezepte angeboten, die den Wald retten sollen. Die chemische Industrie empfiehlt ihren Dünger, Bundesforschungsminister Riesenhuber will schadstoffresistente Bäume züchten und Landwirtschaftsminister Kiechle vertraut gar auf die «Selbstheilungskräfte der Natur». Von weiteren Kuriositäten gar nicht zu reden.

Die Elektrizitätswirtschaft und die ihr nahestehenden Politiker aber haben begriffen, daß die Zusammenhänge zwischen Luftverunreinigung und Waldsterben viel zu evident sind, als daß Rezepte der oben genannten Art eine Chance hätten, in der Öffentlichkeit zu bestehen. Sie machen aus der Not eine Tugend und bieten Atomstrom als den Waldschützer Nr. 1 an. Denn was – so argumentieren sie – würde dem

Wald mehr nutzen als die abgaslosen Reaktoren, aus denen kein Schwefel und Stickoxid entweicht?

Indes, auch dieses Patentrezept ist ungeeignet, denn es wäre viel zu teuer und viel zu langwierig. Gut vier Millionen DM kostet es heute, ein Megawatt elektrischer Leistung auf Kernenergiebasis zu produzieren. Allein für den Ersatz der 14 000 MW Braunkohlekraftwerke müßten demnach 60 Milliarden DM aufgewandt werden. Und was mit dem radioaktiven Abfall passieren soll, weiß auch niemand. Hinzu kommt, daß von der Planung bis zum Betrieb eines Kernkraftwerks heute über zehn Jahre verstreichen – zehn verlorene Jahre im Kampf gegen das Waldsterben.

Es liegt also auf der Hand, daß nur eine schnelle Umrüstung der vorhandenen Feuerungsanlagen die Luftverschmutzung und damit das Waldsterben stoppen könnte. Technisch und wirtschaftlich wäre das auch kein Problem.

Kohlebefeuerte Kraftwerke können heute so umweltfreundlich Strom und Wärme produzieren, daß der Wald nicht sterben müßte. Da sind einmal die Rauchgaswäschen, durch die die Kraftwerksabgase geleitet und mit Kalk bzw. Ammonium versetzt werden. Weit über 90 Prozent des Schwefels und 80 Prozent des Stickoxids bleiben so auf der Strecke – umgewandelt in Gips (den die Bauindustrie verwendet) und Stickstoffdünger. Diese Wäschen sind für alle vorhandenen Kraftwerke einsetzbar. Für neu zu errichtende Anlagen gibt es darüber hinaus moderne Feuerungen, in denen die Entstehung der Schadstoffe durch Kalkzugabe und Senkung der Verbrennungstemperatur kostengünstiger vermieden werden könnte. Eines dieser Verfahren ist die von deutschen Ingenieurfirmen entwickelte Wirbelschichtfeuerung.

Mit Hilfe dieser Techniken ließen sich die Schadstoffemissionen schnell und massiv verringern: 200 mg Schwefel und Stickoxid je Kubikmeter Abgas sind in weniger als zwei Jahren durch Filtereinbau erreichbar. Heute liegen die meisten Kraftwerke zwischen 2000 und 3000 mg Schwefel und zwischen 1300 und 2400 mg Stickoxid. Wie man das macht, zeigt ein Blick nach Japan: dort sind 40 000 MW Kraftwerkskapazitäten mit Entschwefelungsanlagen versehen und 12 000 MW mit Entstickungsanlagen. In der Bundesrepublik sind gerade 4000 MW entschwefelt, Stickoxid wird nirgends herausgefiltert.

An den Kosten kann es kaum liegen. Um weniger als einen Pfennig je Kilowattstunde würde der Strompreis steigen, wenn alle bundesdeutschen Großkraftwerke umweltverträglich umgerüstet würden. Für den deutschen Durchschnittshaushalt eine monatliche Zusatzbelastung von 2,50 DM – weniger als eine Schachtel Zigaretten. Von ganz wenigen stromintensiven Branchen abgesehen, bräuchte auch die Wirtschaft nicht um ihre Konkurrenzfähigkeit zu bangen. Machen die Strompreise im Durchschnitt doch gerade vier Prozent der Gesamtkosten aus. Eine Stromverteuerung um einen Pfennig wegen eines besseren Umweltschutzes würde deutsche Waren im Schnitt also um ein viertel Prozent verteuern – weit weniger, als wenn der Dollar um einen Pfennig fällt. Dies kann wohl kaum die Wirtschaft ruinieren, ganz zu schweigen davon, daß die umweltaktiven Japaner kaum im Ruch der wirtschaftlichen Erfolglosigkeit stehen.

Hinzu kommen die gesamtwirtschaftlichen Schäden der Luftverschmutzung, die unser Nationaleinkommen belasten. Es ist ja nicht nur der Wald, der unter dem sauren Regen leidet. Zu den 1,5 Milliarden DM, welche die Forstwirtschaft als jährlichen Schaden abbuchen muß, kommen nach Schätzungen des Umweltbundesamtes noch einmal soviel an Korrosionsschäden sowie eine weitere Milliarde an Gebäudeschäden und Kalkaufwand in der Landwirtschaft hinzu. In Geld gar nicht zu bewerten sind zerfressene Kulturdenkmäler und die zunehmenden Atemwegserkrankungen. Hier Abhilfe zu schaffen, würde 6 bis 8 Milliarden DM an einmaliger Investition und 2 bis 3 Milliarden DM an jährlichem Betriebsaufwand erfordern. Nicht gerade viel, wenn man weiß, daß ein einziges Atomkraftwerk heute 7 Milliarden DM verschlingt – und manchmal noch mehr.

Doch Deutschlands Strommanager haben sich entschlossen, lieber vom wirtschaftlich unvertretbaren Aufwand zu schwafeln als ihre Kraftwerke zu entschwefeln. Sie haben Grund dazu. Nichts liegt ihnen ferner als massive Investitionen in umweltfreundliche Kohlekraftwerke. Denn nur, wenn die Verfeuerung unseres einzigen nationalen Rohstoffs von Bedeutung die umweltbelastende Angelegenheit bleibt, die sie heute ist, besteht die Chance, den weiteren Ausbau der Kernenergie zu Lasten der deutschen Steinkohle durchzuhalten. Mit der Parole «Wald oder Kohle» hoffen die Stromversorger, Deutschlands Öffentlichkeit endlich für die ungeliebte Kernkraft zu gewinnen.

Denn wie nirgends sonst offenbart der Kampf gegen das Waldsterben den Bankrott einer Energiepolitik, die auf ungebremsten Zuwachs setzte. Wer erinnert sich nicht an die Horrorvisionen von den Lichtern, die in der Bundesrepublik bald ausgehen sollten? Diese Parolen waren ebenso plakativ wie falsch, doch sie bildeten die Grundlage für eine gigantische Fehlplanung der deutschen Elektrizitätswirtschaft. In den zehn Jahren seit der Ölkrise wurden die Kapazitäten der öffentlichen Kraftwerke drastisch hochgeschraubt: von 34000 MW im Jahre 1970 stiegen sie um 115 Prozent auf 73000 MW im Jahre 1980.

Der Stromverbrauch jedoch blieb weit zurück. Seine Zuwachsraten waren nur halb so hoch wie der Kraftwerkszubau – 60 Prozent. Und schlimmer noch: In den Jahren 1978 bis 1982 pendelte die Jahreshöchstlast ohne nennenswerte Erhöhung um die 51000 Megawatt. Selbst im «Aufschwungjahr» 1983 wird der Stromverbrauch nur um knappe 1,5 Prozent zunehmen – viel zu wenig, um einen Kraftwerkspark auszulasten, der 75000 Megawatt leisten könnte (hohe Reserven schon abgezogen). Und was noch schlimmer für die Strommonopolisten ist: 14000 Megawatt an neuen Kernkraftwerken sind im Bau, die innerhalb der nächsten Jahre ans Netz gehen.

Weil aber Industrielle und Politiker jahrzehntelang die Kernkraft als den Garanten unserer wirtschaftlichen Zukunft proklamiert und für ihre Förderung Unsummen an Steuergeldern aufgewendet haben (allein 1983 bis 1986 knapp 6 Milliarden DM), mag niemand öffentlich Farbe bekennen. Anstatt den Atomkraftwerksbau rigoros zu stoppen, hat sich die Elektrizitätswirtschaft entschlossen, die Kohle abzuwrakken. Das «schwarze Gold», das einst Deutschlands industrielles Zeitalter möglich machte, wird seit Jahren systematisch zurückgedrängt. Um nur 1 Prozent stiegen die Kraftwerkskapazitäten auf Steinkohlebasis in den Jahren 1970 bis 1980, während Kernkraft, Gas und Öl um je 25 Prozent wuchsen. Schon heute könnte auf den Kohleeinsatz in der Stromwirtschaft zum großen Teil verzichtet werden, ohne daß die Lichter ausgingen.

Diesem Verzicht steht jedoch der sogenannte Jahrhundertvertrag im Wege, eine Vereinbarung zwischen Stromwirtschaft und Steinkohlebergbau. Darin verpflichten sich die Elektrizitätsunternehmen, bis Mitte der neunziger Jahre feste Steinkohlemengen abzunehmen. Das bringt die Stromversorger in die Bredouille: einerseits müssen sie 40 Millionen Tonnen Kohle jährlich verfeuern, anderseits sind die Anlagen, in denen die Kohleverstromung erfolgt, zum großen Teil sehr alt und belasten die Umwelt mit riesigen Schadstoffmengen.

Mehr Umweltschutz würde also bedeuten, daß Kapital in abgeschriebene Anlagen fließt, die künftig zudem von Atomkraftwerken ersetzt werden sollen. Die Elektrizitätswirtschaft konnte daher nicht zulassen, daß eine schnelle Schadstoffreduzierung verlangt wird, auch wenn dies der einzige Weg ist, um den Wald noch zu retten.

Dieses Dilemma sah die Bundesregierung wohl. Aber der Kampf um Wählerstimmen ließ es andererseits nicht zu, auf «Maßnahmen» gegen das Waldsterben überhaupt zu verzichten. So machte die Bundesregierung aus der Not eine Tugend. Sie setzte sich mit ihrer «Großfeuerungsanlagenverordnung» publikumswirksam als Waldretter in Szene, gestaltete das Paragraphenwerk aber so, daß die Atomstrategie der großen Strommonopolisten nahtlos aufgeht: Die alten Kohlekraftwerke können bis 1993 unbehelligt die «Jahrhundertvertragskohle» verstromen. Neue Großkraftwerke auf Kohlebasis aber bekommen die volle Strenge des Umweltschutzes zu spüren. Das hat für die Elektrizitätswirtschaft zwei entscheidende Vorteile: Einmal kann dem uninformierten Publikum unter Hinweis auf die strengen Neuanlagen-Bestimmungen vorgegaukelt werden, daß tatsächlich etwas gegen das Waldsterben passiert. Zum anderen rechtfertigen die «hohen Umweltschutzkosten» für neue Kohlekraftwerke den totalen Umstieg in den Atomstaat.

Nebenbei: Es ist nicht nur ideologische Sympathie oder fleißiges Lobbyistentum, das die Interessenidentität zwischen Stromwirtschaft und Politik herstellt. Auch handfeste materielle Interessen spielen da eine Rolle. Immerhin kontrolliert allein der Bundesfinanzminister über VEBA, VIAG und Saarbergwerke über ein Drittel der Energieversorgungsunternehmen. Darunter Deutschlands Dreckschleudern Nr. 1 im nordhessischen Borken und im niedersächsischen Buschhaus. Die VEBA schließlich ist größter AKW-Besitzer der Republik (8700 MW im Bau/Betrieb) – das haben auch die Umweltschützer in der Bundesregierung nicht vergessen.

Im einzelnen sieht die von Bundesinnenminister Zimmermann als Waldretter angepriesene Großfeuerungsanlagenverordnung im Lichte der Elektrizitätsinteressen so aus:

- Der groß herausgestellte strenge Grenzwert von 400 mg Schwefel gilt zwar für alle neuen Großkraftwerke (über 300 MW_{th}), aber für fast keinen der vorhandenen Luftverpester: Jeder Betreiber kann sich durch die einfache Erklärung, er werde sein Kraftwerk nur noch

30000 Stunden betreiben, einen sechsmal höheren Grenzwert (2500 mg) erkaufen – ein Wert, der bei dem Einsatz normaler Kohle ohne jede Entschwefelung deutlich unterschritten wird.
30000 Vollaststunden sind in der Praxis ca. 8 Jahre oder sogar mehr. Erst 1993 müßten alle Großkraftwerke die 400 mg einhalten und entschwefeln – wenn 80 Prozent des deutschen Kohlekraftwerksparks älter als 25 Jahre und damit reif für die Stillegung sind.
Ein zusätzliches Bonbon: Keine Behörde darf die Erklärung des Anlagenbetreibers nachprüfen, auch wenn sie – bei den «neuen Altanlagen» – völlig unplausibel ist. Das heißt, daß erst einmal 30000 Stunden erklärt werden können; in ein paar Jahren kommt der Betreiber dann und hat es sich anders überlegt. Nun muß er zwar entschwefeln, aber er hat mehrere Jahre eine Anlage erspart, die ihn jährlich 30 bis 40 Millionen DM gekostet hätte. Ein gutes Geschäft wie man sieht.

- Bei den Stickoxiden wird noch nicht einmal der Anschein erweckt, als müßten sie irgendwann einmal reduziert werden. Die Grenzwerte für Altanlagen liegen weit über dem, was mit vergleichsweise billiger Änderung der Feuerungstechnik erreichbar wäre.
- Wo jemand selbst mit den großzügigen Grenzwerten nicht auskommt (weil er z. B. stark schwefelhaltige Kohle verbrennt), hilft eine Ausnahmeregelung. Noch mehr Schadstoffausstoß muß hingenommen werden, wenn Umweltschutzmaßnahmen nur mit «unverhältnismäßig hohem Aufwand» erreichbar wären.
- Während neue Großkraftwerke auf Steinkohlebasis relativ streng herangenommen werden (weil sie ohnehin keiner mehr bauen will), werden Braunkohlekraftwerke geschont: Sie dürfen 50 Prozent mehr emittieren und können sich so die kostenaufwendige Naßentschwefelung zugunsten der billigen (aber weit weniger effektiven) Kalkzugabe ersparen. Der Grund für dieses Geschenk liegt auf der Hand: Die kostengünstige Braunkohle soll auch in Zukunft noch verfeuert werden. Denn anders als die personalintensive Steinkohlegewinnung kann die Braunkohle billig über Tage abgebaut werden. Daß dabei Milliarden Kubikmeter von Grundwasser abgesenkt und ganze Landstriche ökologisch ausradiert werden, schert offenbar keinen.

Anders als bei den Großkraftwerken stellt sich die Interessenlage bei den kleineren Anlagen dar, die vor allem von der Industrie und zur Spitzenlastdeckung betrieben werden. Hier kann Atomstrom kein Ersatz sein. Konsequenz: Auch neue Anlagen bleiben interessant und dürfen deshalb nicht mit «übermäßigem Umweltschutz» belastet werden. Die Großfeuerungsanlagenverordnung kommt dem nach:

- Natürlich keine Altanlagenentschwefelung, auch nicht nach 1993
- Nur Teilentschwefelung bei mittelgroßen Anlagen (60 Prozent statt der möglichen 90 Prozent)
- Gar keine Entschwefelung der Neuanlagen bis 100 MW_{th} (sie machen in Hessen heute immerhin ein knappes Drittel der Großfeuerungsanlagen aus).

Damit schließlich die umweltfreundliche Wirbelschichtfeuerung nicht zu gut ins Geschäft kommt, wird sie mit strengeren Anforderungen bei gleicher Anlagengröße bestraft.
Daraus wird eines überdeutlich: nicht das Sterben der Wälder sondern die Verdrängung der Kohle aus dem Strommarkt haben dem Bundesinnenminister die Hand geführt, als er seine Großfeuerungsanlagenverordnung vorlegte. Und so paradox es klingen mag: Der schwer geschädigte Wald und die vom Atomstrom bedrängte Kohle haben heute die gleichen Interessen. Nur ein schneller und massiver Investitionsschub in moderne Kohletechnik kann beide retten.
Denn die Verstromung der Kohle und ihr Vordringen in den Wärmemarkt stellen die einzige Chance dar, den Absatz des schwarzen Goldes zu retten und die Kohlereviere der Republik vor dem Absturz in die Massenarmut zu bewahren. Wer den Stromkonzernen aber die Zeit und das Kapital läßt, um Steinkohle durch Atomstrom zu ersetzen, läßt zu, daß der Wald auf dem Altar einer verfehlten Energiepolitik geopfert wird.
Umweltfreundliche Kohletechnik wird sich nämlich nicht von allein durchsetzen. Ohne staatlichen Zwang läuft nichts, wie schon das Subventionsprogramm der nordrhein-westfälischen Landesregierung gezeigt hat. 600 Millionen DM standen zur Förderung der Kraftwerksentschwefelung bereit – nicht eine müde Mark wurde abgerufen.
Nur auf eine Weise könnten die hartleibigen Elektrizitätsherren gezwungen werden, statt in Atomkraftwerken in umweltfreundliche Kohletechnik zu investieren: durch einen tiefen Griff in den Geldbeutel der stromproduzierenden Luftverschmutzer. Denn die übermäßige Verpestung unserer Luft mit Schadstoffen ist ja nicht der Dummheit

Anklage einer Tanne!
Ich bin an
Luftverschmutzung eingegangen!

oder Bosheit der Versorgungsunternehmen zuzuschreiben, sondern allein der Tatsache, daß Umweltverschmutzung kostenlos und Umweltschutz teuer ist. Wir können uns nicht länger den ökonomischen und ökologischen Wahnsinn leisten, daß sich Schadstoffmaximum und Profitmaximum decken. Wer im Wald eine Cola-Dose wegwirft, muß ein Bußgeld zahlen. Wer ihn hingegen durch viele tausend Tonnen Luftschadstoffe ganz umbringt, kann dies kostenlos tun!

Diesem Zustand könnte durch die Einführung einer Schadstoffabgabe auf Schwefel und Stickoxid leicht abgeholfen werden: Wer die Luft verschmutzt, zahlt. Dann würden unsere Unternehmen sich sehr schnell etwas einfallen lassen, wie die staatliche Umweltsteuer vermieden werden kann. Durch schnelle Umrüstung der alten Dreckschleudern auf umweltfreundliche Kohletechnik nämlich.

Und einen weiteren Vorteil hätte die Abgabe. Die Unternehmen könnten nicht durch jahrelange Prozesse und politischen Druck auf die Behörden das Wirksamwerden von Umweltschutzauflagen hinauszögern. Es würden vielmehr diejenigen ökonomisch belohnt, die möglichst rasch und möglichst effektiv die Umwelt entlasten. Und nicht die, die so hartnäckig und so lange wie möglich prozessieren.

Man sieht, die Schadstoffabgabe würde dem betriebswirtschaftlichen Charme der Umweltverschmutzung ein schnelles Ende setzen. Und nichts spricht dagegen, daß die Kraftwerksbetreiber darauf ebenso schnell reagieren wie dies bei der Energieverteuerung der Fall war – nämlich durch Vermeidung jeder unnötigen Tonne Schwefel und Stickoxid. Nur eines wäre dann nicht mehr möglich: der von langer Hand geplante und generalstabsmäßig organisierte Umstieg von Steinkohle auf Atom. Denn für die Umrüstung bzw. den Neubau von 30000 MW Kohlekapazität *und* weitere Atomkraftwerke, Brüter, Wiederaufarbeitungsanlagen fehlt selbst der üppig verdienenden Stromwirtschaft das Geld. Das Ende des Waldsterbens bedeutete gleichzeitig das Aus für den Atomstaat.

Kein Wunder, daß die Lobbyisten eine solche Abgabe vehement bekämpfen und der Bundesinnenminister dafür «wenig Sympathie» hegt. Dabei wäre es doch ganz im Sinne der laut gepriesenen Marktwirtschaft, den Unternehmen durch eine solche Abgabe Spielräume zu eröffnen, *wie* sie ihre Umweltschutzmaßnahmen auf die einzelnen Anlagen verteilen. Sicher wäre nur, *daß* solche Maßnahmen kommen müssen.

Erst kam der Wald und dann die Kohle. Heute sind beide auf dem besten Wege, zusammen zu verschwinden. Oder zynisch gesagt: Was bliebe von der Atompropaganda ohne das Waldsterben? Manche Leute hüten es deshalb wie ihren Augapfel.

Seid unbequem, seid Sand, nicht Öl im Getriebe der Welt

Der Entwurf der sogenannten «Großfeuerungsanlagenverordnung», ausgetüftelt von Innenministers Friedrich Zimmermann, wurde am 29. April 1983 im Bundesrat behandelt. Dies trieb ROBIN WOOD zu einer bundesweiten Aktion. Denn hinter dem Wortungetüm dieser Verordnung verbirgt sich ein Gesetzeswerk, das nur aus Löchern besteht. Durch das größte Loch schlüpft das Kohlekraftwerk Buschhaus bei Helmstedt, das ab 1985 pro Stunde rund 18 Tonnen Schwefeldioxid auf Land und Leute speien darf. Erdmann Wingert berichtet, wie ROBIN WOOD und die Wolfenbütteler Bürgerinitiative «ULENSPEGEL» in einer Nacht- und Nebelaktion den Baukran in Buschhaus besetzen.

2 Uhr 30. Der Vollmond, dieses verfluchte Gestirn! Groß und gnadenlos feixt er über dem stillen Land zwischen Helmstedt und Schöningen, über der Baustelle und dem Straßengraben, in dem wir zu fünft liegen.
Das Kinn ins Gras gedrückt, den Straßenrand in Stirnhöhe, warten wir auf das Startsignal, das uns Gerd geben soll. Der kauert hinter der Leitplanke und wittert Unheil. Irgend etwas stimmt da nicht. Auf dem grellbeleuchteten Werkgelände herrscht allzu reges Leben für diese Nachtzeit. Autos fahren ein und aus. Im Schlagschatten des 300 Meter hohen

Schornsteins patrouilliert Werkschutz. In der Pförtnerbaracke schrillt eine Glocke.
Ein Auto prescht heran, bremst direkt vor unserer Nase und parkt in einen Feldweg ein, knapp einen Steinwurf entfernt.
2 Uhr 45. Seit einer Viertelstunde liegen wir regungslos. Nässe kriecht durch den Overall. Der Karabinerhaken am Brustgurt drückt sich in meine Rippen. Gedankenfetzen wehen durchs Hirn. Worauf wartet der Mensch im Wagen? Ist er vom Werkschutz? Von der Polizei? Ruft er per Funk Verstärkung? Wer sich in Gefahr begibt, sage ich mir und der weichen Erde unter meiner Nase, kommt darin um ... Worte, erwidere ich mir und meinem Herzklopfen, sind genug gewechselt ... Taten sind angesagt ... Dort drüben liegt das Aktionsziel ... ein paar Katzensprünge über die Straße ... dahinter die kleine Lücke unterm Zaun, die unsere Freunde aus Wolfenbüttel vor ein paar Tagen ausgemacht haben ... dann noch der Weg quer übers Werkgelände zum Baukran ...
Neben mir liegt Wolfgang, den alle Wolle nennen. Er umklammert ein Bündel, sein Transparent, das er in tage- und nächtelanger Fleißarbeit zusammengestükkelt hat. Es besteht aus einem Netz, das leicht zu tragen ist und dem Winddruck in 50 Metern Höhe nicht allzuviel Widerstand entgegensetzen kann. Darauf steht in 60 Zentimeter großen Buchstaben: «ROBIN WOOD. Ohne Wälder kein Leben.»
Den Spruch hat sich der Wolle selbst ausgedacht, weil ihm die offizielle Parole «Rettet den Wald!» mißfiel. Sätze, die mit einem Ausrufezeichen enden, liegen ihm nicht. Und einfach nur Forderungen stellen, das ist zu billig. Wolle ist da eher für Herausforderungen, die man lebt.
Als Tramp zum Beispiel, als Wehrdienstverweigerer. Er ist gelernter Schiffsbauer, war mal auf der traditionsreichen Hamburger Werft Blohm + Voss angestellt und wurde prompt entlassen, weil er sich weigerte, Kriegsschiffe zu bauen. Mit knapper Not und einem guten Rechtsanwalt erreichte er, daß seine Gewissensgründe für die Verweigerung anerkannt wurden.
2 Uhr 55. Gerd hält es nicht mehr. Er steht einfach auf und stapft übers Feld auf den Wagen zu. Seine Absicht ist klar. Er will den Fahrer ablenken, um uns Gelegenheit zu geben, im Sturmlauf den Kran zu nehmen. Als er sich zum Seitenfenster hinunterbeugt, startet der Fahrer durch und braust davon.
3 Uhr. Fernes Hundegebell. Jetzt

oder nie, Klaus kriecht als erster durch den Zaun, nach ihm Ulrich, hinter mir Wolle. Die Reihenfolge ist abgemacht. Klaus von der Wolfenbütteler Bürgerinitiative Ulenspegel, gelernter, heute arbeitsloser Kranführer, ist der erste. Wenn auf dem Weg nach oben irgendein Hindernis auftaucht, weiß er am besten, wie man es überwindet. Wolle bildet die Nachhut, weil er der erfahrenste Kletterer ist. Wenn es beim Einstieg schnell gehen muß und eng wird, kann er zur Not außen über die diagonalen Kranstreben aufsteigen.
Gerd ist zurückgeblieben. Er hält die Stellung am Boden, wird später die Presse empfangen, mit Werkleitung und Polizei verhandeln.
Gestern abend, als er meine Nervosität bemerkte, hat er mir einen kleinen Vortrag gehalten: «Du darfst nie vergessen, daß du im Recht bist. Du steigst der größten Dreckschleuder des Landes aufs Dach. Das allein ist wichtig. Also kein Grund zur Aufregung. Langsam gehen. Nicht rennen. Das fällt auf.»
3 Uhr 05. Noch nie ist es mir so schwergefallen, langsam zu gehen. Mond und Scheinwerfer beleuchten den Bauplatz. In Rufweite das Pförtnerhaus mit Schlagbaum, daneben die Baracke des Werkschutzes. Die sollen mit scharfen Hunden patrouillieren, hat Klaus erzählt.
Der Kran, der von außen fast zierlich neben dem groben Betonklotz des Kesselhauses, dem wolkenkratzenden Schlot und dem mächtigen Kühlturm ausgesehen hat, wächst jetzt mit jedem Schritt in gefährliche Höhen.
Aber Wolle hat uns ja in das Handwerk der Turmbesteigung eingeweiht, hat uns gezeigt, wie man den Achterknoten in die Leine schlägt, die den Hüftgurt mit dem Brustgurt verbindet. Wir haben mit ihm einsame Baukräne geentert, uns an Karabinerhaken in Bäume gehängt, um den Ernstfall zu üben. «Wenn ihr oben mal abrutscht und in die Gurte fallt», hat er gesagt, «müßt ihr darauf achten, daß ihr nicht zu weit ausschwingt. Sonst knallt ihr mit dem Kopf gegen den Eisenträger. Das ist nicht gut.»
3 Uhr 10. Fast geschafft! Klaus und Ulrich ziehen sich bereits auf den Ausleger hoch. Ich keuche noch in halber Höhe auf der lotrechten Eisenleiter und zwinge mich, nicht nach unten zu blikken.
3 Uhr 15. Geschafft! Wir hocken auf dem Ausleger. Der Mond sieht schon viel freundlicher aus. Wolle spannt ein Drahtseil kreuz und quer in den Aufstieg, um uns gegen Angriffe von unten abzuschir-

Robin Wood:
STOPPT DEN SAUREN REGEN

men. Klaus inspiziert die Führerkabine. Eventuell wird er gegensteuern müssen, wenn es der Belegschaft gelingen sollte, den Kran von unten so zu drehen, daß der Ausleger mit unseren Transparenten von der Straße aus nicht mehr zu sehen ist.
Von hier oben bietet sich ein guter Überblick: Richtung Osten grenzt eine Kraterlandschaft direkt an das Werkgelände. Dort schürft das Unternehmen im Tagebau den denkbar dreckigsten Brennstoff des Landes – Salzkohle. Schwefelanteil bis zu 3,5 Prozent. Rheinische Braunkohle, die auch nicht gerade umweltfreundlich ist, hat dagegen ganze 0,3 Prozent. Dafür ist Salzkohle billig. Sie liegt direkt vor dem Werktor. Die Vorräte reichen bis ins nächste, voraussichtlich waldlose Jahrhundert.
Rund 1,5 Millionen Tonnen wird die Braunschweiger Kohlen-Bergwerk AG (BKB) pro Jahr in dem klotzigen Kesselhaus rechts neben unserem Kran verheizen, wird dabei 60 Prozent der Energie über den dicken Kühlturm links von uns in die Atmosphäre verpulvern, wird ab Ende 1984 durch den schwarzen Riesenrüssel, der noch wie abgeschnitten aus der Wand des Kesselhauses ragt, ungeheuerliche Giftmengen zu einem der höchsten Schornsteine der Bundesrepublik leiten: 12 bis 18 Tonnen Schwefeldioxid werden dann stündlich über Land und Leute gestreut.
Schon heute streut der Werkbesitzer, ein Unternehmer der öffentlichen Hand, 12 Prozent Bardividende über seine Aktionäre aus. Allein für 1982 rund 18 Millionen Mark.
«Hinter jedem großen Vermögen», schrieb der kluge Honoré de Balzac, «steht ein großes Verbrechen.»
3 Uhr 30. Wir sind entdeckt! Aus allen Richtungen laufen Männer zusammen, gruppieren sich unter dem Kran. Scheinwerfer richten sich auf den Ausleger, blenden

Ullrich Caarnotta und Reinhard Hübener

Wolfgang Thomsen (oben); Ullrich Caarnotta (unten)

uns. Per Megaphon raunzt einer den Befehl, sofort runterzukommen.

Wolle brüllt zurück: «Dies ist eine Protestaktion der Umweltorganisation Robin Wood und der Bürgerinitiative Ulenspegel. Wir fordern eine Entschwefelungsanlage für das Kraftwerk Buschhaus.»

Danach ist es eine Weile still. Der Mond scheint in offene Münder. Die Gruppe rückt zusammen, läuft auseinander. In Richtung

Helmstedt blakt das Blaulicht des ersten Einsatzwagens auf. Überraschend schnell ist die Polizei vor Ort. Verdächtig schnell.

4 Uhr. Der erste Angriff von unten. Ein Arbeiter hat sich durch die Seilabsperrung geklemmt und klettert zu uns auf den Ausleger. Wir sollen die Transparente rausrücken. Wir weigern uns. Er zuckt die Achseln.

Ulrich versucht ihm zu erklären, warum wir hier oben sind. «Dieser Kran steht genau auf dem Platz, den die Gewerbeaufsicht für eine Entschwefelungsanlage vorgeschrieben hat. Aber die Politiker weigern sich, eine Verordnung zu erlassen, die den Bau einer solchen Filteranlage erzwingt.»

«Davon weiß ich nichts», sagt unser Mann.

«Aber das Giftzeug regnet dann auch auf dich und deine Familie», sagt Wolle.

«Ich tu nur meinen Job», sagt er mürrisch. «Arbeitslose gibt es genug.»

«Ich bin auch arbeitslos», sagt Klaus, während der Kollege wieder absteigt. «Und ich sitz trotzdem hier.»

5 Uhr. Durch das Werktor schiebt sich auf schwerer Lafette ein fahrbarer Kran und rollt langsam zu uns herüber.

Wolle und Klaus turnen schon außen auf dem Ausleger herum und binden die Transparente an. Die Aktion ist sinnlos. Es ist noch viel zu dunkel für die Kameras der Pressefotografen, die sich inzwischen bei Gerd jenseits des Zauns eingefunden haben. Aber zu Bündeln geschnürt wollen wir uns die Transparente nicht entreißen lassen.

5 Uhr 15. Langsam schiebt der Teleskoparm des Krans die Hebebühne heraus, darin zwei Männer, den Schutzhelm fest unters Kinn geschnallt, bajonettartige Messer in der Faust.

Das Ulenspegel-Transparent fällt als erstes. Die Messer fetzen es auseinander.

Die hohen Herren der Direktion, die sich mit dem Werkschutz am Fuß des Krans versammelt haben, um das Spektakel zu beobachten, klatschen Beifall.

5 Uhr 30. Wir sind auf die Spitze des Krans geflüchtet. Dichtgedrängt stehen wir auf einer winzigen Plattform. Unter uns schneiden die Männer das ROBIN WOOD-Transparent vom Ausleger. Jetzt klettert einer außen am Krangerüst zu uns hoch. Als erstes erscheint seine Hand mit dem Messer, dann sein schwitzendes Gesicht über dem Handlauf. Wortlos entreißt er Wolle unseren Nummerncode und wirft ihn über die Schulter in die Tiefe … das

handtuchgroße Stoffheft mit den Zahlen null bis neun flattert wie eine Riesenmotte dahin.
Klaus zaubert aus der Tasche seines Overalls eine Handvoll Luftballons. Die blasen wir auf und lassen sie im ersten Morgenlicht über den Bauplatz schweben. Wie bunte Gänsefüßchen markieren sie das graue zyklopische Unding Buschhaus. Und unsere Ohnmacht dazu.
9 Uhr 30. Gerds Stimme krächzt durchs Funksprechgerät: Alle ROBIN WOOD-Aktionen sind gut gelaufen. Die Kieler Gruppe hat unter großer Anteilnahme der Bevölkerung eine tote Fichte feierlich vor dem Landtag beerdigt und dazu eine sehr eindrucksvolle Trauerrede auf den sterbenden deutschen Wald gehalten.
Die Berliner haben ein großes Straßentheater mit Pauken und Trompeten auf dem Ku-Damm veranstaltet; in Hamburg hieven zwei ROBIN WOOD-Mitglieder gerade eine kranke Blautanne auf die Schlotspitze eines filterlosen Heizkraftwerks.
Und vor dem Eingang des Bundesrates zu Bonn steht ein giftgelber, garagengroßer Kasten – sein Volumen entspricht exakt der Schwefelmenge, die das Kraftwerk Buschhaus pro Stunde ausstoßen wird: 18,6 Tonnen!
Am meisten hat es den Ministerpräsidenten Albrecht geärgert, daß ihm die ROBIN WOODS auch noch ein paar Säcke gelber Tannennadeln vor die Füße schütteten, als er zur Abstimmung über die Schwefelverordnung schritt. «Beseitigen Sie erst einmal diesen Schmutz», hat er gesagt, «bevor Sie sich für eine saubere Umwelt stark machen!»
Oh, Landesvater Albrecht, Herr über Niedersachsens Wälder und Buschhaus! Dein Hoheitsgebiet werden bald viele, viele solcher Nadeln verschmutzen.
10 Uhr 30. Zeit zum Abstieg. Die Polizei hat den Kran umstellt und nimmt uns in Empfang.
Gerd hat auf dieser Maßnahme bestanden. Die Kommentare einiger Arbeiter und Zuschauer ließen ihn Böses ahnen: Von Arbeits-

Reinhard Hübener, Wolfgang Thomsen, Erdmann Wingert und Ullrich Caarnotta

lagern und Gaskammern, in die wir von Rechts wegen gehörten, war die Rede.
Dachlatten, mit denen man gegen Demonstranten und Umweltschützer argumentieren kann, liegen auf Baustellen zuhauf herum.
12 Uhr. Die Beamten der Helmstedter Wache sind sehr höflich, fast freundlich zu uns. Wir erfahren, daß die Werkleitung von Buschhaus schon gestern nachmittag wußte, daß eine Aktion gegen das Kraftwerk stattfinden würde. Polizei und Werkschutz fuhren daraufhin die ganze Nacht Einsätze um das Gelände. Wie wir unbemerkt auf den Kran kommen konnten, ist allen schleierhaft. Uns auch.
Wir machen nur Angaben zur Person. Mein Filmmaterial wird beschlagnahmt. Dann werden wir erkennungsdienstlich behandelt, denn unser Delikt ist keine Bagatelle: Hausfriedensbruch und Nötigung. Drei Jahre Gefängnis kann es dafür geben.
Wolle lacht trotzdem, als er fotografiert wird. Und Ulrich behält das letzte Wort: «Haben Sie denn auch schon die leitenden Herren des Kraftwerkes Buschhaus erfaßt?» fragt er, als man ihm die Fingerabdrücke abnimmt.
14 Uhr. Auf der Rückfahrt nach Hamburg drückt Gerd die Kassette in den Recorder, mit der er uns schon auf der Hinfahrt genervt hat. Gianna Nannini singt mit rostiger Stimme «niente da perdere» ... nichts zu verlieren.

Wald und Wasser in Not

Reinhard Hübener von der Wolfenbütteler Bürgerinitiative «ULENSPEGEL» berichtet in dürren, erschreckenden Worten von der Wald- und Wasserkatastrophe im Harz. Spätestens wenn Buschhaus ans Netz geht, werden die restlichen Wälder seiner Heimat das gleiche Schicksal erleiden.

Auf dem Bruchberg im Harz und seinen angrenzenden Flächen weisen über 80 Prozent der 150jährigen Fichtenbestände oberhalb 700 Meter Schäden auf, große Bereiche davon beginnen, wie im Erzgebirge, in rasantem Tempo abzusterben.

Im etwa 3000 Hektar großen Goslarer Stadtforst sind über 31 Prozent der Bäume krank.

An den Westhängen des Steinbergs oberhalb Goslars sind nach Aussage von Staatsforstrat Horst Mattei rund die Hälfte der etwa 120jährigen Fichten in ein bis zwei Jahren tot.

Als direkte Folge der Baumschäden hat die Borkenkäfergefahr zugenommen. Deshalb werden im Harz Käferfallen aufgestellt und befallene Bäume abgeholzt. Der normale, langfristig geplante und festgesetzte Holzeinschlag, der sich aus Durchforstungsholz und der Endnutzung aus hiebreifen Beständen zusammensetzt, wird dadurch beeinträchtigt. Langfristig verschlechtern sich dadurch auch die Altersstruktur und der Pflegezustand von Waldbeständen, die nicht von Schäden betroffen sind.

Auch im Harz sind die sauren Niederschläge Ursache des Baumsterbens. Die basenarmen Böden können die steigende Versauerung nicht abfangen, ihre Pufferfähigkeit ist begrenzt. Es kommt deshalb kurzfristig und kleinörtig zu unterschiedlich hohen toxischen Konzentrationen von Aluminium-, Mangan- und Eisenionen, die Bakterien und Kleinwurzeln schädigen. In trockenen Jahren wird dieser Effekt noch verstärkt. Das Auftreten von giftigem Aluminium im Boden kann einen Rückgang der lebensnotwendigen Feinwurzelmasse von 2500 Kilogramm pro Hektar Boden auf wenige 100 Kilogramm auslösen.

Wird ein Waldboden ständig diesen giftigen Konzentrationen ausgesetzt, ziehen sich aus ihm lebensnotwendige Mikroorganismen und Wurzeln vollständig zurück. Dadurch werden Neuanpflanzungen schwierig, stellenweise unmöglich: Den Keimpflanzen gelingt der Aufbau des Wurzelsystems nicht.
Sollten die Verhältnisse der Bodenversauerung in den nächsten Jahren anhalten, in einigen Gebieten des Harzes wurden bereits Rekord-pH-Werte von 3,1 gemessen, ist es nur noch eine Frage der Zeit, bis auch das Grundwasser sauer ist und giftige Aluminium-Konzentrationen aufweist. Dieser Prozeß ist besonders folgenreich, weil der Harz seit Jahrhunderten als Wasserspeicher dient. Während der den Nordwestwinden zugewandte Oberharz übermäßig viel Niederschläge erhält – er wirkt als Regenfänger – liegt der den Nordwestwinden abgekehrte Unterharz im Regenschatten. Da das Regenwasser des Sommers und die Schmelzwasser des Winters in dem harten Granitgestein und auf den fast ebenen Flächen des Oberharzes nur wenig versickern und nur langsam abfließen, sind im Harz ausgedehnte Hochmoore entstanden. Sie sind die Wassersammler, denen die meisten Harzbäche entspringen, die die Talsperren speisen. Langfristig sind so also auch unsere Trinkwasservorräte gefährdet.

Wege zu ROBIN WOOD

Klaus Scheerer erklärt, warum es in Deutschland zwei Umweltorganisationen mit ähnlicher Zielsetzung und gleichen Aktionsformen gibt.

Im Herbst des Jahres 1982, noch ehe die neue Umweltschutzorganisation ROBIN WOOD entstanden war, hatte der Name Greenpeace Symbolwert für den gewaltfreien Widerstand im Umweltschutz. Die noch relativ junge deutsche Greenpeace-Sektion entwickelte sich rasch zum Teil zu einer Organisation, die heute aus unterschiedlichen Gründen gern als «Öko-Multi» bezeichnet wird. Ein Öko-Multi ist für einen Industrie-Multi ein angemessener Gegner, warum also noch eine Umweltschutz-

organisation wie zum Beispiel ROBIN WOOD? Dafür will ich aus meiner Sicht Gründe angeben, weil ich beide Organisationen kenne.
Ich will erklären, warum die Aktionen von ROBIN WOOD den Greenpeace-Aktionen ähneln, aber auch, worin sich ROBIN WOOD von Greenpeace klar unterscheidet. Die Hintergründe der Entstehung von ROBIN WOOD dürfen nicht verschwiegen werden. An ihnen wird deutlich, warum es zwei Umweltschutzorganisationen mit ähnlicher Zielsetzung und mit gleichen Aktionsformen gibt. Das Wissen um strukturelle und politische Unterschiede ist für die Unterstützer einer Umweltschutzorganisation ebenso wichtig wie die Aktionen selbst. Wer erst im nachhinein merkt, daß er offenbar die falsche Organisation unterstützt hat, wird sich nur schwer wieder neu engagieren.
Diese Erfahrung habe ich gemacht und möchte sie anderen ersparen.

Mein Name ist Klaus, ich bin 42 Jahre alt und ein naturverbundener Mensch. Meinen Traumberuf, Förster, konnte ich wegen der schlechten Berufsaussichten nicht erlernen. Deshalb entschied ich mich für die Seefahrt. Es hat lange gedauert, bis ich dem nassen Element seinen Reiz abgerungen hatte. Aber später, als gestandener Seemann, wurden wir Vertraute. Zwar bin ich wegen Frau und Kindern längst in eine Landstellung übergewechselt, aber beruflich profitiere ich von meinen Erfahrungen auf See und natürlich auch von meinem Kapitänspatent auf Großer Fahrt.
Umweltverschmutzung war früher kein Thema bei der Seefahrt. Das Meer war groß und fischreich. Nur langsam begannen die zunehmenden Belastungen, die das Meer zum größten Abfalleimer der Welt gemacht haben, Wirkung zu zeigen. Anfang der siebziger Jahre gehörte ich zu den frühen Bewunderern der Aktionen, die Greenpeace zum Schutz der bedrohten Wale durchführte. Als 1980 im Rahmen einer Greenpeace-Aktion vor dem Portal meiner Dienststelle Fische mit Krebsgeschwüren ausgeschüttet wurden, war meine Reaktion von anderer Art als die vieler Kollegen. Die Fische taten mir leid, weil sie durch die gedankenlose Profitsucht des Menschen verstümmelt waren. Während sich die meisten Kollegen nur über die glitschigen, zappelnden Fische vor unserem sauberen Eingang aufregten, erschraken einige, darunter auch ich, über den Zustand der Tiere: Der Anblick dieser armen Kreaturen, die mit Wunden und Krebsgeschwüren übersät waren, das (Mit-)Leiden war ein hautnahes Erlebnis, ja es ging unter die Haut.

Bisher kannte ich Umweltschäden nur aus Büchern und Zeitungen. Diese Fische da unten aber waren aus dem Meer, aus dem Papier herausgekommen, um anzuklagen. Diese Anklage galt auch mir.
Die offizielle Reaktion meiner Dienststelle war die einer Dame, der man eine Tüte klebriger Lakritzen aufs Dekolleté geschüttet hat. Man zeigte sich peinlich berührt; der Schandfleck mußte schnellstens entfernt werden. Eilig herbeigerufene Hausarbeiter bemühten sich, mit Besen und Schaufel das gewohnte Bild des properen Amtes wieder herzustellen. Ein Angestellter, der etwas verspätet zum Dienst erschien, wurde in panischer Abwehr rücklings in den Fischgammel gestoßen. Sein Äußeres – Parka, Bart und Brille – ließ ihn offenbar als Umweltschützer erscheinen. Seine Beteuerungen des Gegenteils erwiesen sich gegenüber der besenschwingenden Schutzmacht als wirkungslos.
Dies alles geschah, nachdem der Anschlag auf den guten Ruf der zentralen Meeresumweltbehörde längst ruchbar und gar nicht mehr zu verhindern war. Pressefotografen und Fernsehleute hatten ihre Bilder längst im Kasten. Nach diesen Erfahrungen war ich entschlossen, nicht nur Sympathisant, sondern aktiver Unterstützer von Greenpeace zu werden.

Umweltschutz fängt unten an!

Als mir Anfang 1981 eine winzige Zeitungsnotiz in die Hände fiel, daß eine Greenpeace-Gruppe nun auch in Hamburg existiere, nahmen meine Frau und ich sofort Kontakt auf. Viele «Feierabende» brachten wir im Greenpeace-Büro zu, um das Chaos von der jungen Organisation fernzuhalten – Akten in Kartons, Schecks im Altpapier, Mahnungen, Anfragen und unbeantwortete Briefe. Wir hielten Kontakt zu Leuten, die abgesprungen waren. Einige wollten mehr für den Umweltschutz tun, als es im Rahmen eines «Greenpeace-Fanclubs» möglich war, andere mochten sich mit den autoritären Anweisungen des Hamburger Büros nicht abfinden. Wir versuchten, sie wieder zur Mitarbeit zu motivieren.
Zwischen den Aktionen gegen Robbenmord, gegen die Umweltvergiftung der Chemiefirma Boehringer und die Dünnsäureverklappung in der Nordsee blieb viel zu wenig Zeit, um über Satzungs- und Strukturprobleme nachzudenken. So gerieten Anne und ich erst spät auf die Seite derer, die sich mit der autoritären, zentralistischen Struktur und mit der Machtkonzentration auf eine kleine, nach internationalen Wei-

sungen arbeitende Gruppe nicht abfinden mochten. Wir strebten breitere Beteiligung an den Aktionen sowie mehr Selbständigkeit und Entfaltungsmöglichkeiten für regionale Gruppen an. Beileibe keine totale Mitbestimmung aller bei Vorbereitung und Durchführung geheimer und überraschender Aktionen, die den Erfolg von vornherein unmöglich gemacht hätte. Aber für Greenpeace und ihr deutsches Büro war eine Lockerung der Hierarchie undenkbar. Daran änderten auch erste kritische Stellungnahmen in der Presse nichts.

Wir verstanden damals nicht, warum an der Chemieproblematik, mit der sich Greenpeace Deutschland erste Meriten erworben hatte, nicht weiter gearbeitet wurde. Die Schornsteinbesteigung bei der Chemiefirma Boehringer in Hamburg-Moorfleet hatte Greenpeace im Sommer 1981 bundesweit in die Schlagzeilen gebracht. Diese Aktion war ein Paradebeispiel für den David-Goliath-Effekt, den Greenpeace bei seinen Aktionen stets für sich reklamieren kann und der immer wieder die Sympathie der Öffentlichkeit sichert. Fachliche Kompetenz allerdings war damals bei Greenpeace auf diesem Feld wenig vorhanden. Die hatte sich aber die Bürgeraktion Moorfleet (BAM) in jahrelanger Kleinarbeit erworben. Ohne die kleine Bürgerinitiative wäre die Aktion gar nicht möglich gewesen. Warum wurde die Hilfe der BAM und anderer qualifizierter Leute nicht besser genutzt, insbesondere bei der Öffentlichkeitsarbeit nach der Aktion? Als zum Beispiel das Anwendungsverbot für Boehringers Chemiegift 2,4,5-T im Herbst 1982 aufgehoben wurde, löste dies bei Greenpeace Protest aus.

Das Management setzt auf Robbenbabies

Ein breiter Unterstützerkreis und ein stetiger Spendenfluß ist mit Hilfe von mitleiderregenden Robbenbabies leichter zu erreichen. als mit Kampagnen gegen die Praktiken der Chemieidustrie. Greenpeace International beschloß damals, mehr Geld in Tierschutzaktionen, in die Werbung und Verwaltung und weniger in «heiße» Chemiethemen zu investieren.

Anne und ich hatten zu der Zeit die aktive Mitarbeit bei Greenpeace nach einem häßlichen internen Krach schon aufgegeben. Dieser Krach ist wahrscheinlich weniger wegen persönlicher Differenzen, sondern vielmehr wegen unserer Gegensätze zur Politik des Hauses vom Zaun gebrochen worden. Wir waren auffällig und unbequem geworden, weil wir uns an die Praktiken der Öko-Firma nicht anpassen konnten und wollten. Ebenso ging es vielen Leuten, die vor uns und nach uns ausmanövriert, abgedrängt, gefeuert worden sind. Später wurde die ständige Fluktuation von Mitarbeitern als Notwendigkeit zur Professionalisierung dargestellt. Fachkräfte waren aber nur dann gefragt, wenn sie anpassungswillig waren. Dieses Vorgehen löste selbst bei den von Greenpeace attackierten Behörden Verwunderung aus.

Greenpeace braucht keine Wurzeln

Die «Greenpeace-Geschädigten» aus Hamburg, Bremen, Köln und Kiel, schlossen sich im Sommer 1982 zusammen. Wir alle steckten irgendwie immer noch voll grasgrünem Greenpeace-Idealismus. Unsere Illusionen standen uns im Weg. Einige von uns hatten zum «inneren Kreis» von Greenpeace Deutschland gehört. Wir schrieben an unsere Bekannten beim internationalen Greenpeace-Aufsichtsrat, dem «council». Der Verschleiß von freiwilligen Mitarbeitern erschien uns unvereinbar mit dem Anspruch von Greenpeace, eine neue Ökologiebewegung zu repräsentieren. Als die schriftlichen Proteste nichts änderten, zettelten wir eine «Graswurzelrevolution» an, einen Aufstand von unten. Aber wir erkannten nicht, daß Greenpeace auch ohne Wurzeln existieren kann. Die Abriegelung gegen jeden Einfluß von unten funktionierte perfekt. Es nützte nichts, daß wir aus Zorn und Empörung unseren Konflikt öffentlich austrugen.
Durch eine geschickte Umschichtung der Machtbefugnisse wich der internationale Aufsichtsrat unseren Forderungen nach etwas mehr Demokratie aus. Die Geschäftsführung wurde auf ein Dreiergremium übertragen. Uns aber begegneten die «Internationalen» mit Mißtrauen, teilweise sogar mit offener Ablehnung. Gegen einige von uns wurden bei Gericht einstweilige Verfügungen erwirkt, um uns zum Schweigen und die Spenden wieder zum Laufen zu bringen. In einer Organisation, die ein drei Seiten langes Paragraphenwerk aufsetzte, um ihrer deutschen Tochter die Rechte am «Trade mark Greenpeace» zu übertragen, hatten unsere Vorstellungen von einer neuen Ökologiebewegung keine Chance.

Vom Frust zur Lust

Um nach unserer mißlungenen Protestaktion glaubwürdig zu werden, mußten wir erst unseren eigenen Ansprüchen gerecht werden. Wir fingen neu an, obwohl wir nicht gerade in optimistischer Aufbruchstimmung waren. Wir wollten aktiven Umweltschutz initiieren und möglichst wenig kontrollieren. Die Auswirkungen solcher absoluten Kontrolle hatten wir bei Greenpeace kennengelernt. Dort beobachtet man ROBIN WOOD mit Skepsis und Interesse, weil nach der Greenpeace-Doktrin ein solches Vorgehen für aussichtlos gehalten wird.
Imre Kerner, Exil-Ungar, hatte als Chemiker sieben Jahre im Labor des Pharma-Konzerns Sandoz gearbeitet, dort einen Giftskandal aufgedeckt und war das entlassen worden.*
Anschließend war er zweieinhalb Jahre beim Umweltbundesamt angestellt und hatte danach ein kurzes «Gastspiel» bei Greenpeace gegeben. Seine Idee war es, eine neue Organisation aufzubauen, die effektive umweltpolitische Aktionen durchführt, in der jeder Mitglied werden und sich an der Willensbildung beteiligen kann. Imre und einige andere Leute unter uns sammelten die «Greenpeace-Geschädigten», um gemeinsam eine neue Umweltschutzorganisation mit dem lächerlich trotzigen Namen ROBIN WOOD zu gründen.
Da wir weder Konkurrenz noch Konfrontation mit Greenpeace anstrebten, wählten wir als Schwerpunktthema das Waldsterben und Versauerung der Böden und Seen durch jahrelange Luftverschmutzung. Diese Problembereiche schienen uns in einem Industrie- und Chemieland wie der Bundesrepublik aktuell und schwerwiegend genug zu sein, um die Öffentlichkeit durch spektakuläre Aktionen darauf aufmerksam zu machen. Wir fingen an zu planen und zu beobachten, wir führten die ersten gemeinsamen Aktionen durch – bundesweit! Die Zusammenarbeit im Team war für uns alle eine gute Erfahrung, die uns ermutigt, unsere Arbeit fortzusetzen. So ist letztlich trotz Greenpeace, nicht wegen Greenpeace, wie heute glauben gemacht wird, die Umweltschutzorganisation ROBIN WOOD entstanden. Unbestritten bleibt, daß Greenpeace den Umweltschutz durch gewaltfreie Aktionen weltweit populär gemacht und auch ROBIN WOOD inspiriert hat.

* Über den Basler PCB Skandal haben Imre Kerner und die Journalistin Toya Maissen das Buch «Die kalkulierte Verantwortungslosigkeit» geschrieben, das als rororo aktuell erschienen ist.

Robin der Bobbin und Hans von der Kanne

Wer auf den Namen ROBIN WOOD gekommen ist, weiß keiner mehr von uns. Als sich die Gründer der Organisation über diesen Namen zusammenrauften, ahnte keiner, daß sich zwischen Robin Hood, dem legendären Rächer der Enterbten und ROBIN WOOD, dem zeitgenössischen Rächer der Entlaubten, feine mythische Fäden spannen. Helga Wingert hat sie aus dem Knäuel der dunklen Vergangenheit gezupft und daraus ein Kapitel gewirkt, das jeden Robin und aufmüpfigen Gartenzwerg erwärmen wird.

Morgen ist Nikolaustag. In unserer Küche stapeln sich Säcke, um den Tisch sitzen ROBIN WOODS. Manche mit Bart, manche ohne. Anne und ich sind die einzigen Frauen. Anne hat die Aktion, die in wenigen Stunden anlaufen soll, bis ins Letzte organisiert. Eine Nikolausfeier soll es werden, doch eine von besonderer Art. In den Segeltuchsäcken stecken keine Äpfel und Nüsse. Sie sind prall von Schnüren, warmen Unterhosen, Daunenjacken, Proviant und allerlei nützlichem Kleinkram, zum Beispiel Handwärmer samt Kohlestäben und Sturmfeuerzeuge. Beschert wird Herr Oberlack, Direktor der HEW. Er erhält das Schwefelschwein des Monats. Damit die Feier nicht sang- und klanglos untergeht, werden sechs ROBIN WOODS auf die beiden Schornsteine des Kohlekraftwerks Wedel klettern und noch einmal klarstellen, daß hier die größte SO_2-Dreckschleuder Hamburgs steht.

Das Telefon klingelt. Die Freiburger dürfen ihre 1500 Quadratmeter Schwarzwald ganz offiziell verpacken, um ihn einen Tag lang vor saurem Regen zu schützen. Die Berliner wollen tote Bäume über die Mauer werfen, die Bremer den Abgeordneten der ein säurefestes Haupt für Bürgerschaft den berühmten Roland schenken.

Vor der Gartenpforte rollen ein paar Mann das große Transparent zusammen, das Baumkreuz, das zwischen die Schlote gespannt werden soll, falls alles klappt. Ein argwöhnischer Nachbar, der seinen Bluthund zu später Stunde spazierengeführt hat, lauert im Schatten seines Hauses. Wird er die Polizei rufen?

Es gibt Probleme mit den Walkie-Talkies, doch zur Not haben sie ja noch den Nummerncode für die Verständigung zwischen Bodenpersonal und Kletterern. Letzte Lagebesprechung. Wer tut was und wann tut er es. Das muß sitzen, die Komplikationen stellen sich erfahrungsgemäß von selber ein. Dann brechen sie auf. Die Aktion läuft.

Ich bleibe zurück. Sammle leere Teetassen ein, schaue überall nach, ob etwas liegengeblieben ist und setze mich schließlich an den Schreibtisch. Vor fünf Uhr früh ist kein Anruf zu erwarten. Meine Gefühle sind gemischt. Ich komme mir vor wie ein Mittelding aus Verschwörerin und Räuberbraut. Mein Mann ist wieder dabei.

Kaum war er zu ROBIN WOOD gestoßen, saß er schon in Buschhaus bei Helmstedt auf dem Kran. Morgen wird er auf einem der Schornsteine in Wedel herumturnen. Eine Art moderner ROBIN HOOD.

Wie der kühne Geächtete, der Rächer der Enterbten, der mit seinen Gesellen im Wald von Sherwood hauste, den Henker von Nottingham aufs Kreuz gelegt hat, das habe ich in der Schule gelernt. «Learning English», Teil zwei.

Wie die ROBIN WOODS, die Rächer der Entlaubten, den Werkschutz von Kohlekraftwerken und schwafelnde Politiker austricksen, das erlebe ich selbst mit. ROBIN WOOD, das ist Gegenwart. Der geistreiche, wenn auch verzweifelte Kampf um unsere Wälder.

Ob der legendäre Robin Hood überhaupt gelebt hat, ist nicht ganz klar, schon gar nicht, ob er ein Earl of Huntingdon war. Fest steht, daß er im Gegensatz zu ROBIN WOOD stets der Gewalt mit Gewalt begegnete. Allerdings auch mit List. Seine Gegner waren die Normannen, die 1066 England erobert und die Sachsen besiegt hatten. Was er seinen Feinden abnahm, meist reichen Adligen und Kirchenleuten, schenkte er den Armen Englands. Die feierten ihn in Balladen und Volksliedern als Helden. Er verkörperte den Haß des Volkes gegen die normannische Fremdherrschaft, er galt als Verfechter des alten sächsischen Rechts. Er war das Symbol des Widerstandes schlechthin, stand für all jene sächsischen Freisassen, die mehr als hundert Jahre lang den Eroberern einen erbitterten Guerillakrieg lieferten. Unter anderem wegen der neuen

Kraftwerk Wedel / Holstein: Die Transparente hängen

Jagdgesetze. Im Neuen Wald, dem New Forest, durfte ausschließlich der König jagen. In diesem Gebiet hatte man sämtliche Häuser und Höfe niedergerissen, den Grund und Boden enteignet. Wenn es einer wagte, dort wie in alten Zeiten ein Reh oder einen Hasen zu erlegen, dann wurde er geblendet.

Robin Hood ging in die Literatur ein. Der englische Dichter Sir Walter Scott setzte dem Rebellen in seinem Roman «Ivanhoe» ein Denkmal. Auf dem Höhepunkt des Geschehens begegnen sich Richard Löwenherz, der als Schwarzer Ritter inkognito in sein Land zurückgekehrt ist, und der König der Geächteten unter einer riesigen alten Eiche im Sherwood Forest. Sie scheiden als Freunde, und Richard verspricht Robin, die tyrannischen Jagdgesetze abzuschaffen. Der König kommt nie dazu. Ähnliches erlebt Robin Wood mit so manchem Politiker. Man möchte ja gern … so geht es wirklich nicht … aber sehen Sie, die Sachzwänge … ganz einfach ist das nicht …

Um Robins Tod ranken sich Legenden, die in heidnische Vorzeit weisen, als die Götter in den Bäumen wohnten, als Winter und Sommer Jahr für Jahr einen tödlichen Kampf gegeneinander ausfochten. Eine tückische Äbtissin soll ihm den Tod gebracht haben; der Held verblutete langsam an seinen schweren Wunden. Sein Grab liegt unter einem riesigen Stein in der Nähe von Halifax, umgeben von Heiligen Bäumen. Noch bis in die Neuzeit hinein fanden unter der Eiche im Sherwood Forest Maifeste statt, in deren Mittelpunkt Robin und Maid Marian, seine Begleiterin, standen.

Schon tauche ich in meine Bücher, in die Vergangenheit. Das tue ich nicht, um der Gegenwart zu entfliehen, denn in der Vergangenheit trifft man auf dieselbe Misere. Mit einem Vorteil allerdings: Zwar sind die Fakten spärlicher, aber das Geschehene verändert sich nicht mehr. Man kann die Ereignisse in Ruhe von allen Seiten betrachten. Wie einer die Gegenwart mit dieser Fülle von widersprüchlichen Informationen analysieren kann, ist mir ein Rätsel. Die Zukunft – nun ja, was die Menschen betrifft, so werden sie wohl dieselben Verhaltensmuster zeigen wie in der Vergangenheit und in der Gegenwart. Was mir Angst macht, sind die Werkzeuge, die sich der Mensch geschaffen hat. Wissenschaft und Technik haben uns Möglichkeiten erschlossen, denen wir geistig nicht gewachsen sind.

Vor dreißigtausend Jahren schuf der Cro-Magnon-Mensch, unser direkter Ahn, die Höhlenbilder in Frankreich und Spanien. Seither hat sich der Mensch nicht wesentlich verändert. Statt dessen veränderte er seine Umwelt, und zwar immer rasanter. Nun sitzt er mit seinen alten Verhaltensmustern, die sich im Laufe langer Zeiträume herausbildeten, in einer neuen selbstgeschaffenen Umwelt wie ein Fisch auf dem Trockenen.

Als der Mensch zum erstenmal das Feuer benutzte, um sich daran zu wärmen, um später darauf zu kochen, begann er Energie zu nutzen. Er heizte mit Holz oder Mist, richtete sich nach den Gegebenheiten. Die chinesische Küche zum Beispiel verrät, daß Brennmaterial kostbar war: Kleingeschnittenes wird wenige Minuten gekocht oder gebraten. In waldreichen Gebieten dagegen konnte man ohne Not ganze Ochsen oder Wildschweine am Spieß braten. Die Jäger und Nomaden lebten weitgehend im Einklang mit der Natur. Sippen und Herden waren klein, sie zogen jeweils dorthin, wo es Nahrung gab.

Eigentlich hat es in der Geschichte der Menschheit nur zwei grundsätzliche Umwälzungen gegeben: Die «Erfindung» des Ackerbaus als neue Lebensgrundlage und die «Erfindung» von Wissenschaft und Technik als Lebenszweck. Beide Ereignisse liegen etwa achttausend Jahre auseinander. Auf ein paar Jahrhunderte kommt es dabei nicht an.

Der Ackerbau entstand an verschiedenen Stellen der Erde, und zwar in bestimmten Regionen, für die eine Vielfalt von Pflanzenarten typisch ist. Ein Bauer kann sich nicht weit von seinem Feld entfernen, also wurde der Mensch seßhaft. Nach und nach entstanden Städte, die immer größer wurden und den Menschen einen Lebensstil aufzwangen, der ständig künstlicher wurde.

In dem Maße, in dem der Glaube an Wissenschaft und Technik, an den Fortschritt schlechthin, sich ausbreitete, verblaßten die Religionen. Die letzte, ohnehin nur noch schwache Verbindung zur Natur zerriß in unserem Jahrhundert. Der «zivilisierte» Mensch der Industrienationen steht im Gegensatz zur Natur, steht damit gegen sich selbst. Er scheint unfähig, das zu begreifen. Ahnen tut er's. Er macht Fluchtbewegungen. Drogenbeseelte Blumenkinder und aggressive Punker sind zwei Seiten ein und derselben Medaille. Zwischen dem Nirwana der modisch-fernöstlichen Religionsverschnitte und dem «No future» randalierender Anti-Bürger liegt kaum ein Unterschied. Für sie steht das Nichts im Mittelpunkt des Seins, gekoppelt mit der totalen Nabelschau.

Protestieren, das tut auch ROBIN WOOD. Und manch einem Bürger mag es ein Skandal sein, daß sie fremder Leute Schlote besteigen, Staatsbeamten die Nadeln toter Tannen vor die Füße streuen. Doch ROBIN WOOD ist kein Religionsersatz, keine Selbstfindungsgruppe und keine Fünfte Kolonne, zusammengerottet, um die Demokratie zu untergraben. ROBIN WOOD ist angetreten, die todkranken Wälder zu retten. «Wir haben den Wald nur von unseren Kindern geborgt», das haben die Freiburger auf die Plane geschrieben, die symbolisch ein Stückchen Wald schützte. Für einen Tag.

Das Erzgebirge ist über weite Strecken wieder zur Steppe geworden, wie vor zehntausend Jahren, am Ende der letzten Eiszeit. Ums Riesengebirge steht es schlecht. Sie haben recht, die Berliner: «In Ost und West stinkt's wie die Pest.» Der Harz ist todkrank wie der Schwarzwald; das Fichtelgebirge stirbt; die Alpenwälder sind angeschlagen. Diesmal ist es keine Klimaveränderung, kein Fluch, den Götter brachten. Kraftwerke sind es, Fabriken und Autos. Der Mensch selbst tötet die Wälder.

Wer es zur Zeit der Germanen wagte, einem lebenden Baum die Rinde abzuschälen, dem drohten grimme Strafen. «Der Nabel des Verbrechers mußte herausgeschnitten werden», schreibt der englische Ethnologe James George Frazer, «und an den Teil des Baumes genagelt werden, den er abgeschält hatte, und er mußte immer wieder um den Baum herumgejagt werden, bis sich alle seine Eingeweide um den Baum geschlungen hatten.» Man forderte ein Leben für ein anderes. Denn unseren Vorfahren waren die Bäume heilig. Bäume besaßen eine Seele. Dieser Überzeugung waren nicht nur Germanen, Kelten und Slawen. Überall auf der Welt finden sich Reste dieser Vorstellung.

Die Baumgeister spenden Regen und Sonnenschein, sie lassen die Ernte gedeihen. Wie zählebig alte Bräuche sind, beweist der Erntekranz. Dieser Zweig oder Baum, der mit Kornähren umwunden ist und auf dem letzten Wagen eingefahren wird, verkörpert noch immer den Baumgeist, ist Symbol für den Vegetationsgott. Baumgeister in aller Welt mehren die Herden, segnen Frauen mit Nachkommenschaft, erleichtern die Niederkunft.

Baumverehrung kannten Indianer, Afrikaner und Siamesen. Beseelt dachte man sich die Bäume in China und Malaya, in Neuseeland und Indien. Selbst im Holz eines gefällten Baumes konnte noch der Waldgeist stecken.

Das glaubten die Menschen auf Celebes und den Molukken ebenso wie die in Schleswig-Holstein. Dort wohnt der Puck, ein launenhafter

Kobold und Hausgeist, am liebsten in einem Dachbalken, und in den Masten der Schiffe rumort der Klabautermann.
In Shakespeares «Sommernachtstraum» ist der Puck zu einer einzelnen Person geworden. Ursprünglich gehörten die Pucks in England zur großen Familie der Hobgoblins, das sind Kobolde, die unseren Heinzelmännchen ähnlich sind. Hilfreich und fleißig, solange die Menschen sie gut behandeln, launisch und bösartig, wenn sie sich beleidigt fühlen. Zur Familie der Hobgoblins zählt auch Robin Goodfellow. Wobei das «Goodfellow» (soviel wie guter Kerl) erst später hinzukam. «Robin» bezeichnete vorher den Teufel. Und der muß mit Weihnachten zu tun gehabt haben. In diese Zeit nämlich fällt ein eigentümlicher Brauch, der einst in ganz Europa verbreitet war: Die Jagd auf den Zaunkönig. Auf der Insel Man bekamen noch im 18. Jahrhundert die Dienstboten am Heiligen Abend frei. Bis zum Glockenläuten um Mitternacht gingen sie umher. Wenn das Gebet in der Kirche zu Ende war, begann die Jagd. Hatten sie einen Vogel gefangen und getötet, so befestigten sie ihn mit ausgebreiteten Flügeln auf einer langen Stange und trugen ihn in feierlicher Prozession von Haus zu Haus. Dazu sangen sie:

«Wir jagten den Zaunkönig für Robin, den Bobbin,
Wir jagten den Zaunkönig für Hans von der Kanne,
Wir jagten den Zaunkönig für Robin, den Bobbin,
Wir jagten den Zaunkönig für jedermann.»

Die Sänger erhielten Geld und Geschenke. Sobald sie das Dorf abgeschritten hatten, betteten sie den Vogel auf eine Bahre und trugen ihn auf den Gemeindefriedhof. Dort begruben sie ihn mit größter Feierlichkeit unter Totenklagen. Dann erst begann das Weihnachtsfest.
Warum ausgerechnet der Zaunkönig des Teufels ist, konnte ich nicht herausfinden. Eigentlich wäre das Rotkehlchen einleuchtender, denn schließlich trägt es im Englischen den Namen «robin». Das Rotkehlchen war dem alten Donner- und Regengott Thor heilig. Der aber hatte eher mit dem Frühlingsfest zu tun, wenn es galt, Fruchtbarkeit zu beschwören, gute Ernten zu sichern. Die Wintersonnenwende und die Einkehr des Frühlings waren bei unseren Vorfahren heilige Zeiten. Den Verkündern des Christentums blieb nichts anderes übrig, als die Termine beizubehalten und sie, so gut es ging, mit christlichem Inhalt zu erfüllen.

Die Sache mit den germanischen Göttern ist äußerst verwickelt. Nicht nur, daß sich ihre Zuständigkeitsbereiche vermengen, so daß der Eindruck entstehen kann, es handle sich um einen einzigen Gott, der unter verschiedenen Aspekten betrachtet wurde. Obendrein hatte jeder «Aspekt» eine männliche und eine weibliche Seite, die gleichberechtigt nebeneinander standen und einander ersetzen konnten. So wurden der Göttervater Odin (Wodan) und der Donnergott Thor (Donar) auf Bergen verehrt, die manchmal nebeneinander lagen; beide spielten eine Rolle bei den Fruchtbarkeitszeremonien.
Wenn das Wilde Heer in den Zwölf Nächten zwischen dem Heiligen Abend und dem Dreikönigstag durch die Lüfte jagt, dann reitet Odin an der Spitze der Meute – oder aber Thor – oder Frau Hulda, die als Frau Holle jedem bekannt ist. Unter dem Namen Frigg ist Hulda die Gemahlin des Odin; als Erdgöttin gehört sie zu den Frühlingsfesten. Unter dem Einfluß der christlichen Lehre wandelte sie sich zur Großmutter des Teufels. In der Walpurgisnacht feiert sie mit ihrem bocksbeinigen Sohn, dem Thor der Alten, und einem Heer von Hexen und Teufeln auf den Donnersbergen einen orgiastischen Sabbat.
Jener Robin, der Bobbin, dem zu Weihnachten ein Zaunkönig geopfert wurde, ist nicht der Kobold Robin Goodfellow gewesen, sondern Thor mit dem brandroten Bart und dem Zauberhammer, der von selbst in die Hand des Blitzeschleuderers zurückkehrte. Der Kobold Robin und sein dänischer Kollege Nissen sind jüngere Formen des Gottes. Sie lassen sich zurückverfolgen auf den Weihnachtsmann, auf Knecht Ruprecht und den Nikolaus. Robin ist die englisch-französische Form von Rupert oder Ruprecht. Nissen stammt von Niels, von Nikolaus. Beide verteilen Äpfel und Nüsse, die unsere Vorfahren als Sinnbilder der Fruchtbarkeit, des Lebens und der Unsterblichkeit ansahen. Beide tragen einen langen, weiten Mantel mit großer Kapuze. Und hier kommt wieder Robin Hood ins Spiel. «Hood» nämlich heißt Kapuze, Haube oder Kappe. Jeder Zwerg, der auf sich hält, besitzt zumindest eine Tarnkappe (wenn nicht gar einen Zaubermantel), die ihn unsichtbar macht, die ihrem Besitzer Macht und Kraft verleiht. Einen Zauberhut und einen weiten Mantel besaß auch der Göttervater Odin, bevor er in den Weihnachtsmann und später in einen Zwerg verwandelt wurde. Wenn ich an einige Unternehmungen denke, dann glaube ich fast, daß der Alte manchmal für einen kurzen Augenblick seine Tarnkappe an ROBIN WOOD ausgeliehen hat.

Die alten Götter sterben langsam. Zuerst verschmolzen ihre Züge miteinander, dann verkehrte das Christentum, das, was einst gut war und heilig, ins Gegenteil. Mit mäßigem Erfolg. Was den Thor, den Odin und den Freyr, die Frigg, die Hulda und die Ostara heilig und mächtig gemacht hatte, übertrugen Sagen und Legenden auf Menschen, die sich zu Lebzeiten auszeichneten. In der Gestalt des Robin Hood, den sie unter der Heiligen Eiche in Sherwood Forest als Maikönig feierten, huldigten die Bauern noch vor wenigen Jahrzehnten dem Vegetationsgeist, dem uralten Fruchtbarkeitsgott.

Was lange gärt, wird endlich Wut

Ein Bericht vom Aufstehen

Martina Raab aus Berlin erinnert sich noch an ihr langsames Erwachen, an ihr Unbehagen, ihre Bequemlichkeit und daran wie sie schließlich bei den ROBIN WOODS landete, die ihr fortgesetzt die Zeit stehlen.

Ein grauer, kalter Montagmorgen, dieser 21. Februar 1983. «Montags nie» gilt für mein Studium, seitdem ich vor zwei Jahren damit begonnen habe. Und da ich heute auch nicht meinem Geldjob nachgehen muß, habe ich Zeit, um mich ganz langsam aus dem warmen Bett zu pellen, Zeit auch für trübe Gedanken. Sie sind nicht nur wegen des Wetters trübe. Die bedrohlichen Meldungen über Krieg, Nachrüstung und Umweltzerstörung legen sich immer schwerer auf mein Gemüt. Solche Nachrichten zu ignorieren klappt nur kurz, eigentlich nur im Urlaub. Wie machen das bloß die anderen, wie werden die damit fertig? Aber gehöre ich nicht auch dazu? Was nützen denn meine Magenschmerzen, wenn ich nichts tue?

Automatisch schalte ich auf dem Weg ins Bad das Radio ein. SFB 2, keine Frage, ein kleiner Trost ist das «Echo am Morgen» in einer Stadt voller Springer-Informationen. Auch *Bild*- und *BZ*-Leser hören es zuweilen.

Mit halbem Ohr höre ich beim Frühstücken Verbrauchertips, Tiermarkt, Nachrichten. Der Kaffee ist gut und erwärmt Leib und Seele. Da meldet sich im Radio, zwischen zwei Heile-Welt-Schlagern, ein Reporter. Mein halbes Ohr nimmt den Namen ROBIN WOOD wahr; von Waldsterben und Schornsteinbesteigung ist die Rede. Origineller Name ist mein erster Gedanke. Aber Waldsterben! Der Begriff wird mir zum erstenmal richtig bewußt. Der Wald stirbt ... Das darf doch nicht wahr sein! Ich bin zwar ein Stadtkind und kann meine Liebe zu Bäumen nicht weiter erklären, aber diese Meldung schlägt mir auf den Magen, Trauer holt mich wieder ein. Als ich die Leute im Radio von den Ursachen reden höre, von der Luftverschmutzung durch Kraftwerke und Autos, da geht es wie ein Blitz durch meinen Kopf. Wie oft leide ich selbst unter der schlechten Luft, im Winter bei Smog oder auf dem Fahrrad nach Luft japsend hinter stinkenden Auspuffrohren. Luft, das Wichtigste, was Menschen und Tiere und Bäume zum Leben brauchen, wir Menschen vergiften sie, die ersten Lebewesen sterben bereits daran. Meine Traurigkeit beginnt in Wut umzuschlagen. Was lange gärt, wird endlich Wut! Doch was kann ich bloß aus meiner Wut machen?

Ich höre, daß als Abschluß der ROBIN WOOD-Aktion vor dem BEWAG-Laden am Ku-Damm Luftballons aufsteigen sollen. Da will ich hin, das ist ja wie auf einem silbernen Tablett serviert.

Als ich um drei ankomme, sind die Luftballons schon weg, doch eine Menge Leute sind noch da und eine Menge kaputter Bäume, Fichten schätze ich. Ich gehe zum Stand hinüber, wo man mir ein Flugblatt in die Hand drückt.

«Wie kann ich euch denn unterstützen?» frage ich einen. «Hier sind so Postkarten», sagt der. «An Weizsäcker und an Honecker mit der Aufforderung, die Luftverschmutzung zu verringern. Die sollen möglichst viele Leute abschicken.» Das ist einfach, zwei Karten abschicken, und schon habe ich etwas getan! Meine Bequemlichkeit flüstert mir ins Ohr: Na, das muß für den Anfang genügen. Doch heute bin ich hartnäkkiger, merke, daß es nicht genügt, wieder mal für eine gute Sache eine Unterschrift zu leisten und 'ne Mark in die Büchse zu stecken. Entschlossen quatsche ich den nächsten ROBIN WOOD an: «Kann ich denn nicht noch mehr tun?» Ein erfreutes Lächeln huscht über sein Gesicht: «Ja, wenn du mitmachen willst! Warte mal, ich geb dir ein Faltblatt mit unserer Adresse. Was denn, sind die Faltblätter alle schon weg? Das gibt's doch nicht!» Ziemlich gestreßt durchwühlt er einige Kisten hinter dem Tapetentisch. «Keins mehr da. Aber gib mal deine Adresse. Ich schick dir dann eins zu.» Gesagt, getan. Mit leicht gemischten Gefühlen gehe ich wieder nach Hause.

Mein sogenannter Alltag geht weiter. Am nächsten Tag steht Uni auf dem Programm, am übernächsten Tag Geldverdienen. Als ich nach drei Tagen einen Umschlag mit dem ROBIN WOOD-Faltblatt aus dem Briefkasten hole, freue ich mich. Sie haben mich nicht vergessen! Auf dem unpersönlichen Faltblatt steht noch ein kleiner Gruß und eine Berliner Telefonnummer. Ich soll mal anrufen. Jetzt wird's ernst. Zwei Tage braucht es, bis ich meine Bequemlichkeit zum zweitenmal überwinde und zum Telefon greife. Reinhard ist am Apparat und fragt mich, warum ich gerade bei ROBIN WOOD mitmachen will. Tja, warum? Weil

Robin Wood läßt die Säure auftreten. Straßentheater am Kudamm in Berlin

der Bericht über die Aktion mich im richtigen Moment erreicht hat, weil mir der Wald so besonders wichtig ist oder weil mir die Aktion so gut gefallen hat? Wohl eine Mischung aus allem. Reinhard fragt weiter: Ob ich denn auch genug Zeit für eine aktive Mitarbeit habe? Oje, innerlich macht's in mir einen Rückzieher. Da ist das Studium, das Jobben, da sind Hobbies, Familie und vieles mehr. Gedehnt antworte ich «Na ja, eigentlich ...» – «Na, bist du womöglich schon in mehreren BIs oder so?» – «Nein, das nicht», sage ich etwas erleichtert. Wir verabreden, daß sie mich anrufen, wenn ein Gruppentreffen stattfindet.
Als moralische Unterstützung und aus Interesse kommt Uwe mit. Als wir in die gemütliche Runde platzen, bin ich überrascht, wie wenige da sitzen. Ich hab mir zwar keine Gedanken über die Größe der Gruppe gemacht, doch irgendwie hab ich vermutet, daß so eine Aktionsgemeinschaft nicht nur aus zehn Leutchen bestehen kann. Wir setzen uns dazu, und es stellen sich erst mal alle gegenseitig vor. Die Diskussion

des Faltblättchens, eben jenes, das ich zugeschickt bekommen habe, steht auf der Tagesordnung. Die kritisierten Punkte sind mir bisher gar nicht aufgefallen. Auch über das Für und Wider eines «Waldpfennigs» (Strompreiserhöhung zwecks Luftreinhaltungsmaßnahmen) habe ich mir vorher keine Gedanken gemacht.

Es wird ziemlich spät, bevor wir nach Hause gehen. Nett scheinen sie ja zu sein, aber wenn schon die Arbeit an einem einzigen Faltblatt so zeitraubend und kontrovers ist! Na ja, wir fahren nächste Woche erst mal in Urlaub. Dahin, wo die Verdrängung so schön klappt. Und so denken wir in der schönen, frühlingshaften Toscana auch nicht an Waldsterben und ROBIN WOOD.

Mit gehörigem inneren Abstand wieder zu Hause angekommen, drohen Resignation und Trägheit mich wieder einzuholen. Sollte man nicht doch lieber auswandern? Doch dieses Mal ist ROBIN WOOD hartnäckig. Volker gibt mir wie selbstverständlich den nächsten Termin durch, als wenn ich schon dazu gehöre. Und ich raffe mich wieder auf, na klar, das will ich ja schließlich auch!

Schon dieses nächste Treffen läßt die Sache verdammt nach Arbeit riechen. Ich widersetze mich der immensen Aufgabenverteilung, schließlich habe ich ja auch noch ein Privatleben. Verstehendes, fast mitleidiges Lächeln auf den gestandenen ROBIN WOOD-Gesichtern. Doch da ist der Zeitdruck – ein Termin steht vor der Tür: Die Verabschiedung der «Großfeuerungsanlagen-Verordnung». Und die Berliner Gruppe soll sich was ausdenken. Die aufkommende Ideen- und Ratlosigkeit wird jedoch glücklicherweise bald von einem Geistesblitz durchbrochen: Wir machen ein Straßentheater. Zeit zur Vorbereitung: knapp drei Wochen. Und so rutschen wir hinein in die Aktion: Requisiten basteln, Rollen und Musikstück einstudieren, Flugblatt erarbeiten und drucken lassen und so weiter … Chaotische Zeiten voller Arbeit, aber auch mit viel Spaß dabei. Und so geht's immer weiter.

Inzwischen bin ich fast ein Jahr bei ROBIN WOOD. An die Befürchtung vor zuviel Arbeit und zuwenig Zeit habe ich mich inzwischen gewöhnt. ROBIN WOOD ist zu einem Teil meines Lebens geworden, und zu keinem kleinen! Aber für Sachen, die einem wichtig sind, hat man auch Zeit. Mittlerweile ist mir nicht nur die Sache wichtig, sondern auch die Leute und der Verein. Und das gute Gefühl: Endlich tue ich auch etwas!

Und außerdem – ich ertrage graue Montagmorgen jetzt etwas besser!

Nichts als Nadeln

Nicht immer muß es ein Schornstein sein, der ROBIN WOOD agieren läßt. Roland Rose aus Bremen berichtet, welche Reaktionen ein paar Säcke voll Fichtennadeln hervorrufen können.

Mein Telefon klingelt: «Kannst du am Dienstag mitmachen? Von sechs Uhr morgens bis zehn?» – «Was denn?» – «Doch nicht am Telefon! Also, kannst du?» Ich kann und fahre am Dienstag zum Treffpunkt.

In unserem roten VW-Bus ist es warm. Trotzdem fange ich innerlich an zu zittern. Das übliche. Es läßt erst nach, wenn ich etwas tue, wenn die Aktion läuft. Inzwischen weiß ich, worum es geht: Wir wollen unsere Forderung, das Bremer Kraftwerk Hafen zu entschwefeln, mit einer Aktion unterstreichen. Vor den Eingang der Stadtwerke wollen wir einen Teppich aus Kiefern- und Fichtennadeln legen. Im Auto riecht es – leider – gut nach Wald. «Wer schüttet denn die Säcke aus?» – «Wer hält das Transparent?» – «Und wer schwingt Zimmermanns Umweltbesen?» Der Besen hat nur zehn dünne Borsten. «Ist doch egal, das ergibt sich.»

Die Stadtwerke beginnen zwischen sieben und acht Uhr zu arbeiten, die Leute müssen, ob sie wollen oder nicht, über unseren Nadelteppich gehen. Zehn Müllsäcke voll haben wir gleichmäßig vor dem Eingang verteilt. Darüber unser Spruchband

«KRAFTWERK HAFEN - ENTSCHWEFELN».

Wir bekommen einiges zu hören: «Das riecht ja gut», «Was soll der Mist?», «Ihr spinnt wohl!», «Denkt mal an die Arbeitsplätze». Das sind Momente, die muß man überstehen. Ich zwinge mich, die Flugblätter freundlich zu verteilen, mit einigen zu sprechen. Ich bemühe mich, locker zu erscheinen. Fast alle nehmen das Flugblatt, aber die Gewißheit, daß viele Blätter in den nächsten Papierkorb fallen, bedrückt mich. Ich muß immer öfter mit den anderen reden, kleine Witze machen. Kein gutes Zeichen. Warum kommen gute Argumente so schlecht an?

1983
Wandert unser Bürgerpark
in die Spanplattenfabrik?
1990

Wir schützen den Bremer Roland
vor dem Sauren Regen

Dann kommt der Pförtner, dann die Polizei. Die Schutzmänner bleiben besonnen und gehen, nachdem sie mit uns gesprochen haben. Der Pförtner, es ist sein Haus (!), bleibt nicht so ruhig. Wir müssen ruhig bleiben.
Nachdem fast alle Angestellten an der Arbeit sind, einige sehen aus den Fenstern auf uns herunter, nehmen wir Zahnbürsten und kehren die Nadeln zusammen. Jetzt liegen sie wieder im Wald, zugedeckt von anderen, die viel zu früh herunterfielen.

Die Schwefelgnome von Nürnberg

Seit Juli 1983 gibt es in Nürnberg eine ROBIN WOOD-Gruppe, die gleich nach der Gründung ihrer Stadt ein schönes Straßenspektakel bescherte. Gisbert von Eyb erzählt, wie es dazu kam und daß auch Kleinvieh Mist macht.

«Ach, die Schlotbesteiger sind da! Auf welchem Kamin seid denn ihr gesessen?» ulkt einer im Vorübergehen. Ein anderer höhnt: «Die üben doch noch auf den Dächern von Einfamilienhäusern.»
Seit vier Stunden stehe ich hinter dem Informationstisch von ROBIN WOOD. Soll ich auf solche Bemerkungen eingehen? Ein schneller Konter fällt mir nicht ein. Ermattung macht sich bemerkbar. Ich warte ab.
Wieder einer. «Sag doch mal, was macht ihr denn so? Ich hab ja gar nicht gewußt, daß es ROBIN WOOD auch in Nürnberg gibt?»
Diese Frage beantworte ich gern. Angefangen hat es mit zwei Leuten, die beide mit dem Wald zu tun hatten. Der eine war Forststudent und Waldläufer, der andere Besitzer eines kleinen Waldstücks. Sie wollten irgendwie,

irgendwas gegen den sichtbaren Verfall der Bäume und die Ignoranz der meisten Menschen unternehmen und beschlossen, in einer Landgaststätte eine Veranstaltung zum Waldsterben auf die Beine zu stellen.
Angst und Zähneklappern hatten sich gelohnt, die Zuhörer waren betroffen. Weitere Veranstaltungen folgten und schließlich gab es eine Liste mit den Adressen von 30 Leuten, die weitermachen wollten. Sechs Wochen später traf sich die Hälfte der Interessenten im Nebenraum einer Kneipe, seit Juni finden diese Treffen regelmäßig statt. Mit Robin Wood hatte das zunächst nicht viel zu tun, obwohl ein paar, angeregt durch vorhergegangene Schornsteinaktionen, schon Mitglieder waren.
Bei den Versammlungen kristallisierten sich zwei Punkte heraus: Wir wollten speziell über Luftverschmutzung und Verschmutzer mehr wissen, uns gemeinsam weiterbilden, und wir wollten nicht nur reden oder die x-te Broschüre zum Thema verfassen, sondern durch gezielte Aktionen die Öffentlichkeit sensibilisieren, vielleicht gar Maßnahmen bewirken.
Erste Kontakte zu anderen Gruppen wurden geknüpft, denn wir wollten nicht isoliert vor uns hinwursteln. Was lag näher, als sich überregional einer Gruppe anzuschließen, die das, was wir tun wollten, bereits tat? Außerdem erhofften wir uns durch Robin Wood eine verstärkte öffentliche Wirkung und nicht zuletzt reichlich Unterstützung.
Ernüchterungen blieben nicht aus. Leute, die zündende Ideen hatten, blieben weg. Andere, die eh nichts gesagt hatten, kamen auch nicht wieder. Dafür erschienen Neue, angeregt durch den Namen Robin Wood, in der Erwartung, wir seien Umweltexperten, die nichts anderes tun, als von Schornstein zu Schornstein zu hüpfen. Doch was sie vorfanden, war ein Dutzend sehr verschiedener Menschen, voll guten Willens, doch beileibe keine Profis. Der eine oder andere Neue blieb, klinkte sich ein, erkannte, daß eine Gruppe nur so stark sein kann wie ihre einzelnen Mitglieder aktiv sind.
Am 2. Juli 1983, als sich in Nürnberg die unterschiedlichsten Organisationen zur ersten größeren Demonstration gegen das Waldsterben einfanden, sollten die Medien und die Kraftwerksbetreiber durch eine spektakuläre Aktion erstmals auf uns aufmerksam werden. Doch was dann tatsächlich das Licht der Öffentlichkeit erblickte, war eher ein kleines Pflänzchen, kein wuchtiger Baum: ein Trauerzug, in dem wir

eine 15 Meter lange Fichte, vom Posaunenchor begleitet, zu Grabe trugen; es folgte Umweltminister Riesenhubers Alternative: in Plastik gekleidete Menschen hielten einen Plastikbaum in die Höhe, dazu trieben Schwefelgnome und wandelnde Schornsteine einer anderen Ökologiegruppe ihr Unwesen. Die betroffene aber durchaus wohlwollende Reaktion der Bürger bestätigte unseren Eindruck, daß die Aktion gelungen war.
Langsam wächst unser Selbstbewußtsein, denn auch anderswo wird nur mit Wasser gekocht. Als die ausgefuchsten Gründer von ROBIN WOOD aus Bremen anreisten, zeigte es sich, daß auch die nicht ständig mit Karabinerhaken und Klettergürtel umherstolzieren, sondern den weitaus größeren Teil der Zeit genauso wie wir mit alltäglichem Kleinkram beschäftigt sind, vom Flugblätterschreiben bis zum Briefmarkenkleben.
Wir machen weiter. Wir hoffen, daß wir wenigstens ein bißchen dazu beitragen, die Verhältnisse zu ändern, so daß die Erde weiterhin bewohnbar bleibt. Wir wollen, daß wir wieder voller Lebenslust durch den Wald gehen können, anstatt überall sterbende Bäume zu entdecken, auf Schritt und Tritt mit den Folgen der naturfeindlichen Industriementalität konfrontiert zu werden.

Was wollen Sie, der Wald ist ja noch grün!

Mühsam kriecht mein Zug durch das Voralpenland. Herbststimmung: Verhangener Himmel, nur zeitweilig durchbrochen von einzelnen Sonnenstrahlen, die mit goldenen Tupfen die Landschaft verzieren. Hinter dem Zugfenster ziehen grün bewachsene Moränenhügel vorbei, schlängelt sich der Lobach. Ab und zu in die Wiesen gestreute Höfe, herbstlich verfärbte Wäldchen. All dies läßt mich verstehen, warum die Allgäuer mit soviel Selbstbewußtsein von der Schönheit ihrer Landschaft sprechen.
Allerdings, dies ist keine Naturlandschaft. Das Allgäu wurde von Menschen gestaltet, die im Mittelalter ihre Felder und Wiesen schufen, indem sie riesige Buchenmischwälder rodeten. Heute ist der Waldanteil des Alpenvorlandes gering. Kennzeichnend für diese Landschaftsform sind eher kleine Baumgruppen, fast malerisch in die Wiesen gestreut.
In der Ferne tauchen aus dem Dunst die Gipfel der Kalkalpen auf. Vor-

bei am Hopfensee, ein paar Kilometer noch bis Füssen. Schlagartig hat sich das Landschaftsbild verändert. Schroff ragen die Alpen vor mir auf; steile, fichtenbedeckte Hänge bilden die Kulisse dieser kleinen Stadt. Wenn man diese Hänge hinaufschaut, wird einem die Bedeutung klar, die der Wald in einer solchen Region hat. Ohne ihn würden Geröll-, Schnee- und Schlammassen den Ort begraben. Für eine Stadt in der Lage Füssens ist Wald überlebenswichtig.

Unsere Ahnen wußten es. Im Mittelalter war es unter schwerer Strafe verboten, den Bergwald zu roden. Und heute? Man braucht nicht sehr weit den Hang hinaufzusteigen, um zu sehen, daß der Wald krank und die Stadt bedroht ist.

Füssen, kleines Städtchen am Rande der bayrischen Kalkalpen, 13000 Einwohner, und ohne König Ludwig II. heute vermutlich völlig unbekannt. Füssens Zukunft begann 1886, als der bayrische Monarch den Kreidefels über der Stadt dazu auswählte, der Standort eines romantischen Traums zu werden. Eine Gralsburg des Königtums wollte er schaffen, ein steinernes Monument seiner Ritterverehrung. Heute ist das der Wartburg nachempfundene Schloß Neuschwanstein zu Füssens wichtigster Einnahmequelle geworden.

Die symbolische Besetzung des Schlosses durch eine ROBIN WOOD-Gruppe aus München war als buntes Spektakel vor einem düsteren Hintergrund gedacht. Es sollte das Interesse der Öffentlichkeit auf die katastrophale Situation der bayrischen Wälder lenken. Wie schlimm es um sie steht, darüber berichtet Hubert Perras, Forstamtsleiter aus Füssen.

ROBIN WOOD: Herr Perras, seit wann beobachten Sie Schäden in Ihrem Wirkungsbereich?

PERRAS: Die Weißtanne zeigt schon seit den siebziger Jahren typische Schadsymptome; das heißt, sie bildet an Stelle der Spitze ein sogenanntes Storchennest aus; den Höhentrieb ersetzt sie durch Seitentriebe. Aber bis 1978 ist es im Alpenraum, wo wir die Weißtanne verstärkt finden, nie zu großflächigen Ausfällen dieser Bestände gekommen. Wir haben hier ja kalkalpine Böden mit einem sehr hohen Kalziumgehalt, so daß Schäden durch eine Versauerung des Bodens kaum zu befürchten waren.

ROBIN WOOD: Das heißt, daß Ihre kalkreichen Böden die sauren Niederschläge neutralisiert oder abgepuffert haben?

PERRAS: Das dachten wir. Doch dann kam im Sommer 1982 ein Diplomant von Professor Schütt aus München, der Abweichungen von der Normalbenadelung und vereinzelt Verluste von Nadeljahrgängen feststellte – für ein ungeschultes Auge kaum zu erkennen, aber für uns schon zu sehen, daß die älteren Jahrgänge teilweise ausgefallen waren.
ROBIN WOOD: Solche Schäden hatte es früher doch auch schon gegeben.
PERRAS: Vereinzelt schon, aber nicht großflächig. Im Spätsommer und Herbst 1982 ist es losgegangen: da sind in den Hochlagen des alpinen Teiles und auch im Vorland in der Grundmoräne Schäden aufgetreten, die wir nicht erklären konnten. Wir haben deshalb flächendeckende Kartierungen gemacht, damit wir die Geschwindigkeit des Schadenfortganges nachweisen können.
ROBIN WOOD: Die Untersuchungen der Bundesregierung zum Waldsterben besagen, daß 1982 8 Prozent des Waldes erkrankt waren. Kann man diesen Zahlen eigentlich trauen?
PERRAS: Der Landwirtschaftsminister Kiechle hat ja inzwischen andere Zahlen auf den Tisch gelegt. Für 1983 immerhin 33 Prozent.
ROBIN WOOD: Aber selbst diese Steigerung der Schäden von acht auf 33 Prozent kann man doch vergessen, weil die Zahlen von 1982 auf sehr groben Schätzungen beruhen.
PERRAS: Ich will Ihnen dazu ein Beispiel geben. Wir haben 1983 den Sülzschneiderwald, ein zusammenhängendes Waldgebiet im Alpenvorland, flächendeckend kartiert. Die erste Schadensaufnahme erfolgte am 1. April 1983. Damals lag der Schadanteil bei 22 Prozent. Drei Monate später war er bereits auf 34 Prozent gestiegen und nach zwei weiteren Monaten auf 46 Prozent! Dies nur, um das Tempo des Waldsterbens aufzuzeigen.
ROBIN WOOD: Betrifft das nur bestimmte Arten wie die Weißtanne oder auch andere?
PERRAS: Im Augenblick macht uns die Fichte am meisten Sorgen. Seit Frühjahr 1983 ist die Buche dazu gekommen, die Esche und der Ahorn. Die Buche hat Ende Juni ihre grünen Blätter abgeworfen. Ja, die Schäden betreffen alle Bestandsformen, den Reinbestand und den Mischbestand in jeder Zusammensetzung.
ROBIN WOOD: Auf allen Standorten?
PERRAS: Bestände auf schlechten, also auf wasser- und nährstoffarmen

Standorten sind etwas schlimmer dran. Aber wir finden auch auf optimalen Standorten dieselben Schäden.

ROBIN WOOD: Das heißt, daß auch bei Ihnen das oft genannte Allheilmittel Kalken sinnlos ist, weil Sie hier ja eh Kalkböden haben?

PERRAS: Ich halte Kalken in den meisten Fällen für Augenwischerei und Kosmetik. Mit der Kalkung gehen wir nicht an die Ursachen, wir bekämpfen nur ein Symptom. Auf manchen Standorten ist eventuell eine zeitlich begrenzte Vitalitätssteigerung erreichbar. Im übrigen habe ich Bedenken bei großflächigen Kalkungen und Düngungen. Sie können – die Landwirtschaft zeigt es – unseren Wasserhaushalt verändern, den Nitratgehalt des Grundwassers heben.

ROBIN WOOD: Und was halten Sie von den Versuchen, die Wälder von Hubschraubern aus mit einem Mittel zu besprühen, das eine Schutzschicht über Nadeln und Blätter legt? Die Illustrierte *Bunte* hat das groß propagiert.

PERRAS: Als Versuch kann man das ruhig gelten lassen. Die Münchner machen das. Sie gehen davon aus, daß die Wachsschicht der Nadeln, die die Verdunstung hemmt, angegriffen ist. Die will man durch einen luftdurchlässigen Film schützen. Ich glaub schon, daß das im kleinen Maßstab funktioniert. Aber Sie können doch nicht den ganzen Wald, ein Drittel der Fläche Deutschlands, vom Hubschrauber aus besprühen. Man kennt außerdem die Wirkung auf andere Organismen nicht. Der Baum ist nur ein Faktor im Ökosystem Wald, der optisch am auffälligsten ist. Da gibt es aber eine Vielzahl von Faktoren. Um die hat sich bisher noch niemand gekümmert.

ROBIN WOOD: Um welche zum Beispiel?

PERRAS: Wenn der Baum stirbt, stirbt mit ihm vieles andere. Betrachten Sie einmal die soziologische Struktur eines Waldes von oben nach unten: den Zwischenstand, den Unterstand, die Strauchschicht, die Moosschicht und dann den Teil, den wir nicht sehen, den Wurzelbereich, der 40 Prozent der gesamten Biomasse mit der wichtigsten Kleintierlebewelt ausmacht. Dies alles wird ja vergessen. Erst jetzt beginnt man den Bereich zu untersuchen.

ROBIN WOOD: Vielleicht ganz bewußt vergessen. Die meisten Menschen haben ja schon Schwierigkeiten, Schäden an den Bäumen selbst zu erkennen.

PERRAS: Ja, das ist richtig. Deshalb müssen wir uns darauf konzentrieren, das zu zeigen, was die Leute mit bloßem Auge erkennen können.

Der Waldboden in Hausbruch bei Hamburg wird gekalkt

Ich bin nur noch unterwegs, mache Waldführungen, Vorträge, Ausstellungen. Ich beklage mich nicht, das ist schließlich meine Aufgabe. Aber es ist unheimlich schwer, die Bevölkerung auf solche Dinge aufmerksam zu machen. Aktionen wie Ihre von Robin Wood sind durchschlagender, aber die können wir als Forstbeamte nicht praktizieren.
Robin Wood: Mit welchen Schwierigkeiten haben Sie am meisten zu kämpfen?
Perras: Nach den ersten Vorträgen bin ich beschimpft worden: Was wollen Sie, der Wald ist doch noch grün. Sie machen ja Panik.
Robin Wood: Und das auch von Leuten hier aus Ihrem Gebiet?
Perras: Selbstverständlich. Allmählich zeigen sich jedoch Erfolge, die Politiker, auch die Kommunalpolitiker, werden aktiv.
Robin Wood: Und wie reagiert die Bevölkerung, die Leute hier in und um Füssen?
Perras: Ich habe grad heute in einer Realschule eine Ausstellung eröffnet, die als Wanderausstellung durch die Lande ziehen wird. Sie

zeigt schockierende Bilder. Ich hab zwei Schulklassen durchgeführt. Die waren mucksmäuschenstill. Ich habe ihnen deutlich gesagt: Hier geht es um eure Zukunft. Ich setze stark auf die Jugend. Die Jugendlichen sind vielleicht die einzigen, die wirklich gegen die allgemeine Wachstumseuphorie aufbegehren können.

ROBIN WOOD: Wir glauben und hoffen, daß sich jetzt endlich was tun wird. Die Frage ist nur, ob es nicht schon zu spät ist.

PERRAS: Ich bin da sehr pessimistisch: Wer die biologischen Abläufe in einem Waldsystem kennt, weiß, daß das sehr lange Prozesse sind, die erst sehr spät sichtbar werden. Der Vorgang, den wir jetzt sehen, der jetzt eskaliert, den haben wir latent schon lange. Wir haben deutliche Zeichen dafür, daß der Zuwachs der Bäume schon seit zwölf bis fünfzehn Jahren zurückgegangen ist – auch in wuchskräftigen Gebieten. Ich habe Stammscheiben mit Jahresringen, die sind so dünn, daß ich sie mit bloßem Auge nicht mehr erkennen kann.

ROBIN WOOD: Diese Beobachtungen haben Sie doch sicher auch den Politikern mitgeteilt. Wie reagieren die denn darauf?

PERRAS: Wir haben jetzt auch Landtags- und Bundestagsabgeordnete im Wald gehabt. Die CSU ist hier sehr aktiv. Mir geht es nicht um das Parteibuch, sondern darum, daß die Leute aktiv werden.

ROBIN WOOD: Sie haben ja auch bald Kommunalwahlen.

PERRAS: Ja, im Frühjahr dieses Jahres. Es ist nicht auszuschließen, daß das Problem dann mal aufgegriffen wird.

ROBIN WOOD: Hoffentlich! Das muß doch selbst ein Politiker begreifen: Wenn an Steilhängen kein Wald mehr ist, daß dann die absolute Katastrophe droht.

PERRAS: Ach wissen Sie, ich hab da schon die tollsten Dinge erlebt: Wenn mir zum Beispiel politisch wichtige Personen sagen, ich war am Wochenend im Wald und ich seh noch nichts! Was sollen Sie da eigentlich noch machen?

Die Geschichte von der tolldreisten Erstürmung des Schlosses Neuschwanstein

In Bayern, dem vorläufig noch waldreichsten Land der Bundesrepublik, bildete sich erst relativ spät, nämlich im Sommer 1983, eine ROBIN WOOD-Gruppe, die einiges versprach. In ihren Reihen standen und stehen sehr viele Forst- und Naturwissenschaftler, die als Einstand in unsere Organisation eine originelle Idee ausheckten: Die Boykott-Aktion Giro Blau, die mit schlichten, jedem Bürger verfügbaren Mitteln die großen Energie-Unternehmen an der empfindlichsten Stelle packen soll.
Um ihre Idee angemessen ins Licht der Öffentlichkeit zu rücken, wählten die bayrischen ROBIN WOODS ein Aktionsziel ohnegleichen – das Schloß Neuschwanstein bei Füssen, jene hyperromantische Ausgeburt ihres unseligen Königs Ludwig II., der offenbar immer noch um die berühmte Postkartenkulisse seines ehemaligen Herrensitzes spukt; anders ist es jedenfalls nicht zu erklären, daß bei dieser Aktion so ziemlich alles schief lief.
Was im einzelnen geschah – und nicht geschah – erzählte Sophie Müller, die Organisatorin des Spektakels, dem Kundschafter Volker Lange, den die besorgten und neugierigen ROBIN WOODS aus dem preußischen Norden ins bayrische Nachbarland entsandt hatten.

ROBIN WOOD: Daß ihr was Neues im Sinn hattet, also nicht auch noch mal auf irgendeinen Schornstein raufturnen wolltet, das haben wir begriffen und akzeptiert. Aber wieso mußte es denn ausgerechnet gleich Neuschwanstein sein?
SOPHIE: Neuschwanstein ist – kitschig oder nicht – ein Stück Heimat, zumindest für uns hier in Bayern. Eine symbolische Besetzung sollte dafür stehen, daß unsere Heimat in Gefahr ist und gerade von solchen Leuten und Institutionen bedroht wird, die den Begriff Heimat für sich in Beschlag nehmen.

ROBIN WOOD: Na schön, aber war das als eure erste Aktion nicht eine Nummer zu groß? Hattet ihr vielleicht doch eure Möglichkeiten überschätzt?

SOPHIE: Bestimmte Sachen muß man machen, damit man hinterher klüger ist. Schwierigkeiten gab's von Anfang an. Das war sogar wichtig. Denn schon die Idee und Planung hat unsere Gruppe strukturiert. Da gab's halt Leute, Beamte zum Beispiel, die sich an solch spektakulären Sachen aus beruflichen Gründen nicht beteiligen konnten.

ROBIN WOOD: Ja, das Problem haben wir in allen Gruppen.

SOPHIE: Die setzen sich dann eben für den Schriftkram und die organisatorischen Vorarbeiten ein. Viel schwerwiegender war, daß wir kein eingespieltes, aktionserfahrenes Team waren …

ROBIN WOOD: Immerhin habt ihr doch viele erfahrene Alpinisten unter euch.

SOPHIE: Die haben wir. Und das war auch ganz tröstlich, nachdem wir dem Freistaat Bayern mehrere Schloßführungen bezahlt hatten und dabei feststellten, daß eine Besetzung von innen nicht möglich ist. Dann haben wir immer wieder erprobte Kraxler die 150 Kilometer von München nach Füssen gekarrt und gefragt: Könnt ihr das, wollt ihr das machen? Und dann kam so ein ‹Jein›. Das ging quasi bis zur letzten Minute so.

ROBIN WOOD: Hättet ihr nicht auf irgendeine andere Aktionsform ausweichen können? Es muß ja nicht immer eine Turmbesteigung sein.

SOPHIE: Na, wir hatten dann ja auch zwei gute Leute, die klettern wollten und dazu ein Drumherumprogramm mit Drachenfliegern, die vom Berg abheben wollten, Bergsteigern, die ein Transparent in die Felswand hängen wollten, einen Trompeter für die Startsignale und einen Zapfenwerfer im Tannenwipfel …

ROBIN WOOD: Donnerwetter! Ein Mordsspektakel also …

SOPHIE: Ja, wir haben uns so eine Art Gesamtspektakel ausgemalt und als Kernstück die Besetzung selbst. Die war unbedingt nötig, ohne die hätte das Ganze kein Salz und keinen Pfeffer gehabt. Das Erfreuliche war jedoch, daß beim Planen und Organisieren der Aktion die Gruppe erst richtig entstanden ist, weil sich da herausgestellt hat, wer mitarbeiten kann und will und in welcher Form.

ROBIN WOOD: Und dann fand die Sache am 25. August wie geplant statt.

SOPHIE: Ja, aber die Planung war

katastrophal. Wir haben noch bis Mitternacht an einer Strickleiter gebastelt und sie mit Schaumgummi abgedämpft, damit sie an der Schloßmauer nicht klappert. Dennoch wurden unsere Kletterer entdeckt, als sie aufstiegen. Aber man hat sie zum Glück für Handwerker gehalten, die für die Wagner-Festwochen irgendwas am Schloß zu basteln hatten.

ROBIN WOOD: Das kann auch bei der besten Planung passieren. Was ist denn nun wirklich schiefgelaufen?

SOPHIE: Die Kletterer sind natürlich während der Nacht rauf und haben zwischen den Eingangstürmen ein dünnes Perlonseil gespannt, an dem um zehn Uhr morgens ein Transparent aufgezogen werden sollte. Dieses blöde Seil hat man dann doch vorher entdeckt und deshalb wurden die beiden schon um halb neun heruntergeholt, eineinhalb Stunden bevor die Presse da war.

ROBIN WOOD: Aber zum Glück hattet ihr ja noch euer Rahmenprogramm.

SOPHIE: Das ist ganz grandios in die Hose gegangen. Unser Plan sah so aus: Wenn die Presse kam, sollte der Trompeter die bayrische Nationalhymne spielen. Dann sollten die Bergsteiger mit ihrem Transparent in die Wand steigen. Die Bergsteiger haben aber auf die Drachenflieger gewartet, die Drachenflieger konnten jedoch wegen Föhn nicht starten, was man unten nicht gemerkt hat, weil der Wind unten anders geblasen hat als oben am Berg. Und dann sind die Bergsteiger den Drachenfliegern entgegengestiegen, um zu sehen, warum sie nicht kommen, und als dann das Trompetensignal erscholl, sind sie eine halbe Stunde vom Transparent weggewesen, und der Zapfenpflücker, der auf einen Baum steigen sollte, war so gut versteckt hinter dem Schloß, daß er die Trompete nicht gehört hat.

ROBIN WOOD: Mein Gott! Und die Pressefritzen standen rum und warteten auf action!

SOPHIE: Und nichts geschah! Die Nationalhymne wurde gespielt, in der Aufregung auch noch falsch, und dann war nichts mehr. Die ROBIN WOOD-Frau, die die Presseleute heraufbegleitet hat und denen das Ganze vorführen sollte, ist erst mal wieder in den Ort hinuntergetaumelt und hat ein Bier gezischt, bevor sie wieder lebensfähig geworden ist.

ROBIN WOOD: Und wie hat die Presse darauf reagiert?

SOPHIE: Zum Teil stocksauer, zum Teil sehr höflich. Die vom ZDF waren sehr höflich. Aber der Mann vom *Münchner Merkur* war total stinkig und wollte uns zu

irgendwelchen Ersatz-Kaspereien provozieren, was wir natürlich ablehnten.

Robin Wood: Dennoch war das Presseecho auf diese Aktion recht positiv, jedenfalls viel besser, als man es nach diesem Debakel erwarten durfte.

Sophie: Das einzig Gute war, daß die Turmbesteiger das Transparent am Morgen noch schnell aufgezogen hatten, bevor es die Polizei kassierte. Das hat ein Robin Wood aus Berlin geknipst. Dieses Foto konnte dann veröffentlicht werden. Dumm war, daß der dpa-Mensch ziemlich spät kam, da hatten wir den Film schon Journalisten aus München gegeben. Das führte dazu, daß die großen Zeitungen wie zum Beispiel die *Süddeutsche* nur einen relativ knappen dpa-Bericht brachten.

Robin Wood: Und wie habt ihr selber die Sache verdaut?

Sophie: Zuerst haben wir uns natürlich zerfleischt, aber im

Nachhinein stellten wir fest, daß unsere Gruppe stärker ist als je zuvor, nicht zuletzt, weil uns die Aktion neue Mitglieder gebracht hat, die sehr einsatzfreudig sind.
ROBIN WOOD: Ihr macht also ungebrochen weiter. Habt ihr schon konkrete Pläne für die Zukunft?
SOPHIE: Unsere Arbeit wird zweigleisig laufen: Einmal in einer wissenschaftlichen Vorarbeit, damit man weiß, welche Forderungen man stellen kann und darf, welche Aktionen den größten Symbolwert haben und was man in die Flugblätter und Pressemappen hineinschreibt. Da können auch Leute mitmachen, die sich nicht unbedingt für Hausfriedensbruch belangen lassen wollen. Das zweite ist die Planung von Aktionen, die möglichst sinnvoll gestaltet werden müssen, weil ein Spektakel um des Spektakels willen nicht unser Ziel ist.
ROBIN WOOD: Habt ihr denn schon ein neues Aktionsziel im Visier?
SOPHIE: Aber sicher! Wir werden demnächst auf die ...
(Hier bricht das Interview aus durchsichtigen Gründen urplötzlich ab.)

Wie Anna Meyer auf die Zinne stieg ... ... und Eike Probst wieder runterkam

Zwei Schloßbesetzer schildern eine ungemütliche Nacht auf Neuschwanstein

ANNA MEYER: Wir stehen am Fuß des Turmes. Bernd legt den Gurt an und steigt behende die Regenrinne hoch. Helmut schlingt das Seil, das Bernd herunterwirft, lässig um den Bauch und steigt hinterher.
Über dem Schloß scheint der Voll-

mond. Bernd, der gerade vom Dach des Querhauses auf den Turm klettert, zeichnet sich deutlich gegen den Himmel ab. Ich bin so nervös, daß ich nicht hinzuschauen wage und qualme eine Zigarette nach der anderen. Dann kommt das Bergseil herunter, an dem wir die Strickleiter befestigen. Bernd zieht sie hoch und knotet sie oben fest.
Ich beginne aufzusteigen. Die Leiter schwingt mit mir bis zu einem Meter hin und her. Die Sprossen hatten wir, um Geld und Arbeit zu sparen, im Abstand von 50 Zentimeter ans Seil geknüpft, so daß ich mehr mit den Armen als mit den Beinen arbeiten muß. Nach zwölf Metern spüre ich den Krampf in meinen Händen, bin in Schweiß gebadet. Der Rucksack mit den Transparenten klebt am Rücken. Helmut raunt mir vom Dach des Querhauses Mut zu, doch meine Pausen werden immer länger.
Die letzte Sprosse vor der Turmbrüstung hakt am Mauervorsprung fest. Ich habe keine Kraft mehr, sie an mich zu ziehen. Bernds Hand zieht mich über die Brüstung.
Endlich wieder festen Boden unter den Füßen! Zitternd knote ich das Sicherungsseil aus meinem Brustgurt. Bernd wirft ihn Eike hinunter, der kurz darauf neben uns auf der Turmplattform steht. Es dämmert bereits. Bernd, Eike und Helmut beeilen sich. Sie lassen sich auf das Querhaus hinunter, klettern über den Giebel und den anderen Turm. Es ist schon fast hell, als Eike gegenüber die Rebschnur befestigt, deren anderes Ende ich bei mir an einer Zinne verknotet hatte. Bernd und Helmut seilen sich ab. Ich stehe allein auf dem Turm. Nachdem ich das Material im Schatten der Turmspitze notdürftig versteckt habe, lege ich mich auf die morschen Bretter zwischen Brüstung und Turmaufbau. Frierend dämmer ich vor mich hin, immer wieder nervös auf die Uhr blickend.

EIKE PROBST: Es ist kalt. Der morsche Holzboden zwischen Zinnen und Blechdach ist so mit Transparenten und anderem Material vollgestellt, daß ich darauf verzichte, in den Schlafsack zu kriechen. So gut es geht, decke ich mich mit dem großen Transparent zu.
Über eine Stunde ist seit unserem Aufstieg vergangen. Als erstes habe ich probiert, die Tür ins Turminnere zu blockieren. Aber sie ist völlig glatt, kein Griff, Knauf, Schlüsselloch, nichts. Da helfen weder meine Seile noch Holzlatten und Keile. Zum Glück

bleibt es still im Schloß. Trotz der Kälte schlafe ich ein bißchen … 8 Uhr 30. Schritte auf der Treppe wecken mich. Ein Riegel wird zurückgeschoben, und in der Tür steht der Schloßverwalter. «Ja, was machen Sie denn hier?» fragt er grantig. «Sie, das ist aber verboten!» – «Guten Morgen», erwidere ich. Was soll ich auf eine solche Bemerkung schon sagen. Innerlich muß ich grinsen. Das klingt grad so, als wolle er darauf hinweisen, daß die Besichtigungskarte nicht dazu berechtigt, das Schloß nachts von außen zu besteigen.
«Guten Morgen», sage ich noch mal. Aber auf Konversation hat er keine Lust. «Ja, das ist einfach», meint er, «da holen wir die Polizei», und schon ist er verschwunden. Ich höre, wie der Riegel vorgeschoben wird. Jetzt gibt es nur eine Möglichkeit: versuchen, soviel wie möglich zu retten. Als erstes schlage ich die Keile in alle Türritzen. Allerdings ohne große Hoffnung, daß es das Ende der Aktion hinausszögern wird. Der Pressebus aus München kann frühestens in einer Stunde hier sein. Darauf kann ich nicht warten. Wir müssen anfangen und hoffen, daß wenigstens irgendwer Fotos macht. Ich schiebe das große Transparent durch die Zinnen nach draußen, damit Anna es mit der Zugleine entfalten kann.
«Anna!» rufe ich zum anderen Ende hinüber. Beim zweiten Ruf taucht sie hinter den Zinnen auf, tippt an die Stirn und spannt kopfschüttelnd das Transparent; sie weiß ja nicht, daß wir entdeckt sind, daß jeden Moment die Polizei eintreffen und unsere Aktion vorzeitig beenden kann. Unten erscheinen die ersten Schloßbesucher. Ein paar japanische Touristen merken nicht, was los ist. Mensch: irgendwer muß doch Bilder machen, schnell, wenigstens eins! Ruhig sitzen Franz und Bernd unten auf der Mauer und beobachten das Geschehen. Ich verzappel mich fast; warum nehmen sie nicht dem nächstbesten Touristen den Apparat aus der Hand und kaufen ihm den Film ab?! Aber sie stehen auf und gehen.
Jetzt winken von unten zwei fremde junge Leute. Sie haben begriffen, fotografieren. Aber wie kommen wir an ihren Film? Der erste Streifenwagen kommt langsam die steile Straße zum Schloß herauf, dann ein zweiter, gefolgt vom VW-Bus des ZDF. Ich juble innerlich, aber zu früh. Das ZDF kümmert sich nicht um uns. Als Andrea und Susanne unten erscheinen, rufe ich «ZDF» nach unten. Aber sie reagieren nicht.

Das Dokumentarfoto ist immer noch nicht gesichert. Ich mache ein paar Bilder mit meiner kleinen Taschenkamera, aber mein Blickwinkel ist recht ungünstig. Während unten immer mehr Polizei herumsteht, beginnen jetzt ein Mann und eine Frau mit der Video-Kamera zu drehen und zu fotografieren. Sieht nach Presse aus, endlich! Ich entrolle nun auch das Giro Blau-Transparent. Jetzt höre ich wieder Schritte auf der Treppe, diesmal sind es viele. Wie befürchtet hält die verkeilte Tür nicht lange stand. Dann bitten mich die Füssener Polizisten, ihnen zu folgen. Sie haben allerdings mehr Stil: sie haben sehr freundlich «Guten Morgen» gewünscht!

Giro Blau läßt Bäume grünen

Die Idee ist perfide und legal: Wenn sich viele Bürger entschließen, ihre Stromrechnung nach Altväterart, nämlich bar oder per Verrechnungsscheck oder ohne Angabe der Kundennummer zu bezahlen, wird der zentrale Abrechnungscomputer der Stromerzeuger verrückt. Gerd Renker aus Bremen beschreibt, wie diese Boykottmethode, die von ROBIN WOOD und der E.-F.-Schumacher-Gesellschaft entwickelt wurde, funktioniert und was sie bewirkt.

In der Bundesrepublik gibt es 28,8 Millionen Stromkunden, die ihre Rechnungen fast ausnahmslos per Dauerauftrag oder durch Bankabrufverfahren bezahlen.

Giro Blau geht von der einfachen Überlegung aus, daß derjenige, der seinen Strom herkömmlich erzeugt, also nicht entschwefelt, auch auf

herkömmliche Weise bezahlt werden sollte. In der heutigen Zeit wird die Buchhaltung großer Firmen ausnahmslos über Computer abgewikkelt, um die Datenflut bewältigen zu können. Dabei spielt die Kundennummer eine äußerst wichtige Rolle. Ein weiteres wichtiges Kriterium für eine computergestützte Buchhaltung ist das Bankabrufverfahren. Es garantiert dem Energielieferanten den pünktlichen und vollständigen Zahlungseingang.
Die Idee von Giro Blau ist einfach, keinesfalls jedoch einfältig: Wenn sich genügend Stromkunden die Mühe machen, zwar immer pünktlich und vollständig ihre Zahlung an die Elektrizitätswerke zu leisten – aber eben anders als bisher –, dann entstehen den Kraftwerksbetreibern so hohe Kosten, daß sie überlegen werden, ob sie nicht lieber Entschwefelungsanlagen einbauen. Wenn nur 100 000 Menschen ihr Abrufverfahren aufkündigen, so ist das immerhin ein Kostenfaktor von 1 000 000 Mark pro Monat!
Die Elektrizitätswerke können keinen Kunden zwingen, die monatlichen Zahlungen abbuchen zu lassen. Wichtig ist allein, daß pünktlich der volle Betrag gezahlt wird. Und daß die Zahlungsbelege *stets* gut aufbewahrt werden.
Giro Blau geht jedoch weiter: Um durch Kostendruck Entscheidungen zur Schadstoffminderung noch schneller herbeizuführen, sollte man

- Beträge bei Banken oder bei der Post bar einzahlen
- die Rechnung direkt beim Energielieferanten bezahlen
- in Form von Verrechnungsschecks bezahlen (macht dem Empfänger sehr viel Arbeit – Arbeitsplätze schaffen ohne Waffen!)
- die Kundennummer weglassen oder unvollständig angeben
- in mehreren verschieden hohen Teilbeträgen zahlen
- überzahlen und zurückfordern
- für mehrere Haushalte in einer Gesamtsumme zahlen (keine Kundennummer, aber alle Namen angeben)
- Wiedereinrichtung und nach etwa zwei Wochen erneute Kündigung der Einzugsermächtigung
- Kombinationen aus den Vorschlägen.

Richtig interessant wird die Geschichte, wenn sich mehrere Stromzahlungskunden bereitfinden, gemeinsam möglichst kreativ zu bezahlen. Wenn zehn Leute mit dem Namen Müller, die alle verschieden hohe

Teilbeträge entrichten müssen, nur eine einzige Überweisung (unter Angabe aller Namen, jedoch ohne Kundennummer) ausfüllen, so ist das eine Nuß, die weder ein Computer noch ein gewiefter Buchhalter knacken kann!

Noch einmal: Dem Kunden kann nichts passieren, er erhält weder eine Strafe, noch wird ihm der Strom abgeknipst.

Wichtig ist, daß jeder, der sich an der Aktion Giro Blau beteiligt, ROBIN WOOD davon unterrichtet, damit wir die Aktion mit einer Pressekampagne begleiten können, in der ein sofortiger Planungs- und Baubeginn von hochwirksamen Entschwefelungsanlagen bei allen Kraftwerken über 100 Megawatt gefordert wird. Damit läßt sich der Ausstoß von Schwefeldioxid bis 1986 um die Hälfte, bis 1989 um drei Viertel vermindern.

Verhandlungen über die Einstellung der Aktion Giro Blau sind mit einer Expertenkommission zu führen, die von ROBIN WOOD und der E.-F.-Schumacher-Gesellschaft für politische Ökologie bestimmt werden.

Sachstandbericht: Wir konnten in sieben Wochen hunderttausend Aktionsbriefe verteilen, fast ausschließlich auf Anforderung, fast ohne Medienbegleitung. Die Aktion wird inzwischen unterstützt vom Bundesverband Bürgerinitiativen Umweltschutz (BBU), Bund für Umwelt und Naturschutz Deutschland (BUND), Freudenstädter Aktionseinheit gegen das Waldsterben, zu der rund 130 Bürgerinitiativen gehören.

Zielvorstellung: 1984 sollen alle Natur- und Umweltschutzvereine, Verbände und Gruppen angesprochen werden, Giro Blau zu unterstützen, damit etwa eine Million Teilnehmer aktiviert werden können.

PS: Wir arbeiten an der Problematik des gezielten Verbraucherwiderstandes weiter und bitten Leute mit Ideen herzlich um Mitarbeit.

Kontaktadresse für Giro Blau:
ROBIN WOOD e. V.
Postfach 102122
2800 Bremen 1

Spendenkonto Giro Blau:
Landeshauptkasse Bremen
Konto Nr. 701 15000
Bremer Landesbank
(BLZ 290 500 00)

Wir sitzen alle in einem Boot

Um den Hamburgern die Idee Giro Blau nahezubringen, charterte Robin Wood ein altes Fischerboot. Klaus Scheerer, ehemaliger Kapitän, schildert, wie der Kahn mitten in der City auf Grund lief – direkt vor den Hamburgischen Electricitäts-Werken, die alle ihre Kraftwerke filterlos schwefeln lassen.

Ein geschäftiger Alltag beginnt in der Hamburger City. Menschenströme quellen aus den U-Bahn-Schächten, Lieferwagen fahren vor, werden be- oder entladen. Da nähert sich von der Alster her ein eigenartiger Transport. Ein schwarzer Mercedes schleppt einen Trailer mit einem großen weißen Fischerboot, rollt in die Fußgängerzone und hält vor der Fensterfront des Kundenzentrums der Hamburgischen Electricitätswerke (HEW). Staunende Passanten beobachten, wie ein Dutzend Leute den Trailer hochbocken, die Räder abbauen. Als der Mercedes abgekoppelt ist und verschwindet, wird ein Mast aufgerichtet, Segel werden gesetzt. Vier Leute springen ins Boot, Ketten klirren, Handschellen rasten ein. Eine andere Gruppe schüttet um das Boot bis dicht an die Schaufenster des HEW-Kundenzentrums Säcke mit braunen Tannennadeln aus und stellt sich dann neben dem Boot mit Transparenten auf. Jetzt ist auch den Angestellten im Kundenzentrum klar, worum es geht: Robin Wood klagt die HEW an, für das Waldsterben in Hamburg verantwortlich zu sein. Noch immer besitzt keins der HEW-Kraftwerke eine Entschwefelungsanlage. Ein beziehungsreiches Bild, das unsere Situation zeigen soll: Menschen und die geplünderte und gequälte Natur, alle sitzen in einem Boot! Die Vorhänge des Kundenzentrums werden zugezogen und für den Rest des Tages nicht mehr geöffnet. Genau neun Minuten sind vergangen, seit der Trailer vorgefahren ist. «Tierisch schlau – Giro Blau» steht auf dem Segel des weißen Holzschiffes.

Giro Blau – und wie es dazu kam

Was sich in Hamburg wie eine Filmszene abspielte, war Teil einer bundesweiten ROBIN WOOD-Kampagne. Die Grundidee lieferte uns der Volkszählungsboykott zu Beginn des Jahres 1983. Millionen Menschen wehrten sich damals erfolgreich gegen die «Erfassung» ihrer privaten Daten, die der Staat in seine elektronischen Speicher «einspeisen» wollte. Dieses Potential an Widerstandswillen galt es, gegen das Waldsterben zu mobilisieren. Alle großen Energie-Unternehmen der Bundesrepublik, wie zum Beispiel die HEW, das RWE in Nordrhein-Westfalen, die BEWAG in Berlin, gehören mit ihrer absoluten Aktienmehrheit der öffentlichen Hand, sind also kommunale konkurrenzlose Staatsbetriebe, die Land und Leute mit Strom zu versorgen haben. Es sind also keinesfalls private Konzerne. Unsere Energie-Unternehmen sind vielmehr dem Gemeinwohl verpflichtet. Um so lächerlicher wirken ihre Ausflüchte, ihr Jammern und Wehklagen über die Sanierungskosten ihrer schwefelspeienden Kraftwerke. Auf der anderen Seite investieren sie bedenkenlos Milliarden über Milliarden in den Bau von Atomkraftwerken, deren Betrieb und Entsorgung immense Risiken birgt, die zudem höchst unwirtschaftlich arbeiten. Ein Bruchteil dieser Milliarden würde genügen, um alle kohle- und ölgefeuerten Kraftwerke zu entgiften. In Japan und zum Teil in den USA geschieht das. Viele der in Japan installierten Entschwefelungsanlagen sind sogar von bundesdeutschen Firmen geliefert worden. Die technischen Möglichkeiten und auch die Mittel sind also vorhanden – es gilt deshalb, die Politiker zu unserem Glück zu zwingen. Giro Blau ist ein stiller, jedermann zugänglicher Schleichweg zu diesem Ziel. Man muß ein bißchen Papierkrieg in Kauf nehmen, aber es lohnt sich, es macht sogar Spaß. Gerd Renker beschreibt in seinem Beitrag «Giro Blau läßt Bäume grünen», wie es funktioniert (Seite 98).

Hallo, Herr Goliath! David läßt grüßen

Die Öffentlichkeit verbindet den Namen ROBIN WOOD sofort mit waghalsigen Turmklettereien. Qualmende Schornsteine signalisieren Luftverschmutzung und sauren Regen, sie sind weithin sichtbar, wirken uneinnehm-

bar, sind also ein erstklassiges Demonstrationsobjekt. Trotzdem sollen sich die Aktionen von Robin Wood nicht auf Schornsteine beschränken, sie müssen im Gegenteil so vielfältig sein wie die Ursachen des «sauren Regens». Deshalb steht und fällt eine Aktion mit ihrem Witz und ihrer Symbolik. Es gilt, dem Umweltfrevler, notfalls aus einer gesetzlichen Grauzone heraus, das Bonbon an die «ach so weiße» Hemdbrust zu kleben.
Deshalb sind Aktionsgruppen wie Robin Wood ständig auf der Suche nach Ideen. Leider sind unsere technischen und finanziellen Möglichkeiten begrenzt, wenn es gegen Geld, Macht, Profitgier und die Folgen ihrer rücksichtslosen Anwendung geht. Unsere Erfolge erringen wir wie David gegen Goliath, unsere Mißerfolge treffen uns wie Don Quichotte, der vergeblich gegen Windmühlen kämpfte. Wir sind deshalb noch lange keine Ritter von der traurigen Gestalt.
Die besten Ideen entstehen in ausgelassener, entspannter Stimmung. Oft fügen sich viele utopische Spinnereien zu einem konkreten Aktionsprojekt zusammen. So war es auch bei der Idee mit dem Boot, in dem wir alle gemeinsam sitzen und das sich dennoch nicht von der Stelle bewegen läßt. Witz und Symbolik stimmen – fehlte nur noch ein Boot.

Woher nehmen und nicht stehlen?

Eine gute Frage. Niemand von uns hatte ein Boot. Sollten wir es etwa übers Wochenende selbst bauen? Unmöglich! Also telefonierten wir Schrottplätze ab. Anne wurde fündig. Ein Schrotthändler in Bergedorf hatte eins, der Jubel war groß.
Die Enttäuschung war noch größer, als wir es besichtigten: eine leibhaftige Hafenbarkasse, tonnenschwer und länger als Rodes Taxi-Mercedes samt Anhänger! Drei Nummern zu groß für uns. Jetzt drängte die Zeit, denn der Aktionstag stand fest: 25. August, genau eine Woche blieb uns noch.

Die Elbe hilft dem Wald

Anne fand wieder einmal die Lösung: Die Elbfischer würden helfen. Ein Anruf und die Schilderung unserer Notlage genügten. Renate aus Altenwerder organisierte ein Boot und einen Trailer! Auch diesmal erschraken wir bei der Besichtigung. Es wirkte reichlich verrottet und schwer, aber zusammen mit ein paar kräftigen Fischerleuten wuchteten wir es auf den Hänger. Da lag es nun auf zwei Rädern, schwarz und unansehnlich – nicht gerade ein Fotomodell.

«Zum Elbefischerfest sind wir damit gesegelt», behauptete Hannes, Schiffszimmermann aus Altenwerder. Als er unser ungläubiges Grinsen bemerkte, präsentierte er ein Foto des «Lütten Swatten» auf der Elbe, er selbst an der Pinne. «Mast und Segel habe ich noch da», sagte er, «könnt ihr haben.» Gesagt, getan – der Mast wurde provisorisch hergerichtet, die Segel wurden angeschlagen und dann hoch mit Stangen und Lappen. Das alte Fischerboot wirkte jetzt mit seiner typischen Besegelung richtig schmuck.

Die Segel nahm Manfred mit nach Hause, um sie mit «ROBIN WOOD» und «Giro Blau» zu beschriften. Wie er das mit seinen Helfern Ute, Malle und Silke in dem Zehn-Quadratmeter-Zimmer seiner Wohngemeinschaft bewerkstelligt hat, bleibt sein Geheimnis.

Wir anderen machten uns hinter dem Elbdeich daran, das Boot herzurichten. Dazu gehörte zunächst ein neuer Anstrich. Unsere «Jacht» sollte in makellosem Weiß erstrahlen, grün abgesetzt. Hannes setzte unseren Plänen erst mal einen Dämpfer auf. «Weiß wird das Boot aber nur, wenn ihr vor dem Anstreichen den Teer und den Muschelbewuchs abkratzt.» Nach dem ersten Schrecken und kurzer Beratung blieben wir bei unserer Vorstellung. Etwas anderes als Weiß kam nicht in Frage. Also Kratzer her und ran an die Arbeit!

Während Ute, Peter, Anne, Rainer und Karoline die malerischen Feinarbeiten durchführten, robbte ich mit Andreas und Uta unter das Boot, um seine geteerte rissige Haut glatt zu kratzen. Nach gut zwei Stunden hatte unsere Jacht eine glatte Außenhaut. Wir nicht. Die Mischung aus Schweiß, Teer und Sonnenbrand hinterließ auf unserer Haut brennende Spuren, die wir mit Renates Gartenschlauch im Keller tilgten. Unsere Haut hatten wir damit zwar gerettet, aber unsere Augen! Wir weinten ununterbrochen. Ich hätte nie gedacht, daß soviel Flüssigkeit in einem Menschen stekken kann. Abends mußte ich noch ins Krankenhaus, weil mir die Lider fast zugeschwollen waren.

Der Countdown läuft

Am Montag stellt Rainer eine Materialliste mit fast 20 Posten auf. Am Dienstagnachmittag ist schließlich alles beisammen, Ketten, Handschellen, Tannennadeln, Bäume, Wagenheber,

HEW KUNDE
GIRO BLAU

Handzettel, Pressemappen, Transparente und vieles andere mehr. Mittwoch Generalprobe in Altenwerder. Abkoppeln und Aufbocken des Trailers, Segelsetzen und Anketten klappen vorbildlich. Als unsere Jacht «Giro Blau» klar zum Abtransport am Elbdeich steht, hören wir Spaziergänger sagen: «Sieh mal dieses schöne Boot, warum haben sie dem nur solch blöden Namen gegeben?» Morgen werden sie es wissen!

– 3 – 2 – 1 – 0 – die Aktion läuft

Für Donnerstag morgen sind zwei Treffpunkte vereinbart. Die Aktionsteilnehmer warten an der Rückseite der Spitalerstraße, um die Anfahrt für das Boot freizuhalten. Die Transportbegleiter und einige Presseleute treffen sich auf dem Parkplatz in der Innenstadt, wo das Boot am Vorabend abgestellt wurde. Nervenkitzel bei der Fahrt zum Gerhart-Hauptmann-Platz, als ein Lkw die Auffahrt blockiert. Ehrenrunde. Als wir wiederkommen, hat unser Bodenpersonal den Lkw wegkomplimentiert. Acht Minuten später ist durchgeführt, was wir seit Monaten geplant haben. Wir stehen unverrückbar vor dem Eingang des HEW-Kundenzentrums.

Der Wald ist zu den Menschen in die Stadt gekommen, um anzuklagen – in einem Boot.

Bad in der Menge

Nachdem sich die Verblüffung unseres Publikums gelegt hat und die Pressefotografen abgerückt sind, wird es ziemlich ruhig um unser Boot. In Geschäften und Büros beginnt der Alltag. Einkaufsbummler sind so früh noch nicht unterwegs. Nach der Hektik und Aufregung beim Aktionsstart fühlen wir uns jetzt ziemlich an den Rand des Geschehens gedrängt. Erdmann wird im Boot ungeduldig, rasselt mit den Ketten und fordert «action».
Er ist beunruhigt, daß weder HEW noch Polizei auf uns reagieren. Eine Delegation wird ins Kundenzentrum geschickt, um eine Pressemappe und Informationsmaterial zu überreichen. Man empfängt uns höflich, aber verlegen. Eine Aufforderung, die Belagerung einzustellen, kommt nicht. Während wir noch überlegen, ob man mit Tannennadeln ins Kundenzentrum einrücken oder die Fensterscheiben kalken sollte, kommt die erste Funkstreife. Die Beamten sind freundlich, wissen aber absolut nicht, was sie mit uns anfangen sollen. Unsere Belagerung bietet ein aus-

gesprochen friedliches Bild. Niemand wird behindert oder belästigt. Nachdem Anne und Manfred den ratlosen Gesetzeshütern Informationsmaterial übergeben und ihnen erklärt haben, warum wir gerade hier stehen, beschließen die Beamten, abzurücken und höhere Weisung einzuholen.
Mittlerweile hat sich die Szene belebt. Die Angeketteten im Boot werden von Passanten angesprochen; es bilden sich Diskussionsgruppen. Viele Leute zeigen sich gut informiert über das Waldsterben im allgemeinen, aber weniger über die konkrete Bedrohung der Hamburger Waldgebiete. Beherrschendes Thema jedoch sind Fragen nach Giro Blau. Wir spüren, daß sehr viele Menschen auf ein konkretes Angebot zum persönlichen Engagement gewartet haben.
Heiß umstritten ist das Thema Atomenergie. Hier zeigt sich, daß viele Menschen die offizielle Schwarz-Weiß-Informationspolitik dankbar angenommen haben. Die Lösung des Problems Waldsterben, wie sie von der Atomlobby angeboten wird, ist eben für jemand, der wenig fragt, bestrikkend einfach:

Atomkraftwerke her –
Kohlekraftwerke weg –
Wald gerettet!

Wir erklären, daß wir keinesfalls Kohlekraftwerke bekämpfen. Kohle ist die sicherste und sauberste Energiequelle, wenn man sie sinnvoll, nämlich entschwefelt und in kleinen Einheiten einsetzt. Wir erklären, daß der Wald nicht so lange durchhält, bis das Atomkraftwerk Brokdorf ans Netz gehen kann. Wir müssen viele Fragen beantworten. Klar, daß wir nicht nur ungeteilte Zustimmung finden. Es kommen auch die abwertenden Frager: «Habt ihr sonst nichts zu tun?» – «Ihr solltet lieber arbeiten» oder «Alles Studenten und Arbeitslose, für die wir bezahlen müssen». Wenn wir versuchen klarzumachen, daß eine zerstörte Umwelt uns allen viel teurer zu stehen kommt als Beiträge zur Arbeitslosenversicherung und daß viele von uns für diese Aktion Urlaubstage opfern, hört man weg und geht weiter.
Wer schon einmal Umweltschutzaktionen mitgemacht hat, kennt die Reaktionen von ewig Gestrigen. Sie reichen bis zur offenen Feindseligkeit und erwecken Angst vor der Intoleranz solcher Menschen.

Es bleibt gewaltfrei

Gegen Mittag zeigt sich die Staatsgewalt erneut, zivil und autoritär. Die Polizisten verweisen

Giro BlaBla

Volkes Stimme
zur Hamburger Giro Blau-Aktion

«Ich bin in der Mittagspause vorbeigekommen. Ich arbeite hier in der Innenstadt. Ich befürworte das, was die Leute hier machen, bloß wie heißen die, ROBIN WOOD? Und was soll Giro Blau?»
(Regina, 25) kaufm. Angestellte

«Die Umwelt ist schon so verschmutzt, daß die junge Generation gar nicht mehr erkennen kann, wie die Welt früher mal war. Fürs Waldsterben brauchen wir eine globale Lösung.»
(Hans, 44)

«Vielleicht schafft ihr es, weite Teile der Bevölkerung mit solchen Aktionen aufmerksam zu machen. Aber viele Leute gehen an eurem Boot bloß vorbei.»
(Christiane, 36) Lehrerin

«Ich hatte noch nichts von ROBIN WOOD gehört, ich finde aber gut, daß die was gegen die HEW machen und sich hier hinstellen.»
(Christina, 18) Schülerin

«Ist doch alles blauäugig, saurer Regen. Auch gegen die Autos muß etwas gemacht werden, autofreie Wochenenden zum Beispiel. Und gegen andere Industriezweige. Wenn unsere Urgroßeltern jetzt leben würden, würden sie an Vergiftung sofort sterben.»
(Klaus, 47) Angestellter im öffentlichen Dienst

«Finde ich echt gut, ich hab das im Radio, Hamburg-Welle, gehört, wie die auf den Schornstein gestiegen sind. Legt die EDV-Anlage lahm, ist eine überlegenswerte Idee ...»
(Holger, 34) Angestellter einer Werbeagentur

«Alles Kacke, kommt doch nichts bei rum. Was soll's.»
(ohne Namen)

unseren Informationsstand auf die genehmigte, gegenüberliegende Straßenseite. Dagegen läßt sich wenig sagen. Dem Befehl, unsere Belagerung zu beenden, gehorchen wir allerdings nicht. Wir erklären, daß wir nur bei Gewaltanwendung aufgeben werden; im übrigen werde gleich eine Delegation zu Bürgermeister Klaus von Dohnanyi entsandt, um unsere Forderungen an den Hamburger Senat, der Mehrheitsaktionär der HEW ist, zu übergeben.
Im Laufe des Nachmittags ziehen Erdmann, Manfred, Anne, Dagny und ich gen Rathaus. Als wir die Bannmeile an der Großen Bergstraße überschreiten, taucht wie aus dem Boden gewachsen unser ziviler Bewacher auf, hängt sich an unsere Fersen und fordert uns auf, binnen einer halben Stunde die Belagerung abzubrechen. Wir gehen weiter und erklären dabei, daß die Räder unseres Bootstrai-

lers nicht verfügbar seien und wir schon deshalb bleiben müßten ... ein Organisationsfehler ... peinlich, aber nicht zu ändern.
Im Rathaus erklärt sich der Referent des Bürgermeisters überraschend bereit, einen Termin bei Dohnanyi für uns zu vereinbaren. Wir akzeptieren dieses Angebot und verzichten für heute erst einmal darauf, das werftkrisengebeutelte Stadtoberhaupt mit unseren Forderungen zu konfrontieren.
Wieder am Gerhart-Hauptmann-Platz, bahnen wir uns einen Weg durch die Menge, die von den Rundfunksendungen des Vormittags angelockt wurde. Zeitweise geht es zu wie auf einer Großveranstaltung. Wir kommen kaum dazu, mit dem Abbau zu beginnen. Als wir endlich kurz vor Ladenschluß unser Boot weggeschleppt und die Tannennadeln zusammengefegt haben, geht die Diskussion zwischen den Passanten auch ohne uns munter und kontrovers weiter.
Dieses Bild nehmen wir, heiser und müde, mit auf den Heimweg. Es gibt uns die Zuversicht, von einigen gehört und verstanden worden zu sein.

Birke

«Bey den Römern vor Zeiten in grossen Ehren gewesen / welche sie der Obrigkeit haben vorher getragen. Ist auch noch heut zu Tag in grosser Ehr / dieweil sie die böse und ungehorsame Kinder und Jugend straffet. Daher man dann im Teutschen Reimen sagt: O du gute Bircken Ruth / Du machst die ungehorsame Kinder gut.»

Adamus Lonicerus

Der Hinweis, daß man Kinder nur mit Birkenruten schlagen darf, sonst wüchsen sie nicht, verrät, daß Kinder einst mit ihnen berührt wurden, gerade weil sie wachsen sollten und gedeihen. Das kann nur beim Frühjahrsfest gewesen sein, wenn die Fruchtbarkeitszeremonien stattfanden. Die Sitte, den Mai einzuholen und den Maibaum aufzupflanzen, ist noch immer verbreitet, der Tanz in den Mai eine blasse Erinnerung an Heilige Hochzeit und Walpurgisnacht. Der Maibaum aber ist stets eine Birke oder eine Fichte.

Kein Baum ist so winterhart wie die Birke. Bei Hammerfest, unter 70½ Grad nördlicher Breite, wächst sie noch in 250 m Höhe. Die luftgepolsterte, wasserundurchlässige Rinde ist ein vorzüglicher Kälteschutz. Noch heute isolieren die Leute auf den Faröer Inseln ihre Dächer mit Birkenrinde, bevor sie die Grassoden aufbringen. Kanadische Indianer fertigten Rindenkanus, die vier Personen trugen und doch nur 20 bis 25 kg wogen. Die zarte Innenrinde zermahlten sie und buken Pfannkuchen daraus, zu denen Ahornsirup gereicht wurde. Die Blätter geben gelbe Farbe.

Aus dem Reisig band man Besen. Die Lappländer verarbeiteten Birkenrinde zu Behältern, Kleidungsstücken, Schuhwerk; aus den feinen Wurzeln entstanden schöne Decken. Birkenteer und Birkenöl brauchte man zur Bereitung des feinen Juchtenleders, für Rum-Essenz und Parfüme. Ein durch und durch freundlicher Baum, der seinen Namen verdient: «bherek» bedeutet «glänzend, hell».

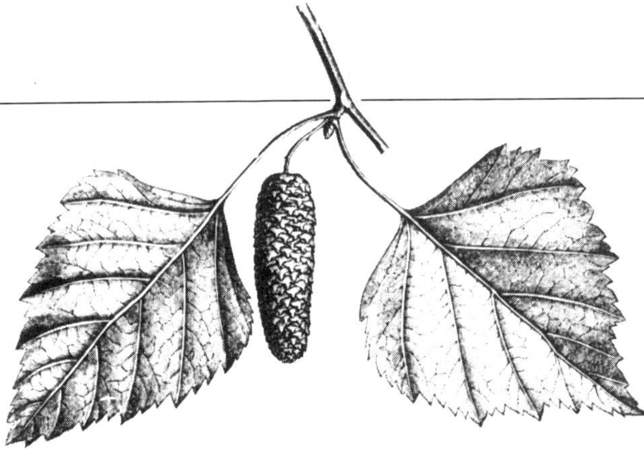

Birke Familie der Birkengewächse (Betulaceae)

	Hängebirke (Betula pendula)	Moorbirke (Betula pubescens)
Höhe	bis zu 25 m	ähnlich
Rinde	unten rissig, wulstig, schwärzlich mit weißen Flecken, oben glatt weiß	meist glatt, weiß, selten grau bis schwarz
Blatt	dreieckig rautenförmig	ei- und rautenförmig
Blüte	einhäusig. Weibliche Blüten 1,5 bis 3 cm lange grünliche Zapfen; männliche Blüten: gelbliche Kätzchen, 3 bis 6 cm lang	wie bei der Hängebirke
Frucht	hellbraune Zäpfchen, geflügelte Nüßlein	wie bei der Hängebirke, jedoch kürzere Fruchtflügel
Blütezeit	April bis Mai	April bis Mai
Standort	Wälder, Moore, Heide	Moor- und Bruchwälder, bodensaure Eichenwälder
Verbreitung	Europa	Europa

Inhaltsstoffe: Betulinsäure, Saponine, Harze, Gerbstoffe, in der Rinde methylsalizylathaltiges Öl

Nutzung: Das dichte, feine, sehr zähe Nutzholz verwendet man zu Leiterbäumen, Felgen, Deichseln, Radzähnen; es ist gut für Möbel; aus dem Maserholz entstanden Gewehrschäfte, Pfeifenköpfe und Dosen. Gutes Brennholz.

Hausapotheke: Wassertreibend, unterstützend bei chronischem Gelenkrheumatismus; Birkenteer äußerlich angewandt bei Parasitenbefall und Hautkrankheiten; Birkensaft als Schönheitstrank; in vielen Haarwassern enthalten.

Buche

«Seine Frucht welche man Bucheckern und Buchnüßlein nennet / ist gantz süß / dreyeckicht / in einer braunen zähen Schalen verschlossen. Die Schwein haben sonderlich lust zu diesen Buchnüßlein / und wird das Fleisch wolgeschmack und lieblich darvon. Wie wol der Speck der von Bucheckern gemästeten Schweinen nicht so fein hart ist / wie der von Eicheln / sondern wenn er in dem Rauch und Schornsteinen henckt / gewaltig tropfft.»

Adamus Lonicerus

Die Ansichten über den Ölgehalt der Bucheckern gehen beträchtlich auseinander. Die einen behaupten, es seien bis zu 40 Prozent plus 23 Prozent Eiweiß, die anderen sagen, es seien 16 bis 17 Prozent fette Öle plus Stärkemehl und Zucker.

Die Bauern mästeten ihre Schweine und das Geflügel mit den Ekkern, vor allem aber gewannen sie aus den Früchten Speise- und Brennöl, das sich ausgezeichnet hielt. Sie preßten es kalt aus geschälten Samen oder heiß aus ungeschälten Eckern. Die zurückbleibende Masse, den Ölkuchen, bekam das Vieh. Schweine konnten offenbar recht viel davon vertragen. Kühe jedoch sollten nicht mehr als vier, fünf Pfund am Tag davon fressen. Recht empfindlich reagieren Pferde. Schon ein bis eineinhalb Pfund können sie töten, und zwar wirkt eine Giftsubstanz in Häuten und Kernen direkt aufs Rückenmark, tötet durch Lungenlähmung und Erstickung.

Die Buche gedeiht prächtig im feuchtkalten Klima. Ein alter Baum, dessen Krone 15 m im Durchmesser hat, besitzt rund 600 000 Blätter, die eine Gesamtfläche von 1200 m² ausmachen.

Seit 1870 wichen die Buchen zunehmend den Nadelhölzern, weil durch Mißwirtschaft die Böden schlechter wurden. Zum anderen verglosten ganze Buchenwälder in den Meilern der Köhler zu Holzkohle, andere verschwanden in den Öfen von Bergbau- und Hüttenbetrieben.

Buche (Rotbuche) (Fagus sylvatica)

Familie der Buchengewächse (Fagaceae)

Höhe	bis zu 40 m
Rinde	grau und glatt, Tiefwurzler
Blatt	eiförmig, bis 10 cm lang, gewimpert
Blüte	einhäusig; männliche Blüten lang gestielte Knäuel aus gelblichen Kätzchen; weiblich je zwei aufrechte gelbliche Blüten auf langem Stiel, von weichstacheligem Fruchtbecher umgeben
Frucht	dreikantige Nuß, die Buchecker, in stachligem Fruchtbecher. Blüht nach 40 bis 60 Jahren
Blütezeit	April bis Mai
Standort	Laubmischwälder, empfindlich gegen Spätfrost
Verbreitung	fast ganz Europa, nördlich bis Südskandinavien, südlich meist in Gebirgen, bildet oft Waldgrenze
Nutzung	wertvolles Brennholz, sonst für Werkzeuge, Dübel, Schwellen. Früher von Köhlern zu Holzkohle gebrannt (Raubbau). Bucheckern zur Schweinemast und zur Gewinnung von Speiseöl.
Hausapotheke	Eine Paste aus Johanniskrautöl und desinfizierender Buchenasche bei Geschwüren; Buchenholzteer zur Desinfektion, als Ätzmittel, bei der örtlichen Betäubung in der Zahnheilkunde. Gilt heute als krebserregend.

Eiche

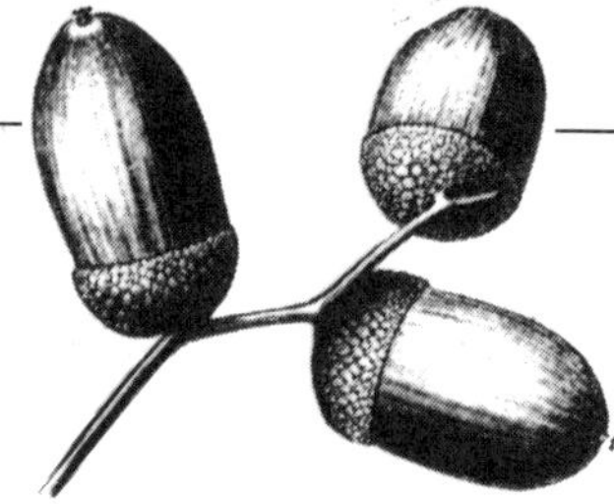

Die Eichbäume

Johann Christian Friedrich Hölderlin

Aus den Gärten komm' ich zu euch, ihre Söhne des Berges!
Aus den Gärten, da lebt die Natur geduldig und häuslich,
Pflegend und wieder gepflegt mit dem fleißigen Menschen zusammen.
Aber ihr, ihr Herrlichen! steht, wie ein Volk von Titanen
In der zahmeren Welt und gehört nur euch und dem Himmel,
Der euch nährt' und erzog und der Erde, die euch geboren.
Keiner von euch ist noch in die Schule der Menschen gegangen,
Und ihr drängt euch fröhlich und frei, aus der kräftigen Wurzel,
Unter einander herauf und ergreift, wie der Adler die Beute,
Mit gewaltigem Arme den Raum, und gegen die Wolken
Ist euch heiter und groß die sonnige Krone gerichtet.
Eine Welt ist jeder von euch, wie die Sterne des Himmels
Lebt ihr, jeder ein Gott, in freiem Bunde zusammen.
Könnt' ich die Knechtschaft nur erdulden, ich neidete nimmer
Diesen Wald und schmiegte mich gern ans gesellige Leben.
Fesselte nur nicht mehr ans gesellige Leben das Herz mich,
Das von Liebe nicht läßt, wie gern würd' ich unter euch wohnen!

Die Eiche war dem Donar oder Thor geweiht, dem Donnergott. Angeblich fährt der Blitz besonders häufig in diesen Baum. Es heißt, Eichen stünden mit Vorliebe auf Kreuzungspunkten von Wasseradern. Da ihre langen Pfahlwurzeln bis zum Wasser hinabreichen, sollen Eichen wie Blitzableiter funktionieren.

Im Keltischen heißt die Eiche «dair». Den keltischen Priestern, den Druiden, galt als heiligste Pflanze die Mistel, die auf einem Eichenbaum wuchs. Asterix-Lesern ist das bekannt. Am 6. Vollmond zogen sie aus und schnitten Mistelzweige mit goldenen Sicheln. Sie wurden unters Volk verteilt, denn sie schützten gegen Krankheit und gegen Dämonen.
Menschen aßen Eicheln nur in Notzeiten als Mehl- oder Kaffeeersatz. Die Schweine und das Federvieh jedoch gediehen prächtig bei der Eichelmast. Nur den Gänsen bekamen sie nicht gut, ob frisch, gedörrt oder angekeimt.

Eiche Familie der Buchengewächse (Fagaceae)

	Stiel-Eiche (Sommereiche) Quercus robur	Trauben-Eiche (Wintereiche) Quercus petraea
Höhe	bis zu 40 m	bis zu 40 m
Rinde	dunkelbraun bis schwarz, rissig	wie Stiel-Eiche
Blatt	unsymmetrisch gelappt, herzförmig geöhrter Grund	keilförmiger Grund, lappig
Blüte	einhäusig. Weiblich: 2 bis 5 Blüten an aufrechtem, langem Stiel; männlich: lockere hängende grüne Ährenkätzchen	wie Stiel-Eiche, jedoch weibliche Blüten ohne Stiel
Blütezeit	Mai bis Juni	Mai bis Juni
Frucht	Eicheln an langen Stielen: eiförmige glatte Nuß, von zapfenförmigem Fruchtbecher umschlossen. Blüht nach 40 bis 80 Jahren	Eicheln kleiner als bei der Stiel-Eiche, hängen in Trauben an kurzem Stiel
Standort	Laubmischwälder	wie Stiel-Eiche
Inhaltsstoffe	In der Rinde sind enthalten: Gerbsäure, Ellagsäure, Quercin, Quercit, Lävulin, Pektin, Stärke; in den Eicheln zusätzlich fettes Öl und Zitronensäure.	
Nutzung	Das Holz ist sehr dauerhaft, daher wichtigstes Schiff- und Wasserbauholz, gutes Bau-, Nutz- und Werkholz schlechthin, wurde früher viel zu Fässern verarbeitet. Brennt etwas schlechter als Buche; Rinde zum Gerben; Eicheln zur Schweinemast.	
Hausapotheke	Adstringent (zusammenziehendes Mittel); äußerlich bei offenen Hautausschlägen, offenem Bein, Augenreizungen und Analleiden; innerlich bei zu starker Menstruation und chronischem Durchfall; Stärkungsmittel bei chronischer Lymphknotenschwellung.	

Erle

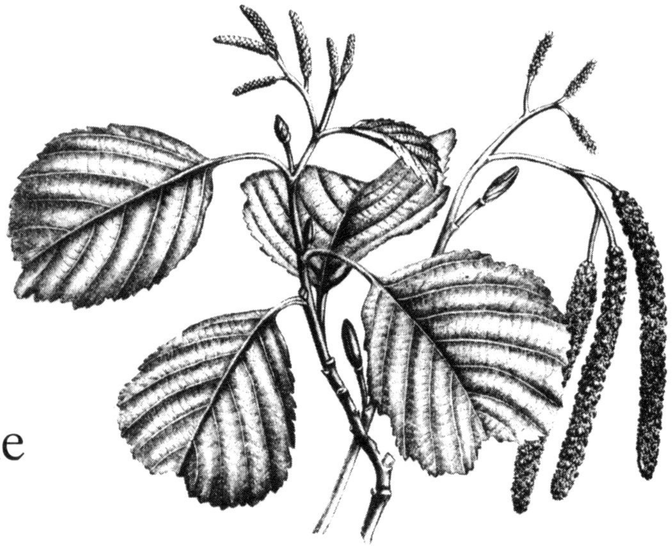

«Erlenbaum ist sehr warm und trocken / hat wenig Kälte und Feuchtigkeit. Daher auch sein Holtz im Erdreich und Wasser lang und gleichsam ewig wäret.»

Adamus Lonicerus

Sie ist ein Gespensterbaum, diese treue Begleiterin der Bäche und Flüsse. Wasser kann ihrem Holz wenig schaden. Es saugt sich voll und wird um so härter. Erlkönig und seine Töchter hausen in den Zweigen der Eller oder Else; weiße und schwarze Geister, gar den Schwarzen Jäger sah man auf Erlenstümpfen lauern. Bei ihr wohnen die Irrwische. Nach der nordischen Mythologie schufen die Götter aus der Erle die Frau, aus der Esche den Mann.

Die Erlenfrau hat zwei Gesichter. Sie verkörpert die zerstörerische Kraft des Wassers, aber auch seine Fruchtbarkeit, das Leben nach dem Tode. Um die Erle ranken sich viele Sagen – schlägt man sie, dann beginnt sie zu bluten, sie weint und hebt an zu reden, heißt es.

Die Erle wächst am Wasser, auf schlechtestem Boden, oft in Sümpfen; dort, wo andere Bäume nicht gedeihen können, leistet sie Pionierarbeit. Das Geheimnis: An den Wurzeln des Baumes leben kleine Pilze, die der Erle helfen, Stickstoff aus der Luft an die Erde zu binden. Die Erle wiederum liefert den Pilzen Kohlehydrate. Eine fruchtbare Symbiose.

Erle Familie der Birkengewächse (Betulaceae)

	Grau-Erle (Weiß-Erle) Alnus incana	Schwarz-Erle (Rot-Erle) Alnur glutinosa
Höhe	bis zu 20 m	bis zu 20 m
Rinde	hellgrau, glatt	schwärzliche, rissige Borke
Blatt	eiförmig, allmählich zugespitzt, doppelt gesägt, 7 bis 12 Seitennervenpaare	rundlich-eiförmig bis stumpf, ca. 10 cm lang, 5 bis 8 Seitennervenpaare, schwach gesägt
Blüte	einhäusig; weibliche Kätzchen mit roten Narben, männliche Kätzchen mit roten Staubbeuteln	wie bei der Grau-Erle, auch hier werden die weiblichen Blüten zu Zäpfchen, die verholzen
Blütezeit	Februar bis April	März bis April
Früchte	Zäpfchen mit hellbraunen Nüßchen, breiter Flügelrand	ebenso wie bei der Grau-Erle, nur sind hier die Zäpfchen größer
Standort	Auenwälder, Gebirgsbäche, vor allem Kalkgebiete. Stickstoffanreicherung des Bodens durch stickstoffbindende Strahlenpilze. Sie leben in Wurzelknöllchen in Symbiose mit der Erle	Auen- und Bruchwälder, Ufer
Verbreitung	Nord- und Mitteleuropa, südlich bis Mittelitalien, Balkanhalbinsel	Europa
Inhaltsstoffe	Gerbsäuren, Harzsäuren	
Nutzung	Holzschuhe, Küchengeschirr und Schusterleisten; da das Holz im Wasser nicht fault: für Wasserleitungen, Brunnentröge, Quelleneinfassungen und Bauten im feuchten Gelände. (Halb Venedig steht auf Erlenpfosten.) Vor allem aber als Brennholz genutzt.	
Hausapotheke	Zusammenziehende, kühlende, fiebersenkende Wirkung. Blätterabsud hilft bei schwachem Zahnfleisch; der Sud abgekochter junger Rinde hilft bei Angina (Gurgeln).	

Esche

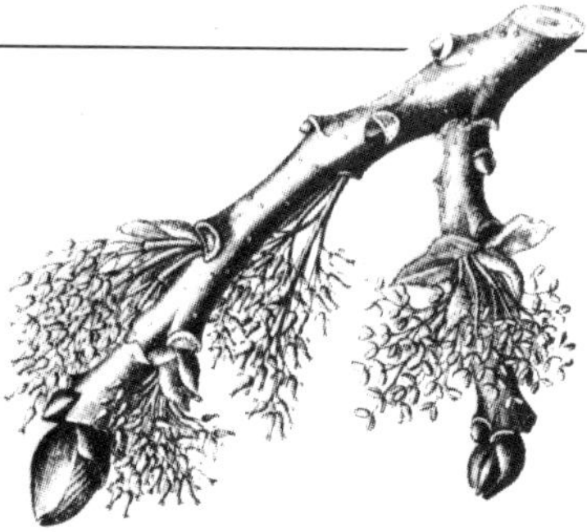

«Es wird dieses Holtz zu langen Spiessen sonderlich gelobt / und von diesem Holtz rühmet auch Homerus den Spieß Achillis. Dann es ist ein dick aderícht Holtz ohne Knoden / leicht und krauß. Wächst an hohen tunckeln / feuchten Wälden / und zu Zeiten auch an steinichten Orten.»

Adamus Lonicerus

Die Esche Yggdrasil war der allnährende Weltenbaum der Germanen. Die Ziege Heidrun und der Hirsch Eikthymir nähren sich vom Laub ihrer Zweige, vier Hirsche von den Knospen. Im Wipfel hockt der vielwissende Adler, zwischen seinen Augen der Habicht Wedrfölnir. An einer der drei Wurzeln Yggdrasils aber nagt die Schlange Nidhöggr, ein ekler Drache. Zwischen dem Wurm und dem Adler herrscht ewiger Streit, den das Eichhörnchen Ratatöskr (Ratatwiskr) schürt. Die Äste Yggdrasils treiben durch die ganze Welt, sie verbinden Himmel, Erde und Unterwelt miteinander. Täglich begießen die Schicksalsgöttinnen, die drei Nornen, aus einem heiligen Brunnen den Baum des Lebens, der oft als Kreuz dargestellt wurde. Von seinen Zweigen tropft «bienennährender Tau».

Bei den Kelten symbolisierte die Esche die Macht das Wassers. Die Druiden brauchten ihr Holz für den Regenzauber. Noch heute heißt es in manchen Gegenden, mit einem Eschenstab brauten die Hexen Ungewitter. Aus der Esche, so heißt es in der nordischen Mythologie, schufen die Götter den Mann, aus der Erle die Frau. Ein Stück Eschenholz, das die Fischer ihren Booten einfügten, schützte sie vorm Kentern. Unter Eschen soll man vor Schlangen sicher sein, auch ein Stück Rinde wehrt sie ab. Nicht nur zu Pfingsten und am Johannistag fütterten Bauern ihr Vieh mit Eschenblättern, die es vor Krankheiten schützen sollten.

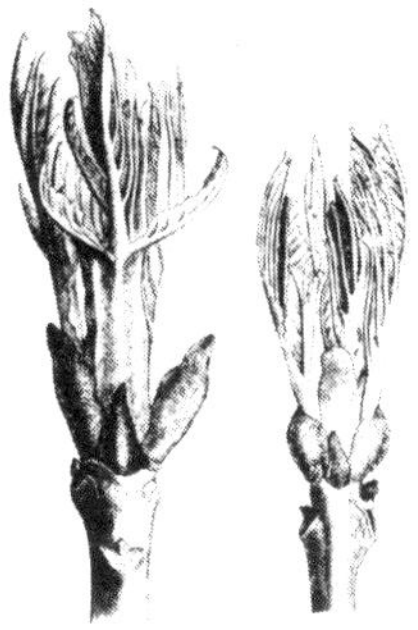

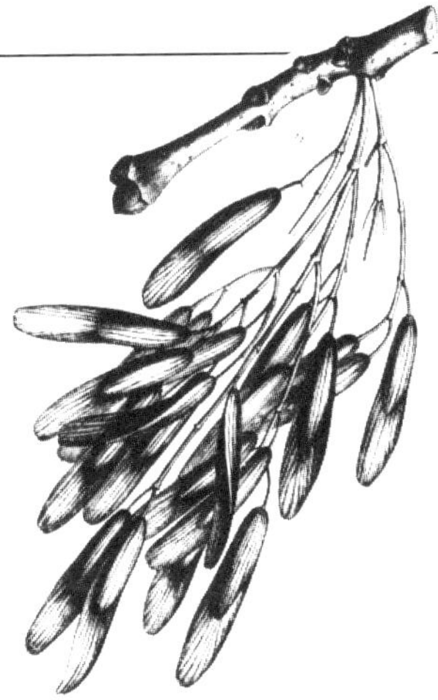

Gewöhnliche Esche (Fraxinus excelsior)

Familie der Ölbaumgewächse (Oleaceae)

Höhe	bis zu 40 m
Rinde	erst graugrün und glatt, dann schwärzlich mit Längsrissen
Blatt	unpaarig gefiedert, 9 bis 13 oval-lanzettförmige, feingezähnte Fiederblätter
Blüte	polygam oder wirrhäusig (eingeschlechtlich oder zwittrig); aufrechtstehende violette Rispe, die vor den Blättern erscheint
Frucht	länglich geflügeltes flaches Nüßchen, elliptisch
Blütezeit	April bis Mai
Standort	Auen- und Schluchtwälder, krautreiche Mischwälder
Verbreitung	in fast ganz Europa, nördlich bis Südskandinavien, im Süden nur in Gebirgen
Inhaltsstoffe	Rinde: Glykosid Fraxin, Gerb- und Bitterstoffe; Blätter: Glykosid Fraxin, Mannit, organische Säuren, Gerbstoffe und Zucker. Cumarin, Harze, Gummi
Nutzung	Aus dem harten, zähen und dabei besonders elastischen Holz entstanden Bögen, Speere, Lanzen, Armbrüste, später auch Skier, Eisenbahnwagen, Spazierstöcke und Sportgeräte.
Hausapotheke	Verstopfung und Darmparasiten; bei fiebrigen Erkrankungen senken sie die Körpertemperatur, sie lindern Nierenleiden, Rheuma- und Gichtschmerzen. Der Blättertee eignet sich zum Auswaschen von Wunden. Eschenrinde wurde früher als Ersatz für Chinarinde (Chinin) gegen Fieber angewendet.

Meine Heimat stirbt

Nach dem letzten Weltkrieg wanderten viele arme Bauernsöhne aus dem Fichtelgebirge ins Ruhrgebiet aus, wo gutes Geld zu machen war. Dieter Herold aus Wunsiedel erklärt, warum sie nie mehr zurückkehren werden.

Davon gesprochen wurde immer wieder und in letzter Zeit davon, daß sie weg wollten, weil sie Arbeit suchten. Aber jetzt, als es soweit war, wollte ich nicht mit dabeisein. Ich ging weg. Ich ging in den nahen Wald. Dorthin ging ich immer, wenn ich Frieden suchte.

Es muß spät geworden sein, an diesem Frühlingstag im Jahre 1950, denn als ich zurückkam, waren die Möbelwagen auf dem Dorfplatz nicht mehr da. Und mit ihnen war Horst weg. Horst war älter als ich, er war zwölf oder dreizehn und ich vier oder fünf. An langen Winterabenden saß ich oft in der winzigen Küche bei seinen Eltern. Dort bauten wir Papierflieger oder Burgen oder spielten Schwarzer Peter. Am liebsten aber wollte ich Geschichten hören. Geschichten von früher. Ich war es von zu Hause gewohnt, Geschichten zu hören, wenn Erwachsene zusammenkamen. Es waren ernste oder lustige Geschichten, weil die Erwachsenen abwechselnd lachten oder eine Weile stumm vor sich hinschauten. Ich verstand die meisten nicht, aber spannend waren sie alle. Solche Geschichten wollte ich auch in der kleinen Küche hören. Aber seine Eltern erzählten keine Geschichten. Nur soviel, daß sie aus ihrer Heimat, aus Schlesien, fortgehen mußten. Jetzt waren sie hier in diesem Dorf mit seinen fünf Bauernhöfen. Der Nachbar hatte den ausgebauten Dachstuhl geräumt, um Platz zu schaffen. Alle Bauern im Dorf hatten damals Zimmer oder ganze Stockwerke geräumt, um Platz zu schaffen für die anderen Flüchtlinge. Ich hatte viele Spielkameraden damals, aber Horst war mir der liebste.

Jetzt war auch er weg, so wie vor ihm alle anderen fortgegangen waren. Nach Essen, Dortmund oder Mannheim, weil ihre Eltern Arbeit in Maschinenfabriken, Bergwerken, Konstruktionsbüros suchten.

Bald darauf kamen andere Leute in das Dorf. Sie kamen mit Hacken, Schaufeln und Baggern. Sie zogen Gräben durch feuchte Wiesen und Felder und legten Rohre ein. Die Bauern waren froh. Sie sagten, daß sie nun mehr Gras und mehr Korn durch die Entwässerung bekämen.

Ich bestaunte die Bagger, aber schon im nächsten Sommer schmeckten die Sauerampfer nicht mehr so saftig, der Rohrkolben mit seiner schönen dunkelbraunen Färbung verkümmerte, und im Winter wurden keine Körbe mehr geflochten. Die Weiden waren alle abgeholzt. Dafür kamen Händler ins Dorf. Sie verkauften Körbe, Maschinen, Dünger und schließlich auch Butter und Brot.

Die Arbeit wurde einfacher. Die Ähren brauchten nicht mehr von Hand gebündelt, das Heu nicht mehr von Hand gewendet, die Kartoffeln nicht mehr von Hand geklaubt zu werden. Alles verrichteten jetzt Maschinen. Und je mehr Maschinen kamen, desto mehr Menschen verließen das Dorf, schließlich gingen auch die Söhne und Töchter der Bauern. In der Fabrik verdiente man mehr und war um fünf Uhr fertig.

Nach getaner Arbeit versammelten sich nur noch zwei oder drei Bauern auf dem Dorfplatz zum Plausch, im Winter wurde das Pferd nicht mehr

Wolfswarter Weg
Altenau ü. "Wilde Sau" 4,0 km
4,0
18 B
Wilde Sau

vor den Schlitten gespannt. Die Milchzentrifuge, die ich immer drehen mußte, um den Rahm abzuschöpfen, damit Butter gemacht werden konnte, hatte ausgedient, auch die Zuckerrohrpresse, um Sirup zu machen, der Webstuhl und schließlich der Backofen. Die Geschichten am Abend handelten jetzt von PS und Ertrag und Preis. Es wurde weniger gelacht, auch die Minuten, in denen man schweigend dasaß, wurden weniger.

Ich ging jetzt öfter in den Wald. Besonders nach Regenfällen. Dann lebten die Fichten. Sie dufteten und dampften, die Luft schmeckte würzig, und der Boden war ein feuchter weicher Teppich.

25 Jahre später: Ich gehe meinen alten Schulweg entlang. Das heißt, ich will ihn gehen. Ein Kilometer durch Felder und Wiesen, ein Kilometer durch Wald. 20 Minuten brauchte ich früher, wenn ich nicht trödelte. Jetzt brauche ich über zwei Stunden. Der erste Kilometer ist schnell geschafft. Aber wie sieht es hier aus! Keine weißen, blauen, roten, lila Farbtupfer, kein gewundener, sandiger Weg mit einem grünen Mittelstreifen. Statt dessen eine schnurgerade asphaltierte schwarze Piste, die Kornfelder gelb, die Wiesen grün. Nichts weiter außer gelb, grün, schwarz. Wegbauer und Pestizide haben ganze Arbeit geleistet.

Die ersten hundert Meter Waldweg kenne ich noch, aber dann bin ich ein Fremder. Ein Weg kreuzt den anderen, tiefe Furchen von schweren Traktoren haben den Teppich zerschlissen, vom Wind gebrochene, von der Säge gefällte Bäume liegen kreuz und quer. Ich bin Zeuge eines Wettlaufs des Menschen mit sich selber.

Im Westen, dorthin, wo Horst mit seinen Eltern und all den anderen gezogen ist, werden die schädlichen Industrieausdünstungen in die Luft abgegeben, hier im Osten, im «Zonenrandgebiet», in meinem Wald, im Fichtelgebirge, gehen sie zum Teil wieder nieder und schwächen die Fichten und Kiefern so, daß sie der Wind umstoßen oder der Borkenkäfer ganz vernichten kann. Hier schlägt der Mensch die kranken und angegriffenen Bäume, schafft sie fort, um zu retten, was zu retten ist.

Doch zu retten gibt es wohl nichts mehr. 70 Prozent des Baumbestandes sind krank oder schon abgestorben. So die offizielle Zahl. In Wirklichkeit sind es schon 80 oder 90 Prozent. Ab 700 Höhenmeter wird in ein, zwei Jahren kein Baum mehr leben, ab 900 Metern Höhe sind jetzt schon fast alle völlig abgestorben. Steppe breitet sich aus.

Meine Heimat stirbt. Dies ist der letzte Akt. Die Dortgebliebenen, die

heute Siebzig- und Achtzigjährigen, haben noch Hoffnung. Noch ist der Tod, der von den Gipfeln kommt, nicht in den Tälern. Aber wenn er da ist, werden sie nicht mehr da sein, und keiner wird mich wiedererkennen, und ich werde nichts mehr wiedererkennen.
«In diesem Sommer», sagte Gisela, eine junge Frau, «waren die Mükken besonders aggressiv. Es dauerte oft ein, zwei Wochen, bis nach Stichen die Schwellungen wieder zurückgingen. Mir kam es so vor, als ob sie das Gift, das der Mensch in die Umwelt leitet, uns wieder zurückgeben.»

Ein Brief von Werner und eine Botschaft, daß die Nordsee bald vor Osnabrück stehen wird

In hilfloser Wut hat Werner Steinke, ein Robin Wood aus Hamburg, diesen Bericht geschrieben. Seine Wut steckt an, wenn man erfährt, wie Fachleute auf die wohl bedrohlichste Umweltkatastrophe unserer Zeit reagieren.

Liebe Büchermacher!
Ich habe lange gebraucht, um Ruhe für meinen Beitrag zu finden. Da die Zeit drängt, habe ich einfach drauflosgeschrieben. Glücklich bin ich nicht mit dem, was dabei herauskam. Ich meine, der Zusammenhang fehlt. Aber damit spiegelt sich in meinem Text das, was ich in den letzten Tagen erlebt und gehört habe. Da fehlt auch der Zusammenhang.
Am letzten Wochenende ging es los. Ich war bei unserem alljährlichen Treffen der Landespfleger in Osnabrück. Dieser dekadente Haufen hat

mich so in Wut gebracht, daß ich noch jetzt Schwierigkeiten habe, mich zu konzentrieren.
Bei der Versammlung am Freitag abend schlug ich, der langhaarige Landespfleger, vor, unsere Zeit nicht mit einem Laberthema zu verplempern, sondern übers Waldsterben zu reden. Prompt hatte ich den gesamten Fachbereich gegen mich. Mann, o Mann. Man glaubt gar nicht, wie sensibel Landespfleger sein können – ehrlich, ich wußte das auch nicht. Du ahnst nicht, was ich zu hören bekam: Von «Ich bin als Landespfleger nicht kompetent» über «Das Waldsterben ist noch nicht eindeutig bewiesen» und «Man kann einem Patienten nicht eher helfen, als bis man weiß, woran er krankt» bis hin zum «Es gibt für unsere Tagung aktuellere Themen als das Waldsterben». Ich war nahe vorm Kotzen und hatte den Wunsch, allen mit einem richtig großen Schuh in den Arsch zu treten. Wenn es möglich gewesen wäre, hätte ich mich vom Beruf des Landespflegers am liebsten von hier bis zum Mond distanziert. Eine größere Schande kann sich kein Fachbereich leisten, als seinen eigenen Berufsstand zu verleugnen. Meine Güte, das hat es bisher wohl nur einmal in der Geschichte der Menschheit gegeben.
Einen Tag später standen wiederum Landespfleger im Rampenlicht. Bei der Betrachtung eines landschaftspflegerischen Begleitplanes erörterte man das Problem der Trassierung der B67 in Dülmen. Die Frage war, entweder die Trasse durch ein Hochmoor oder sechs Häuser einer Siedlung zu legen. Da kam es wieder mal zu einem dieser berühmten Kompromisse. Die Trasse wurde durchs Hochmoor gelegt. Begründung eines Mitarbeiters des Amtes für Landespflege Münster: Wirtschaftlich wäre die Trassenführung durch die Siedlung nicht haltbar. Außerdem sei das Legen einer Trasse durch ein Hochmoor ein gutes Fallbeispiel. Das hätte es bisher in Nordrhein-Westfalen noch nicht gegeben. Immerhin könnten wir jetzt bei zukünftigen ähnlichen Projekten auf dieses verweisen und sagen: Schaut Euch an, welch ökologische Auswirkungen eine Trasse im Hochmoor hat.
Von da an blieb mir vollends die Spucke weg. Ich bin aufgestanden und sehr traurig gegangen. Hab mir aber gleichzeitig vorgenommen, niemals ein so heuchlerischer Landespfleger zu werden.

> «Wenn die große Zeit kommt, da die Menschheit vor ihrer letzten härtesten Probe steht, werden auffallende Veränderungen in der Natur ihre Schatten vorauswerfen. Der Wechsel zwischen Hitze

und Kälte wird intensiver werden, Stürme werden katastrophale Auswirkungen haben, Erdbeben werden größere Gebiete zerstören, und die See wird viel tiefergelegenes Land überschwemmen. Nicht alles davon wird die Folge natürlicher Ursachen sein, sondern die Menschheit wird in die Eingeweide der Erde vordringen und nach den Wolken greifen und damit ihre eigene Existenz aufs Spiel setzen.»
Johann Friede, österreichischer Mönch 1204–1257,
Orden von St. Johann.

Es macht mich traurig, aber auch wütend, wenn ich diese Worte des Johann Friede lese. Traurig, weil er mit seiner Offenbarung recht behält – wütend, weil Wissenschaftler, Politiker, ja eigentlich alle Menschen diese Veränderungen unserer Umwelt mehr oder weniger wahrnehmen, aber kaum etwas für ihre Veränderung tun.
Gewünscht hätte ich mir, einen fröhlichen Beitrag zu schreiben. Leider kann ich das nicht. Als ich vor einigen Jahren in Osnabrück begann Landespflege zu studieren, habe ich mir vorgestellt, etwas mehr Verständnis, etwas mehr Gespür für die Natur mit auf den Weg zu bekommen. Doch die Reaktion meiner Kollegen läßt mich verzweifeln. Von wenigen Ausnahmen abgesehen heben sie hilflos ihre Hände und sagen, daß sie in erster Linie Landespfleger seien und Politiker dieses Problem zu lösen hätten. Wohlgemerkt, Landespflege bedeutet Naturschutz, Umweltschutzarbeit.
Auf dem Treffen wäre ich am liebsten vor Scham im Boden versunken. Genauso hätte ich diesen Boden gern am 29. September 1983 genutzt. Da fand in Hamburg das 13. Ökologische Forum statt. Stellvertretend für Robin Wood waren Wolfgang, Wolle und ich geladen. Es ist schon merkwürdig: Gleich von Anfang an spürten wir, wer hier recht hat und wer nicht. Wegen unseres äußeren Erscheinungsbildes waren wir nur geduldet. Jeder kannte jeden – außer uns –, alles lachte und freute sich, obwohl doch ein ernstes Thema angesagt war. Man hörte den Begrüßungsworten des Hamburger Umweltsenators Wolfgang Curilla zu, der auch dieses Mal Verbesserungen versprach, die er nicht halten will oder kann.
Da war vom Einbau der nach dem neuesten Stand der Technik möglichen Entschwefelungsanlagen die Rede. Er sprach vom Zwei-Stufen-Brenner für das Kraftwerk Wedel, der den Schwefeldioxid-Ausstoß ver-

ringern sollte. Da lachen ja die Hühner, denn selbst die wissen, daß es dem Schwefeldioxid scheißegal ist, durch wieviel Brenner es geht. Solange keine Entschwefelung vorgenommen wird, fliegt es trotzdem aus dem Kamin heraus, dafür dann eben auf 200 Grad erhitzt.
Er erzählte auch etwas über Katalysatoren für Autos und was man damit alles plane. Er hat diese Versprechungen so ehrlich abgelesen, daß zumindest Wolfgang, Wolle und ich ihm nicht geglaubt haben.
Professor Bernhard Ulrich aus Göttingen war für mich der glaubhafteste Referent, vielleicht weil ich, wie wir alle von ROBIN WOOD, seine Arbeiten kenne. Er war der erste, der die Schadwirkung des Schwefeldioxids nachwies, der erste und zeitweilig der einzige, der den Mut hatte, seine Erkenntnisse zu verkünden, der auch unter Druck nichts zurückgenommen hat.
Leider war sein Vortrag so mit Fachausdrücken, Formeln und Fremdwörtern gespickt, daß wir Mühe hatten, ihm zu folgen. Doch in der anschließenden Diskussion wurden sein Engagement und sein Kampf gegen das Waldsterben sehr deutlich.
Bei Dr. Krause von der Landesanstalt für Emissionsschutz in Essen wurde dann die eigentliche Problematik des Waldsterbens deutlich. Er sagte, daß das Zusammenwirken von Schwefeldioxid, Stickoxid, Ozon und Schwermetallen dem Wald den Garaus macht, aber Ozon sei dabei der Hauptverursacher.
In der anschließenden Diskussion konnte man sich nicht einigen. Ja, es fielen sogar die Worte, daß man noch fünf Jahre forschen müsse, um dem Waldsterben eindeutig auf die Spur zu kommen. Für bestimmte Politiker und manche Industriezweige genau die richtigen Worte zur richtigen Zeit.
Professor Alois Hüttermanns Beitrag am Nachmittag unterstützte diese These. Es sei zwar vieles erforscht, aber der Weisheit letzter Schluß eben noch nicht. Spätestens an dieser Stelle mußte ich mich fragen, welchen Sinn denn überhaupt das Zusammentragen wissenschaftlicher Daten hat, wenn jeder an seinem Strick zieht und dann auch noch in verschiedene Richtungen. «Mensch, Leute, zieht mal an demselben Seil, aber ganz kräftig, ohne Rücksicht auf das, was ihr vielleicht umwerft.»
Oberforstdirektor Lohrmann wirkte nach dem schalen Gelaber wie prickelnder Selter. Sein Vortrag war voller Frische und Mut und sehr leer von Fremdwörtern, so daß wir wieder wach wurden. Trotz allem

haben mich seine Zahlen erschreckt. Ich hätte nicht geglaubt, daß allein in Baden-Württembergs Wäldern bis Ende 1983 ein Schaden von 600 Millionen Mark erwartet wird. Dieser Oberforstdirektor war der einzige, der Forderungen an Politiker richtete. Vielleicht oder bestimmt, weil er auch der einzige dieses Forums war, der die Zerstörungen durch den sauren Regen täglich mitbekommt.
Am Ende der Veranstaltung sollte eine Zusammenfassung der Tagung erfolgen. Ich hatte mir zwar nicht die «Wende» im Thema Waldsterben erhofft, nein, ich hatte freiwillig zurückgesteckt. Vielleicht eine gemeinsame Resolution oder eine Pressemitteilung, in der klar wird, daß die Wissenschaftler die Brisanz des Themas voll erkannt haben und nun geeignete Schritte von Politikern fordern. Daß dann gar nichts stattfand, außer daß man uns fürs freundliche Zuhören dankte, hatte ich in meinen kühnsten Träumen nicht erwartet.
Um jedoch wenigstens eine kleine Anregung zu geben, fragten Wolfgang und ich den Professor Hüttermann, warum sich Wissenschaftler nicht, ähnlich wie in der Friedensbewegung, zusammenschließen und an die Öffentlichkeit gehen.
Hüttermanns Antwort kam mir bekannt vor: Auch er sei in erster Linie Wissenschaftler und kein Politiker. Na gut – also erforschen Wissenschaftler weiterhin Wissenschaftliches, das ihnen nichts als die Erkenntnis bringt, etwas erforscht zu haben. Und natürlich ziehen Politiker nach wie vor Schlüsse aus wissenschaftlichen Arbeiten, von denen sie nichts verstehen. Wie gut, daß jeder Schuster bei seinem Leisten bleibt.
Verständlich, daß Professor Hüttermann keine Zeit für ein weiterführendes Gespräch hatte, weil sein Zug schon wartete. Im nachhinein nochmals Dank für dieses aufschlußreiche Gespräch, Herr Professor!
Zuletzt will ich über das Referat «Waldverlust weltweit» berichten, das Dr. Eberhard Brünig vom Ordinat für Weltforstforschung hielt. Die erhöhte Kohlendioxidkonzentration in unserer Atmosphäre, die unter anderem auf die Verbrennung fossiler Brennstoffe zurückzuführen ist, hat die Wirkung eines Treibhauses. Das Kohlendioxid läßt zwar die Sonnenstrahlen zur Erdoberfläche durchdringen, fängt aber einen Teil der reflektierten Erdwärme ab und wirft sie zum Boden zurück. Durch die Photosynthese wird Kohlendioxid von Pflanzen in Sauerstoff umgewandelt. Durch die globale Luftverschmutzung, aber auch durch McDonalds und andere Firmen, die für Rindfleisch-Farmen große Teile

des Amazonas-Urwaldes roden, haben die Wälder auf der Erde rapide abgenommen.
Dadurch erhöht sich bis zum Jahre 2000 die Temperatur auf der Erde durchschnittlich um zwei Grad. Die Folgen: Die Niederschlagsmengen ändern sich, Trocken- und Regenzeiten verschieben sich. Das wird unüberschaubare Wirkungen auf die Landwirtschaft haben.
Überschaubar dagegen ist die Wirkung der Temperaturerhöhung auf die Polkappen. Dort – so Professor Brünig – wird die durchschnittliche Temperatur sogar um vier bis sechs Grad steigen – das bedingt einen Anstieg des Meeresspiegels von über drei Metern.
Wenn nichts gegen den sauren Regen, gegen andere Schadstoffe und die Abholzung unternommen wird, brauchen wir uns in ungefähr 50 Jahren zumindest in der Norddeutschen Tiefebene keine Gedanken mehr über das Waldsterben zu machen. Dann wird die Nordsee bis kurz vor Osnabrück stehen.

Randbemerkungen, in einen kranken Kletterbaum geritzt

Claus-Peter Lieckfeld besuchte eine Fichte, die ihm einst einen Sieg bescherte. Geschlagen zog er wieder ab.

Mit Erinnerungen muß man behutsam umgehen. Lebenskluge Leute kehren nicht ohne Not an positiv besetzte Orte zurück: Man selbst und der Ort könnten schmerzhaft gewandelt sein.
Manchmal allerdings lassen sich Wiederbegegnungen nicht vermeiden. Kürzlich habe ich die Stätte meines größten Sieges wiedergesehen

– wenn ich Größe einmal nach dem emotionalen Echo bestimme, das in mir entstand.
Damals stand sie *vor* dem Ort, die Fichte, an der ich die Dorfmeisterschaft im Baumklettern gewonnen hatte. Heute ist sie Teil eines Vorgartens, der konsequent nach dem Gesetz des rechten Winkels geordnet ist.
In Augenhöhe klebt am Stamm meiner Fichte ein reetgedecktes Vogelhaus mit gekreuzten Pferdeköpfen. Das ist Niedersachsenart; der Gartenfreund ein zugereister Zahnarzt aus Hamburg.
Fichten sind – klettertechnisch gesehen – das Schwerste überhaupt. Die Zweige stemmen sich dem Eroberer entgegen, morsche Astspitzen ritzen die Haut, Nadeln rieseln ins Hemd, Harz verklebt die Finger. Kein Vergleich mit Buchen, deren glatte Äste geradezu Hautschmeichler sind. Buchen konnten sogar die landverschickten Hamburger Jungs erklettern, die in den Sommerferien unser Heidedorf übervölkerten. Fichten dagegen sind für Könner. Beim Freihandklettern mit kurzer Hose sind Fichten geradezu mörderisch.
Sicher, Eichen sind erhabener, die Altvorderen wußten schon, weshalb sie Siegerkränze aus Eichenlaub wanden. Aber eine Eiche stellt lange nicht die Anforderungen wie eine Fichte, wenn man auf Zeit klettert.
Damals war ich der Beste; obgleich Hansi am Baum als unschlagbar galt, hatte ich ihm glatte drei Sekunden abgenommen (rauf in die Spitze und wieder runter).
Zugegeben, nur weil ich versehentlich die letzten drei Meter im freien Fall bewältigt hatte. Aber ich konnte glaubhaft versichern, daß ich das immer so zu machen pflegte. Mein Renommee im Dorf reichte lange: solange, bis Bäume uninteressant und Mädchen spannender wurden.
Es kann nicht nur an mir liegen, daß mich der Ort des frühen Sieges nicht freudig stimmte. Meine Fichte war dürr geworden, ihre Krone gelichtet. Aufrecht stand sie zwar noch, aber irgend etwas zehrte an ihr. Sie war keine Respektsperson mehr. Sie starb.
Ich wünsche ihr ein Ende ohne Qual. Vielleicht wirft sie ein gnädiger Sturm, so einer wie im November 1972, auf die Flachdachgarage, die ihr auf den Wurzeln steht. Ich wünsche es beiden.
Ich werde die Fichte nun nicht mehr besuchen. Mit Erinnerungen an Siege muß man, wie gesagt, sehr pfleglich umgehen.

Angstpartie

Andreas Hesse schildert den ersten alternativen Spaziergang, der unter seiner Führung im Sachsenwald stattfand.

Nun stehe ich hier und soll ganz alleine eine Waldführung leiten. Werner und Heinz haben die Nase im Moment gestrichen voll – kann ich verstehen. Sie meinen, es sollen endlich auch mal andere aus der Gruppe diese Führungen machen. Aber warum kommen sie gerade auf mich? Gut, irgendwann wollte ich das ja mal tun, aber warum gerade heute? Ich habe Angst, Angst vor diesen sechs Leuten, die sich inzwischen eingefunden haben. Werner meint zwar, daß er mitgeht und mir hilft, wenn's Schwierigkeiten gibt, aber die Angst bleibt. Ich, Andreas Hesse, 21, gelernter Koch und arbeitslos, soll wildfremden Menschen etwas über das Waldsterben erzählen!
Am Wildschweingatter hapert es das erste Mal. Schlagworte schwirren mir im Kopf herum: Lamettaeffekt, Storchennest, Rinden- und Blattnekrose, Rotfäule, Borkenkäfer. Ich fange an zu stottern, weiß eigentlich gar nicht so recht, wo ich anfangen soll. Und sie, die sechs Wißbegierigen und Werner, stehen mit offenen Augen und Ohren da und warten.
Na ja, ist doch ganz einfach, sage ich mir – da hinten steht eine eindeutig geschädigte Fichte – alles ganz klar – das Storchennest, die herabhängenden Seitentriebe, die dünne Benadelung – alles ganz klar, nur mein Mund spielt nicht so recht mit. Hoffentlich erzähle ich nicht zu großen Mist! Werner ist doch dabei – was der wohl denkt?
Hat noch einer Fragen? Um Gottes willen, da fragt doch tatsächlich einer aus dem Publikum, ob denn die Hainbuche dort auch geschädigt sei oder warum sie sonst so schlecht aussieht. Meine Güte! Aber ich sage erst mal ja – das hat auch der saure Regen verursacht, ganz klar – so klar wie vorher schon bei der Fichte. Denke ich! Und ausgerechnet jetzt muß einer

widersprechen. Ein junger Mann, mit blondem Haar, leichter Stirnglatze und Bart, ist der Überzeugung, daß dieser Schaden durch den trockenen Sommer verursacht wurde. Ja – nein – oder, ich stottere wieder mal. Nun kann mir nur noch Diplomatie helfen. Ich höre mich etwas von einer zusätzlichen Schadensursache murmeln. Mein Widersacher bleibt stumm – Gott sei Dank!

Und weiter, immer weiter in den tiefen Wald hinein geht's. Wäre es nicht besser gewesen, am Herd zu bleiben? Vorbei an einem umgestürzten Baum mit typischer Rotfäule. Schaden – sekundär – durch den mistigen Regen verursacht. Vorbei an dem Baum mit der Rindennekrose – welch merkwürdiges Wort, dabei ist doch nur die Rinde aufgeplatzt – so sieht es wenigstens aus.

Da vorne steht eine Eiche mit trockenen Astspitzen in der Krone. Werner – wo ist er? Er steht hinten und redet mit einem, der etwas ganz genau wissen will. Meine Güte, viel Hilfe kommt ja nicht über. Aber ich glaube, ich habe sie auch gar nicht mehr nötig. Ich merke, daß ich jetzt nicht mehr stottere. Die Leute hören mir zu, glauben mir – ein gutes Gefühl!

Wir kommen an einen Platz, an dem eine frisch gefällte, halbtote Fichte liegt. Besseres Anschauungsmaterial kann ich mir nicht wünschen: deutlich sieht man die zu kleinen Nadeln, die zudem noch ganz matt in der Farbe sind. O ja, jetzt läuft auf einmal alles wie geschmiert. Die Menschen stehen da und hören mir zu, und ich kann plötzlich erklären. Es werden kaum noch Fragen gestellt. Anscheinend haben sie alles verstanden.

Auf der Lichtung mit der hübschen alten Eiche im Hintergrund sitzen wir nun schon eine Viertelstunde lang und diskutieren ausgiebig: Was kann man gegen diese ganzen Waldfreveleien machen – wie kann jeder einzelne dem Wald helfen? Und welche Möglichkeiten gibt es, die Industrie zur Entschwefelung ihrer Anlagen zu zwingen. Alle diese Fragen versuchen wir gemeinschaftlich zu beantworten. Es macht Spaß.

Wenn ich heute so an diesen Tag zurückdenke, kann ich mir gar nicht mehr vorstellen, warum ich soviel Angst vor dieser ersten Waldführung hatte. Sicher, Werner hat mir zwar hinterher gesagt, was falsch war oder was ich hätte besser machen können, aber heute sind mir Waldführungen fast so selbstverständlich geworden, als wenn ein Koch gar keine andere Aufgabe hätte.

Und wie's draußen aussieht …

«Der Wald ist ja noch grün!» Leider hört man immer noch diese oder ähnliche Worte von Bürgern, die nicht wissen, daß auch ein «noch grüner» Baum schon todkrank sein kann.
Dabei sind die Symptome für das Waldsterben für jeden sichtbar – wenn man sie erst einmal durch Volker Lange kennengelernt hat!

Beispiel Tanne
Die Tanne ist die vom Waldsterben am stärksten betroffene Baumart. Im Schwarzwald sind nach Schätzungen der dortigen Forstbehörde inzwischen 99 Prozent der Tannen erkrankt, so daß für diese Region ein Aussterben dieses Baumes befürchtet werden muß.
Das auffälligste Merkmal einer kranken Tanne ist das sogenannte Storchennest. Bei dieser Erscheinung wirkt die Krone wie ein aufgesetzter Trichter. Verursacht wird diese «Nest»- oder «Trichter»-Bildung durch ein verlangsamtes Höhenwachstum, während die Seitentriebe wie gewohnt weiter austreiben. Diese Erscheinung, die man bisher nur als Alterserscheinung der Tanne kannte, tritt zunehmend bei immer jüngeren Bäumen auf.
Ein weiteres Anzeichen ist eine deutliche Kronenverlichtung. Gesunde Tannen machen in ihrer Krone einen geschlossenen, dunklen Eindruck. Bei kranken Exemplaren wirkt die Krone licht und durchsichtig, die Äste sind deutlich gegen den Himmel zu sehen.
An einem Zweig eines solchen Baumes kann man den Grund dieser Verlichtung deutlich sehen: Nadelverluste! Während eine gesunde Tanne 10 bis 12 Nadeljahrgänge hat, verliert sie mit fortschreitender Erkrankung ihre Nadeln von innen nach außen, bis die Zweige schließlich vollständig kahl sind.
Auch an gefällten Tannen sollte man nicht achtlos vorübergehen. Ihre Stammscheibe bietet oftmals einen Hinweis darauf, ob hier ein kranker Baum gefällt wurde: den «pathologischen Naßkern».
Der bei der Tanne übliche kreisrunde Naßkern (erkennbar an der etwas

dunkleren Färbung) ufert unregelmäßig aus, oftmals bis in die Ränder des Stammquerschnittes.

Beispiel Fichte

Auch bei der Fichte fand in den Jahren 1982/83 eine dramatische Schadensentwicklung statt. Obwohl wir noch mehr gesunde Fichten als Tannen haben, ist doch der Schadensverlauf weitaus dramatischer, so daß wir mit einem Sterben dieser Baumart in den nächsten zehn Jahren rechnen müssen.

Erkrankte Fichten zeigen ähnliche Merkmale wie die Tannen. Auch hier deutet in erster Linie die zunehmende Verlichtung der Krone auf eine schwere Erkrankung hin. Daneben gibt es jedoch noch einige typische Kennzeichen.

Schon bei jungen und scheinbar noch völlig gesunden Bäumen kann man sogenannte Angsttriebe entdecken. Dies sind zusätzliche Triebe, die hauptsächlich auf der Astoberseite gebildet werden.

Bei Fichten im fortgeschrittenen Krankheitsstadium tritt der sogenannte Lamettaeffekt auf. Deutlich erkennbar hängen dabei die Zweige schlaff von den Ästen nach unten, fast wie das Lametta am Weihnachtsbaum. Dabei verliert der Ast seine Nadeln von innen nach außen, ein Vorgang, der in Zeitraffer aufgenommen wie ein aufgehender Vorhang aussehen würde.

Beispiel Kiefer

Die Kiefer ist erst seit etwa zwei bis drei Jahren vom Waldsterben betroffen. Aber ebenso wie bei der Fichte ist auch bei ihr die Schadensentwicklung erschreckend rasant.

Für den Spaziergänger am besten zu beurteilen ist der Zustand einer Kiefer durch die Anzahl der Nadeljahrgänge. Ein gesunder Baum muß drei bis vier Nadelgenerationen tragen, bei Erkrankung werden die älteren Jahrgänge vorzeitig abgestoßen. Die Krone sieht dann unnatürlich licht aus, die verbliebenen Triebe heben sich gegen den Himmel deutlich ab.

Ein weiteres Kennzeichen ist eine unnatürliche graugrüne Farbe der Nadeln. Gegenüber einem gesunden Baum, dessen Krone eine kräftige blaugrüne Färbung hat, wirkt ein erkrankter matt und stumpf, wie mit Zement überstäubt.

Sehr unnatürlich ist es auch, wenn eine Kiefer noch grüne Nadeln abwirft. Besonders Ameisenhaufen können einem ein gutes Bild vermitteln, wie stark ein Bestand gefährdet ist. Wenn Sie das nächste Mal einen solchen Insektenbau sehen, der über und über mit grünen Nadeln bedeckt ist, dann schauen Sie sich einmal die Bäume in seiner näheren Umgebung genauer an!

Beispiel Buche

Das Buchensterben ist ebenfalls eine noch relativ neue Erscheinung, breitet sich aber in zunehmendem Maße in Deutschland aus.

Eine erkrankte Buche ist ein trauriger Anblick. Schon im Juni beginnt der Baum seine Blätter abzuwerfen, so daß in stark geschädigten Beständen der Boden oft mit grünen Blättern übersät ist. Ohne die übliche Herbstverfärbung verlieren solche Bäume bis Ende September ihr gesamtes Laub.

Aufmerksam sollte man auch werden, wenn man Buchenblätter entdeckt, die neue und völlig ungewohnte Formen angenommen haben. Manche Blätter rollen sich eng zusammen, andere bekommen einen gezackten Blattrand, wieder andere klappen die Blatthälften nach oben. Es bedarf wohl keiner Erwähnung, daß dürre und abgestorbene Kronen ebenfalls ein höchstes Alarmzeichen sind.

Mit dieser Schadensbeschreibung können wir nur einen kleinen Eindruck davon vermitteln, welche Erscheinungsformen das Waldsterben annehmen kann. Wer sich weiter informieren möchte, sollte sich an sein zuständiges Forstamt oder an eine ortsansässige Umweltschutzgruppe wenden und sich einmal einen Termin für eine Waldführung geben lassen.

Nach dem Wald

Da es den meisten Wissenschaftlern an Mut, Wut und Phantasie fehlt, die Ursachen und vor allem die Folgen des Waldsterbens zu benennen, haben wir Christof Bosch gebeten, naheliegende Schlüsse zu ziehen. Er beschreibt, was auf uns zukommt, wenn der Wald endgültig zugrunde gegangen ist. Gegen diese Visionen sind die apokalyptischen Reiter Pferdepfleger im ersten Lehrjahr.

Niemand wagt heute zu sagen, wie die Wälder Mitteleuropas die nächsten Jahrzehnte überstehen werden. Der Wald als relativ natürliches und extrem differenziertes Ökosystem entzieht sich unseren Versuchen, seinen Zustand exakt zu erfassen und seine Reaktionen im Labor zu analysieren. Unsere Erfahrung mit den Erscheinungen des Waldsterbens ist zu kurz, als daß verläßliche Prognosen über die Entwicklung möglich wären.

Eines ist sicher: Die Wälder Europas sind heute in ihrer Existenz gefährdet. Sie können sich den Lebensbedingungen der industrialisierten Welt kaum anpassen und weichen unter dem Ansturm von Luftverschmutzung und Landhunger unserer Zivilisation immer weiter zurück. Wo die Wälder in naturfremde Monokulturen verwandelt werden und sich die Waldbewirtschaftung an technischen statt an ökologischen Vorstellungen orientiert, erleiden sie eine Zerstörung von innen: Aus Wäldern werden Baumplantagen.

Wir müssen uns entscheiden, was wir für den Wald tun wollen. Damit ist die Frage nach seinem Wert, nach seiner Bedeutung für uns gestellt. Und für die Beantwortung dieser Frage ist es notwendig, darüber nachzudenken, wie sich Europa verändern würde, wenn seine Wälder vernichtet wären.

Ungefähr ein Drittel Europas ist bewaldet. In diesem Drittel lebt heute der überwiegende Teil der nicht umgezüchteten oder ausgerotteten Tier- und Pflanzenarten unserer Zone. Diese Lebewesen verschwinden mit ihrem Lebensraum Wald. Nicht nur die einzelnen Individuen sind dann vergiftet, überfahren oder verhungert, sondern die Arten selbst sind tot. Das Erbgut der Arten existiert nicht mehr, das sich in Jahrmillionen als ein nahezu unerschöpfliches Reservoir von Lebensmöglichkeiten gebildet hat. Die Ausrottung von Arten ist kein ethisches Problem der Gegenwart, sondern auch ein wissenschaftliches und wirtschaftliches Problem der Zukunft. Pflanzenzüchtung und Medizin sind auf die Möglichkeit angewiesen, mit den Eigenschaften vieler, in sich differenzierter Arten zu arbeiten. Auch wenn es der Gen-Technik möglich ist, Erbanlagen nach Gutdünken neu zu kombinieren, ist es trotzdem für alle Zukunft unmöglich, Erbanlagen neu zu erschaffen.

Wenn der Wald stirbt, betrifft das nicht nur die Organismen, die in seinem Inneren leben, sondern alle Lebewesen seines Einflußbereiches. Der Wald wirkt als ausgleichender Faktor: Sturm wird gebremst, Wasser gespeichert, Temperaturextreme werden gemildert. Lärm wird gedämpft, Staub aufgefangen, und Schadgase werden aus der Luft gefiltert.

Sturm wird gebremst: Der Wald besitzt eine extrem rauhe Oberfläche, die Bäume schwanken im Wind und nehmen dadurch die Energie des Windes auf, so daß eine wesentliche Beruhigung der untersten, für das Leben entscheidenden Luftschichten eintritt. Bodenerosion, Minderleistungen der landwirtschaftlichen Pflanzen, Schäden an Gebäuden und an technischen Einrichtungen sind die Folge. Die Zahl und Schwere von Sturmkatastrophen nimmt zu.

Wasser wird gespeichert: Sauberes Quellwasser ist heute schon eine Mangelware. Der Bedarf an Wasser steigt ständig. Die Wasserversorgung vieler Städte muß deshalb auf wiederaufbereitetes Wasser schwankender Qualität, auf Uferfiltrat verunreinigter Flüsse, auf Grundwasser oder auf weit entfernte Quellgebiete zurückgreifen. Fast alle noch intakten Wassereinzugsgebiete liegen im Wald. Landwirtschaftliche Gebiete schädigen ihre Sickerwässer durch Überdüngung – insbesondere durch Stickstoff –, so daß sie diese Funktion nicht mehr erfüllen können. Stirbt der Wald, wird es kein gesundes Quellwasser mit geringer Schadstoffbelastung mehr geben. Energieaufwendige, störanfällige und teure Ersatzmaßnahmen müssen getroffen werden, die aber nie eine entsprechende Wasserqualität erreichen können und deren Folgeschäden unter Umständen hoch sind. Grundwasserabsenkung steht dabei an erster Stelle.

Nicht nur die Qualität des Wassers vermindert sich, auch die Gleichmäßigkeit der Wasserspende geht zurück. Wie ein Schwamm saugt der lockere und humusreiche Waldboden das Wasser der Niederschläge auf und gibt es langsam und gleichmäßig an das Grundwasser weiter. Dies ist nicht nur für die Trinkwasserquellen wichtig, sondern auch für den gesamten Wasserhaushalt. Flußbegradigungen, Bodenabdichtung durch Überbauung und Bodendrainage führen zu einem immer rascheren Abfließen des Niederschlagwassers aus den Wassereinzugsgebieten. Zunehmende Überschwemmungen an den Mittel- und Unterläufen der Flüsse sind die Folge. Wie sich insgesamt Niederschlagshäufigkeit und Niederschlagsmenge verändern, ist noch unklar. Wahrscheinlich aber steigt die Unregelmäßigkeit der Niederschläge, und Trockenperioden wechseln mit sintflutartigen Starkregen.

Für Gebirgsgegenden sind die Auswirkungen der Entwaldung auf den Wasserhaushalt besonders fatal. Ein Zusammenbrechen der Schutzwälder wird die Lawinengefahr so stark steigern, daß viele Siedlungsgebiete aufgegeben werden müssen und Täler für den Verkehr unpassierbar werden.

Als zu Beginn des 19. Jahrhunderts die Holznutzung in den Alpen zur Entwaldung einiger Gebiete führte, ließen die Folgen nicht lange auf sich warten:

1806 wurden durch einen Bergsturz vier Dörfer verschüttet, 450 Menschen kamen um.

1807 wurde das Nollatal von Geröllmassen überschwemmt. Es wurde zur «Ödung, ein unfruchtbares Meer von Steintrümmern und Kiesmassen, unter denen auf mehr als drei Stunden Länge die schönsten, die reichsten Felder begraben sind».

Graubünden, Tessin und Wallis, das Emmental, die Täler des Rheins und der Rhône wurden in den folgenden Jahrzehnten von Zerstörungen heimgesucht, wie sie noch nie an Häufigkeit und Ausmaß eingetreten waren. Im Department Basses Alpes gingen in zehn Jahren 25 Prozent der Kulturfläche durch Wassererosion verloren.

Der Einstellung des Raubbaus und großen Aufforstungen ist es zu verdanken, daß diese Entwicklung damals wieder zum Stillstand kam.

Der Wald mildert Temperaturextreme: Durch die hohe Verdunstungsleistung bleibt der Wald auch bei starker Sonneneinstrahlung relativ kühl. Nachts mindert das Blätterdach die Wärmeabstrahlung und hält damit die bodennahe Luftschicht warm. So gestalten Parks und stadtnahe Wälder das Stadtklima erst erträglich.

Die ausgleichenden Wirkungen des Waldes auf unseren Lebensraum

gehen aber noch weiter: Bis zu einem gewissen Grad schützt der Wald uns vor den Auswirkungen unserer eigenen Zivilisation. Er reinigt die Luft, indem er mit der Oberfläche seiner Blätter, Nadeln und Zweige Stäube aus der Luft ausfiltert und Schadgase aufnimmt. Er bindet – jedenfalls als Wirtschaftswald – Kohlendioxid, jenen Stoff, dessen allmähliche Anreicherung in der Atmosphäre zu langfristiger Erwärmung des Klimas führen kann. Der Wald dämpft Lärm und versteckt ungezählte Häßlichkeiten unserer Kulturlandschaft.
Aber auch die wirtschaftlichen Folgen des Todes der Wälder werden schwerwiegend sein. Das Holz der Wälder ist die wichtigste sich selbst regenerierende Rohstoff- und Energiequelle. Es ist als Baustoff ebenso unersetzlich wie als Grundstoff vieler Produkte, denen man ihre Herkunft aus dem Wald kaum mehr ansieht, zum Beispiel Papier oder Cellophan. Holz nachhaltig, also gleichgewichtig zu nutzen, ist derzeit die einzige ökologisch sinnvolle Alternative zum Raubbau an Kohle, Erdöl und Erdgas.
Wenn der Wald verschwindet, werden die Folgen unserer Lebensweise nackt und ungeschönt vor uns stehen. Europa wird zu einer Mondlandschaft. Die aufgezählten Effekte – einzeln schon schlimm genug – steigern sich gegenseitig. Besonders die Bodenerosion, angetrieben durch Wind, Wasser und Lawinen, nimmt ungeheure Formen an. Sandstürme tragen den Mutterboden ab und verwehen ihn zu Dünen, wo ihn nicht eine Steppenvegetation notdürftig zusammenhält.
Entwaldete Gebiete in aller Welt, die Karstlandschaften des Mittelmeerraumes, Wanderdünen in den Heidegebieten (ebenfalls durch Übernutzung zerstörte Wälder) und Bodenverluste in vielen intensiv genutzten Ackerbaugebieten ohne Windschutz zeigen die Richtung der Entwicklung.
Technische Maßnahmen zur Hochwasserbekämpfung werden in viel größerem Umfang notwendig. Viele Seen verlanden durch die eingespülte Erde und durch Überdüngung.
Die Glocke aus Dunst und Staub, die heute schon oft über den Städten liegt, wird sich über das ganze Land spannen. Die Gesamtheit der Folgen einer Entwaldung Europas ist noch unabsehbar, aber das eine können wir sagen: Europa ist von Natur aus bewaldet, und wenn es uns Menschen nicht gelingt, mit dem Wald zusammenzuleben, Land, Luft und Wasser mit ihm zu teilen, dann wird es auch für uns keinen Raum mehr geben, *in dem das Leben lebenswert ist*.

Die kranken Kinder von Borbeck

Eine Mutter aus dem Ruhrgebiet berichtet über eine neu sich verbreitende Kinderkrankheit – den Pseudokrupp. Diese lebensgefährliche Smogseuche grassiert vorwiegend unter Kleinkindern. In Essen – so ergab es die Umfrage einer Elterninitiative – ist jedes sechste Kind davon betroffen.

Großborbeck ist ein nördlicher Stadtteil Essens, der an die Emscherniederung grenzt. Die Emscherniederung ist ein Industriegürtel, der sich von Duisburg bis Herne durch das Ruhrgebiet zieht. In dieser Region haben sich Stahlwerke, Kokereien, Aluminiumhütten, Müllverbrennungsanlagen und Kraftwerke angesiedelt. Jede zweite Nacht – so besagt es die Statistik – herrschen sogenannte austauscharme Inversions-wetterlagen vor, bei denen sich die Abgase der verschiedenen Werke zu einer giftigen Wolke vermischen und als Dunstglocke über uns stehenbleiben. Nicht selten kommt es vor, daß wir aus dem Haus treten und denken, uns bleibt die Luft weg. Vor allem bei feuchtem, kaltem Wetter reagieren viele Bürger Großborbecks so: «Nichts wie weg hier, irgendwo in den Süden Essens, um mal wieder richtig durchatmen zu können.»

Die Luftverschmutzung unserer Region hatten wir natürlich schon bemerkt, bevor unser Sohn Kalle im Dezember 1980 geboren wurde. Doch für sich selbst steckt man so etwas eher weg. Das ändert sich, wenn das eigene Kind betroffen ist. Anfang April 1981, Kalle war drei Monate alt, erschreckten mich unbekannte Geräusche aus dem Kinderzimmer. Eine Art Bellen, das ich zuerst gar nicht meinem Kind zuordnete, dann ein pfeifendes Rasseln, das deutlich durch die geschlossene Tür drang. Ich hörte mir das völlig unbedarft dreimal an und stürmte dann in panischer Angst zu dem Kind. Ich wußte nicht, was es sein könnte, aber in mir wuchs die Angst, das Baby stirbt mir in meinen Armen weg. Es war Samstag nacht, ungefähr 23 Uhr. Der Notarzt forderte mich auf, sofort mit dem Kind in die Praxis zu kommen, nachdem er das Atemgeräusch am Telefon gehört hatte. Ich sollte auf keinen Fall Zeit verlieren, es könnte Lebensgefahr bestehen.

Das war Kalles erster Pseudokruppanfall.

Der Sommer ließ Kalle Zeit, etwas älter zu werden. Mit dem Herbst kam der zweite Pseudokrupp, den ich aber besser beherrschen konnte, da ich jetzt Bescheid wußte und Cortisonzäpfchen im Haus hatte, die ich dem Kind nach telefonischer Rücksprache mit dem Arzt verabreichte. Doch von nun an rissen die Krankheiten ein ganzes Jahr nicht mehr ab. Das Kind litt den ganzen Winter an starkem Husten, so stark, daß es sich dabei fast täglich übergeben mußte. Dazwischen kamen dicke eitrige Infekte. Den Höhepunkt erreichten wir Ende 1982, nach einem heißen, im Ruhrgebiet beinahe unerträglichen Sommer, dem ein dunstiger, verregneter Herbst folgte. Von Mitte September bis Ende Oktober hatte unser Sohn jedes zweite Wochenende Atemnot, die jedesmal mit starken Medikamenten behandelt werden mußte.

Das sah so aus: Kalle war den ganzen Tag über munter und gesund, er schlief gegen 20 Uhr problemlos ein. Zwischen 22 und 23 Uhr setzte dann der Husten ein. Obgleich ich ihm jedesmal sofort Zäpfchen gab, steigerte sich der Husten im Laufe der Nacht so, daß das Kind praktisch keine Luft mehr bekam und völlig verängstigt nach uns Eltern weinte. Die Atmung war flach wie die eines Langstreckenläufers, beim Einatmen hörten wir ein pfeifendes Ziehen. Wir konnten keine Minute von seiner Seite weichen, sonst regte er sich so auf, daß sich die Atemnot noch verschlimmerte.

Wer mehrere solcher Nächte hintereinander durchgemacht hat, der bekommt große Angst um sein Kind, aber auch immer mehr Wut auf die Verursacher, die er vor seiner Haustür sehen und riechen kann. Diese Wut haben wir versucht in Kraft umzusetzen, um gegen die Luftverschmutzung vorzugehen.

Als wir wieder einmal nach einer durchwachten Nacht die Praxis unseres Kinderarztes, Dr. Bertold Mersmann, aufsuchten, war uns die Verzweiflung wohl noch deutlich anzumerken. Ein gewohntes Bild für den Arzt. Er kannte das. Dr. Mersmann beobachtete schon seit 1980, daß die Atemnotfälle in seinem Praxisbereich anstiegen. Nachdem die Gesundheitsbehörde auf seine Warnungen nicht reagierte, sie als Hirngespinste dargestellt hatte, wandte er sich an die Öffentlichkeit. Das hat vielen Eltern die Augen geöffnet. Die Behörden dagegen wiegelten ab und verharmlosten. Als der Arzt nicht lockerließ, sollte im Oktober 1982 über ihn ein Tribunal abgehalten werden.

Der Ausschuß für Gesundheit und Umwelt des Rats der Stadt Essen lud zu einer öffentlichen Sitzung im Bürgerzentrum Schloß Borbeck ein. Zu dieser Sitzung wurden auch elf Experten gebeten. Bei acht von ihnen war schon vorher klar, wie sie Stellung beziehen würden.

Es waren Kinderärzte aus Essen, die sich schon vorher gegen ihren unbequemen Kollegen ausgesprochen hatten, allen voran Professor Stephan von der Essener Kinderklinik, der Dr. Mersmann die Fähigkeit bestritt, einen Pseudokrupp zu erkennen.

Auch von Dr. Scholl, dem Vertreter der Landesanstalt für Immissionsschutz, wußten wir, daß er das Problem der Luftverschmutzung im Essener Raum herunterspielen würde, ebenso verhielt es sich mit Dr. Wackernagel, den der Regierungspräsident aus Düsseldorf geschickt hatte, mit Frau Dr. Funke aus dem Ministerium Arbeit, Gesundheit und Soziales und mit dem Gesundheitsdezernenten Gabriel, der durch einen besonders hinterhältigen Trick auffiel. Davon wird noch die Rede sein.

Auf dieser Sitzung sollte einem kritischen, unbequemen Arzt der Garaus gemacht werden. Gleichzeitig hielt sich das Gerücht, es liefe gegen

ihn ein Ausschlußverfahren der Ärztekammer, das seine Existenz zu ruinieren drohte. Damit waren wir, die Eltern, auf den Plan gerufen.
Wir und unser Arzt – nicht die geladenen Herren – waren die Experten, die aus bitterer Erfahrung wußten, worum es ging. In kürzester Zeit mobilisierten wir mehrere hundert Eltern mit ihren Kindern. Wir hatten zwar kein Rederecht, aber unsere Transparente und unser Auftreten führten eine deutliche Sprache. Unsere Kinder trugen Lätzchen, auf denen stand «Ich hatte Pseudokrupp» oder «Ich bin ein Krupp-Kind». Über dreißig Kinder (mehr Lätzchen hatten wir nicht) liefen als lebende Beweise durchs Borbecker Schloß.
Die Vorwürfe gegen Dr. Mersmann gingen so weit, daß man ihm unterstellte, er könnte einen Pseudokrupp nicht von einem normalen Husten unterscheiden. Herr Gabriel, der Dezernent des Gesundheitsamtes, hatte zudem bei sieben Essener Krankenkassen nachgefragt, wie viele Pseudokrupp-Behandlungen Dr. Mersmann in der fraglichen Zeit abgerechnet hat. Er kam auf 29. Dr. Mersmann hatte jedoch in der Öffentlichkeit von ungefähr 200 gesprochen.
Des Rätsels Lösung: Die Praxis Mersmann rechnet pro Quartal nicht mit sieben, sondern mit ungefähr 110 Krankenkassen ab. Mit solch billigen und schmutzigen Tricks versuchte man also, diesen Arzt zu erledigen.
Auf dieser Sitzung sammelten wir 80 Unterschriften von Leuten, die bereit waren, gegen diese Unterstellungen und für eine bessere Luft in Borbeck zu kämpfen. Zu einem kurz darauf einberufenen Treffen kamen über 50 Eltern, das war die endgültige Geburtsstunde der «Elterninitiative Pseudokrupp».
Seitdem treffen wir uns regelmäßig. In verschiedenen offenen Briefen forderten wir die Stadtverwaltung, den Oberbürgermeister Katzor und den Landesminister für Arbeit, Soziales und Gesundheit Farthmann auf, sich zu unseren Sorgen zu äußern. Die Antworten waren immer gleich: freundlich im Stil, ablehnend in der Sache. Bei unseren Zusammenkünften informierten wir uns über die Umweltsituation und über wissenschaftliche Arbeiten zum Thema Gesundheit und Umwelt. Bei einer Veranstaltung, zu der wir die Vorsitzende Frau Becker-Inglau und ihren Stellvertreter Dr. Görgens vom Ausschuß für Umwelt und Gesundheit einluden, forderten wir noch mal, daß es nun an der Zeit sei, die Verharmlosung unseres Problems zu beenden, daß endlich kontinuierliche Messungen durchgeführt und die Ergebnisse veröffentlicht

werden müßten. Das Fazit all unserer Bemühungen ergab jedoch, daß wir unsere Sache in die eigene Hand nehmen müssen. Bei den Politikern ist sie schlecht aufgehoben.

Unsere Aktion im Schloß Borbeck und unsere Initiativgründung danach trugen dazu bei, Dr. Mersmann, der bis dahin als Einzelkämpfer wirkte, vor der Gesundheitsbehörde zu schützen. Wir machten deutlich, daß eine große Zahl von Eltern hinter ihm stand. Hinzu kam, daß sich sieben Essener Kinderärzte nach der Anhörung hinter Dr. Mersmann stellten und ebenfalls regelmäßige Messungen der Luftverschmutzung forderten.

Beim ersten Treffen der Elterninitiative spielte der Informationsaustausch eine große Rolle. Ich merkte, daß zahlreiche Eltern mit ihren Kindern dieselben oder noch schlimmere Erfahrungen machen mußten als mein Mann und ich. Da waren Eltern, die bereits fünf- bis sechsmal ihre Kinder ins Krankenhaus einliefern mußten, wo sie stationär behandelt wurden. Wir hörten von einem fünfjährigen Kind, das schon zehn heftige Pseudokrupp-Anfälle in seinem Leben durchgemacht hat. Es gibt Eltern in Borbeck, die im Winter vorsorglich jede Nacht kalte, feuchte Tücher im Kinderzimmer aufhängen. Medizinische Fachbücher und manche Kinderärzte raten, man solle sich mit dem Kind ans offene Fenster stellen, weil die kalte Nachtluft die Schwellung des Kehlkopfes lindere. Eine Mutter, die dies machte, erlebte dabei, wie der Anfall immer schlimmer wurde, denn was in Regionen mit sauberer Luft sinnvoll ist, kann hier bei uns in Borbeck tödlich enden.

Pseudokrupp ist eine Schwellung des Kehlkopfes, die zu akuter Atemnot und einem bellenden, krampfartigen Husten führt. Die schnelle Schwellung des Kehlkopfes kann im Extremfall den Erstickungstod des Kleinkindes verursachen. Früher wurde bei einem Pseudokrupp-Anfall oft ein Kehlkopfschnitt gemacht, um das Kind künstlich zu beatmen. Heute kann man die Schwellung durch Cortisonpräparate abklingen lassen. Diese Mittel sind schwere Geschütze, besonders für Säuglinge und Kleinkinder, dennoch benutzen sie die meisten Eltern und geben ihr Kind nur im äußersten Notfall ins Krankenhaus, wo die Kinder unter einem Sauerstoffzelt mit kalter, feuchter Luft beatmet werden. Es ist erwiesen, daß Krankenhausaufenthalte für Kleinkinder sehr problematisch sind. Cortison hat den Pseudokrupp beherrschbarer. gemacht. Trotzdem trauen sich Pseudokrupp-Eltern abends kaum aus dem Haus. Man weiß nie, wann der nächste Anfall kommt, und fürchtet, daß ein

Babysitter mit diesen so plötzlich auftretenden Anfällen überfordert ist.
Immer wieder mußten wir uns fragen lassen, wo die Beweise für unsere Behauptung seien, daß vergiftete Luft die Krankheit unserer Kinder verursache. Ein entscheidender Zusammenhang zwischen Luftverschmutzung und Pseudokrupp wurde jedoch schon 1972 von einem Ärzteteam der Frankfurter Uni-Kinderklinik festgestellt.
Hier kurz zusammengefaßt die Ergebnisse:
Bei einer dreistündigen Belastung mit 0,17 bis 0,21 Milligramm Schwefeldioxid (SO_2) pro Kubikmeter Luft werden verstärkt Pseudokrupp-Fälle ausgelöst.
Bei einer Verunreinigung der Luft mit 0,17 mg Staub pro Kubikmeter tritt ebenfalls Pseudokrupp auf.
Staub bindet die Verunreinigungen der Luft, zum Beispiel SO_2. Diese Verbindung kann besonders verhängnisvoll für unsere Kinder sein.*
Diese Untersuchung war lange Zeit das einzige wissenschaftliche Material, das zu diesem Thema veröffentlicht wurde. Doch im Mai 1983 fand in Siegen eine Tagung der Vereinigung Rheinisch-Westfälischer Kinderärzte statt, auf der das Thema Atemwegserkrankungen und Umwelteinflüsse breit diskutiert wurde. Auf dieser Tagung kam ans Licht, daß Ärzte aus Berlin, Darmstadt, Mannheim und Duisburg dieselben Beobachtungen wie in Borbeck gemacht hatten.
Ein Arzt aus Essen, der zu diesem Thema seine Doktorarbeit vorbereitete, konnte sie nicht an seinem Wohnort Essen machen, weil die örtlichen Behörden jede Unterstützung verweigerten. Er mußte nach Duisburg ausweichen, wo ihm Ärzte und die städtischen Behörden das notwendige Material für seine Untersuchungen zur Verfügung stellten. Auch seine Arbeit ergab, daß in Gebieten mit höherer Schwefeldioxid- oder Schwebstaubbelastung deutlich mehr Kinder an Pseudokrupp erkrankten als in Reinluftgebieten. Ebenso wurde statistisch nachgewiesen, daß an Tagen mit SO_2-Belastungen über 0,2 Milligramm pro Kubikmeter Luft deutlich mehr Kinder an Pseudokrupp erkrankten.
Eine weitere Untersuchung belegt den Zusammenhang zwischen Luftverschmutzung und Pseudokrupp. Sie stammt von Professor Dr. Wemmer, dem Direktor der Städtischen Kinderklinik in Darmstadt, der das

* Alle Angaben entstammen dem *Deutschen Ärzteblatt*, Heft 48 vom 30.11.1972; Untersuchung von Bender, Jaklin, Emmerich und Emmerich.

Auftreten von Krupp-Fällen in den vergangenen Jahrzehnten in den Städten Darmstadt, Mannheim und Freiburg erforschte.

Hier eine Zusammenfassung seiner Ergebnisse:
Alle untersuchten Städte liegen im Oberrheingraben und besitzen somit vergleichbare Wetter- und Klimabedingungen. Andererseits handelt es sich um Städte mit unterschiedlich starker Luftverschmutzung. Die Untersuchung ist deswegen von besonderem Interesse, da immer wieder, auch von Ärzten, behauptet wird, Krupp-Fälle seien vor allem wetterbedingt, die Luftverschmutzung spiele höchstens eine untergeordnete Rolle.
Die Untersuchung von Prof. Dr. Wemmer zeigt einen deutlichen Zusammenhang zwischen dem Auftreten von Krupp-Fällen und Luftverschmutzung durch Schwefeldioxid, Stickoxid und Feinstaub für alle drei Städte. Ein Zusammenhang mit Witterungsbedingungen (z. B. Inversions-Wetterlagen, Windstille, Tiefdrucklagen) läßt sich dagegen nur für die stark luftbelasteten Städte Mannheim und Darmstadt, jedoch nicht für das vergleichsweise geringer belastete Freiburg feststellen.
Das gehäufte Auftreten von Krupp-Fällen wird zwar durch bestimmte Witterungsbedingungen verstärkt, aber nur, wenn bereits eine hohe Luftverschmutzung herrscht. Die Luftverschmutzung ist damit ursächlich für Krupp-Fälle, während Witterungseinflüsse nur die Rolle eines Verstärkers spielen.
Wie aber wirken diese und andere krankmachende Stoffe langfristig auf Menschen? Wie steht es um die Gesundheit eines Erwachsenen, der in seinen ersten vier Lebensjahren an Pseudokrupp litt? Die Antwort, die sich abzeichnet, ist furchterregend. Ein Borbecker Arzt sagt dazu: «Es gibt eine Reihe von Untersuchungen über die Belastungen in diesem Raum. Die Universität Essen führte eine Arbeit über die Belastung des Mutterkuchens durch: Wir haben im Ruhrgebiet eine Schwermetallbelastung von 74,25 Mikrogramm pro Gramm gegenüber 18,8 Mikrogramm pro Gramm in Reinluftgebieten. Nehmen wir die Krebsbelastung, die wir hier haben, vor allem bei Lungen. Die ist entschieden höher als in Reinluftgebieten. Wir wissen zum Beispiel, daß zwischen 1971 und 1980 in Nordrhein-Westfalen die Zahl der Krebstoten von 39400 auf 41100 pro Jahr zugenommen hat. In Duisburg leben die Frauen durchschnittlich ein Jahr, die Männer zwei Jahre kürzer.»

1955 starben in unserem Bundesland pro 100000 Einwohner 45,9 Männer an Lungenkrebs, 1975 waren es bereits 76,9.
Diese Untersuchungen und Erkenntnisse werden von den zuständigen Stellen einfach nicht wahrgenommen. Man kennt diese Haltung von den Auseinandersetzungen um das Waldsterben. Jahrelang hörten wir, man müßte erst einmal die wirklichen Ursachen erforschen, bevor man etwas unternimmt. Wie sich diese Politik auf unsere Wälder ausgewirkt hat, spüren wir jetzt immer deutlicher. Soll es unseren Kindern ebenso ergehen? Wenn es nach dem zuständigen Minister Farthmann geht, wohl schon. Er hat jetzt eine Untersuchung angeordnet, die über ein Jahr laufen soll, in dieser Zeit soll aber wohl nichts geschehen. Unserer Meinung nach gilt es, jetzt zu handeln.
Als Dr. Mersmann im November 1980 an zwei aufeinanderfolgenden Freitagen einmal vier und einmal 17 Atemnotfälle behandeln mußte, die alle zwischen 21 und 23 Uhr auftraten, vermutete er das erste Mal, daß eine Luftverschmutzung die Ursache dieser Erkrankungen sein müßte. Er wandte sich an das Gesundheitsamt und bat um die Ergebnisse der Schadstoffmessungen für diesen Zeitraum. Die Auskunft war deutlich: Nach 16 Uhr, sagte das Amt, würden keine Messungen mehr durchgeführt. Das war nur die halbe Wahrheit. In Wirklichkeit gab es zu dieser Zeit noch zwei automatische Meßstationen mitten in der Emscherniederung, und zwar in unmittelbarer Nähe einer Aluminiumhütte.
Als die Umweltschützer 1982 von diesen Meßstationen erfuhren, ließ sie der Gesundheitsdezernent kurzerhand abbauen. Offiziell haben wir die Werte nicht bekommen, uns liegen jedoch Werte dieser Meßstationen aus dem Jahre 1980 vor, die zeigen, welch katastrophale Zustände in dieser Region herrschen.
Ergebnisse aus automatischen Stationen können für die Verantwortlichen sehr unangenehm sein, vor allem, wenn sie den Bürgern bekannt werden. Sie registrieren Werte, die jede halbe Stunde ermittelt werden. Spitzenbelastungen, wie sie die Grafik zeigt, können auf diese Weise genau nachgewiesen werden.
Die Ergebnisse, die uns die Landesanstalt für Immissionsschutz jedes Jahr vorlegt, sind dagegen nur Mittelwerte, die von stark und weniger stark belasteten Meßpunkten stammen, Grenzwertüberschreitungen an stark belasteten Meßpunkten zeigen sie also nicht auf.
Die Ermittlung des Langzeitwertes geschieht durch jährlich dreizehn

Beide Schaubilder zeigen die Werte des Meßpunktes **Gerscheder Weiden** im Jahr 1980 für SO_2

Erreichen bzw. Überschreiten des Langzeit-Grenzwertes **während 6 Monaten** des Jahres 1980!

Überschreitung des Kurzzeit-Grenzwertes **während aller 12 Monate** des Jahres 1980!

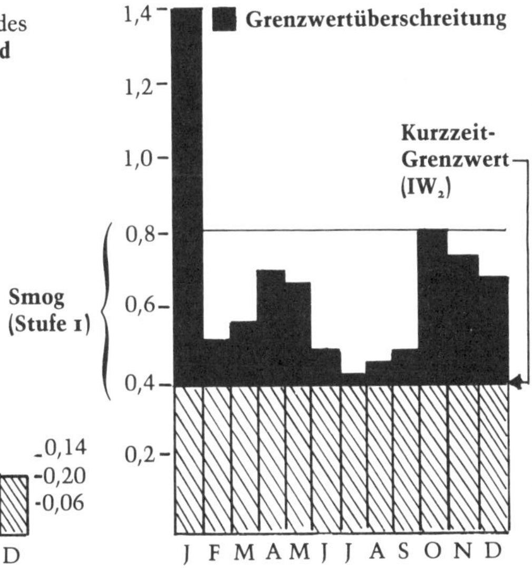

Das Schaubild zeigt die SO_2-Belastungswerte, die 1980 im Groß-Borbecker Raum durch die automatische Meßstation in den Gerscheder Weiden gemessen wurden. Diese von der Stadt Essen betriebene automatische Meßstation wurde inzwischen, ebenso wie die in der Ostuferstraße, mit fadenscheinigen Begründungen **abgebaut und nicht wieder installiert!** Selbst wenn man sich an den eher «weichen» Werten der TA-Luft orientiert, ergeben sich **erhebliche Überschreitungen sowohl des Langzeit- wie des Kurzzeitwertes.** 1981 sah kaum anders aus: Der Pseudo-Krupp auslösende Wert von 0,17 mg/m³ wurde von der landeseigenen automatischen Meßstation in Altendorf sogar mehrere Male als Monats-Durchschnittswert ermittelt! Die Gesamtbelastung der Luft wird dadurch noch erheblich verschärft, daß der Essener Norden auch in bezug auf die Staub-Belastung mit an der Spitze im Ruhrgebiet liegt.

Messungen von je zehn Minuten Dauer. Es werden also insgesamt nur zwei Stunden von 8760 Stunden, die das Jahr hat, wirklich erfaßt. Hinzu kommt, daß die verursachenden Betriebe wissen, wann in ihrer Nähe gemessen wird, so daß sie sich darauf einstellen können.

Wir fordern deshalb in einem Bürgerantrag, den über 450 Borbecker unterschrieben, die Stadt auf, die automatischen Meßstationen bei der Aluminiumhütte wieder aufzustellen und die Meßergebnisse bekanntzugeben!

Aber auch die Landesregierung handelt: Sie subventioniert mit 56 Millionen Mark Steuergeldern dieses Aluminiumwerk. Damit sollen wohl die unzumutbaren Belastungen der Arbeitsplätze an den Öfen saniert werden.

Zur Zeit sehen wir, wie ein 180 Meter hoher Kamin in den Himmel wächst. Er wird kein Gramm Schwefeldioxid zurückhalten, dafür aber seine Schadstoffe, vor allem das hochgiftige Phenol, weit über Land und Leute verteilen und damit Essens Beitrag zum Waldsterben leisten.

Auch der Umbau der Müllverbrennungsanlage Karnap war zuerst ohne Entschwefelungsanlage geplant. Die städteübergreifenden Aktivitäten der Essener und Bottroper Umweltschützer haben jetzt offensichtlich erreicht, daß doch entschwefelt werden soll.

Wir haben rechtzeitig erkannt, daß wir uns nicht mit Maßnahmen zufriedengeben dürfen, die unsere unmittelbare Umgebung entlasten würden. Wir müssen uns dafür einsetzen, daß der Dreck möglichst vollständig aus den Abgasen verschwindet, daß die Politik der hohen Schornsteine endgültig ein Ende hat. Unsere Kinder und der Wald kranken an denselben Ursachen. Wir müssen sie gemeinsam bekämpfen.

Da wird noch einiges auf uns zukommen!

Der Kieler Toxikologe Otmar Wassermann gehört zu den kostbaren Ausnahmen deutscher Wissenschaftler: Er redet Klartext. Volker Lange befragte ihn über die Wirkung von Schwefeldioxid, Stickoxiden und Kohlenmonoxid auf den Menschen. Sein Fazit: Nur ein ganz kleiner Teil der bekannten Schadstoffe wird gemessen und kontrolliert. Das Risiko, dem wir ausgesetzt sind, kann deshalb in keiner Weise abgeschätzt werden.

ROBIN WOOD: In den letzten Monaten ist die Gefährlichkeit von Luftschadstoffen nicht zuletzt auf Grund des Waldsterbens in der Öffentlichkeit diskutiert worden. Können Sie als Toxikologe abschätzen, welche Schadstoffe bei Verbrennungsprozessen entstehen?

PROF. WASSERMANN: Bei dem Begriff «Verbrennungsprozeß» muß deutlich zwischen den einzelnen technologischen Möglichkeiten unterschieden werden: Beim Auto haben wir Verbrennungsprozesse ebenso wie bei Haushaltsheizungen oder bei der Industrie. So unterschiedlich die Stoffe sind, die hier verbrannt werden, so unterschiedlich sind die Stoffe, die wir schließlich in den Abgasen finden. Deshalb ein einfaches Beispiel, die Zigarette. Eine glimmende Zigarette ist ja auch ein Verbrennungsprozeß, und die Chemiker der Zigarettenindustrie wissen heute, daß im Zigarettenrauch über 10000 Einzelsubstanzen bisher nachweisbar sind. Chemisch bekannt sind davon nur etwa 4000 und toxikologisch bewertbar wiederum nur 150 bis 200. Sie sehen an diesem einfachen Beispiel, wie kompliziert es ist, Verbrennungsprozesse toxikologisch bewerten zu wollen.

ROBIN WOOD: Heißt das, daß die Wirkung von vielen Stoffen auf die Umwelt noch gar nicht bekannt ist?

WASSERMANN: Richtig! Neben den herkömmlichen immer genannten Substanzen wie Schwefeldioxid, den Stickoxiden sowie Kohlenmonoxid gibt es zahllose Stoffe, die toxikologisch in gar keiner Weise beurteilbar sind. Dazu kommt noch, daß nicht nur jede Substanz ihre eigene Toxizität besitzt, sondern daß sie auch noch zusammen auf den menschlichen Organismus und natürlich auch auf die Umwelt einwirken. Ich meine damit den sogenannten Synergismuseffekt, wonach bestimmte Stoffe eine Kombinationswirkung entwickeln, wenn sie zusammen auftreten. Diese Kombinationswirkung kann weitaus dramatischer sein, als die Einzelwirkungen der beteiligten Substanzen.

ROBIN WOOD: Hier muß ich doch noch einmal nachfragen. Dieser Synergismuseffekt ist in der Wissenschaft doch schon seit geraumer Zeit bekannt. Und plötzlich zeigen sich Wissenschaftler und Politiker höchst erstaunt, daß die Wälder jetzt auch in Gebieten zusammenbrechen, wo die Schadstoffkonzentration die im Labor ermittelten Grenzwerte noch gar nicht überschritten haben!

WASSERMANN: Damit berühren Sie einen sehr ärgerlichen Punkt. Das Waldsterben im kleinen Ausmaß ist bereits seit 1860 bekannt. Schon damals wußte man, daß in der Nähe von Großfeuerungsanlagen die Blätter und Nadeln durch die Abgase so verändert werden, daß sie abfallen und die Bäume absterben. Bei den daraufhin entwickelten technischen Grenzwerten konnte man dann sehr schön beobachten, wie sie im Laufe der Jahre korrigiert werden mußten, und zwar immer nach unten!! Das spricht eigentlich Bände gegen die Brauchbarkeit solcher Werte.

Schauen Sie. Grenzwerte sind ja keine von Toxikologen gewissenhaft erarbeiteten und mit Experimenten abgesicherten Daten, das sind politische Werte, und insofern muß ich als Toxikologe sagen, halte ich von diesen Werten gar nichts.

ROBIN WOOD: Ich würde gern noch einmal auf die Wirkungen von Schadstoffen auf den menschlichen Organismus zurückkommen. Können Sie diese am Beispiel der Schadstoffe Schwefeldioxid, Stickoxid und Kohlenmonoxid erläutern?

WASSERMANN: Die Wirkungen von Schwefeldioxid und Stickoxiden muß man auf zwei Ebenen sehen. Einmal ist da die direkte Wirkung auf die Schleimhäute, die der Außenluft gegenüber offenliegen, in erster Linie also die Schleimhaut der Atemwege. Hier handelt es sich um eine Ätzwirkung, denn diese Oxide geben mit Wasser zusammen Säuren, die eine beträchtliche Konzentration entwickeln können. Die Folge ist, daß Leute, die in stark belasteten Gebieten leben, ständig unter einer chronischen Bronchitis leiden, und es besteht die Gefahr, daß aus einer solchen Bronchitis im Laufe der Jahre durch Einwirkung von krebserzeugenden Stoffen Lungenkrebs entstehen kann. Die zweite Wirkungsebene ist dagegen noch unbekannt. Man weiß praktisch nichts über die schädlichen Folgen, wenn diese Stoffe über die Lunge in den Kreislauf resorbiert werden.

Das Kohlenmonoxid hat einen anderen Mechanismus. Es hat eine hohe Affinität zu unserem Blutfarbstoff Hämoglobin. Dort wird das Kohlenmonoxid mit einer 300mal stärkeren Bindungsneigung, als sie Sauerstoff besitzt, gebunden. Die Folge ist, daß der Sauerstoff verdrängt wird und die mit dem Blut versorgten Gewebe unter einem Sauerstoffmangel leiden.

ROBIN WOOD: In Berlin liegt seit Mai 1983 eine Studie vor, nach der durch Smog die Mortalität bei älteren Menschen um 14,5 Prozent ansteigt. Halten Sie als Toxikologe dieses ja nur statistisch ermittelte Ergebnis für realistisch?

WASSERMANN: Ich halte diese Zahl für durchaus glaubwürdig. Sie zeigt, daß wir die Politiker zu mehr Glaubwürdigkeit anhalten müssen. Es dürfen einfach nicht mehr Äußerungen erlaubt sein wie: «Es wird alles gemessen, wir haben alles im Griff!» Es wird nämlich nur ein ganz kleiner Teil der bekannten Schadstoffe gemessen und kontrolliert. Das Risiko, dem die Bevölkerung und damit natürlich auch die Politiker selbst ausgesetzt sind, kann deshalb in keiner Weise abgeschätzt werden.

Ich fürchte, da wird noch einiges auf uns zukommen!

Das macht die Berliner Luft

Berlin ist die heimliche Smog-Hauptstadt Gesamtdeutschlands. «In Ost und West stinkt's wie die Pest» reimten die ROBIN WOODS der Inselstadt, als sie eine Fuhre toter Kiefern über die Mauer kippten und prompt von Soldaten der Britischen Besatzungsmacht festgenommen wurden. Einig sind sich Sozialisten und Kapitalisten, wenn's um die Umwelt geht: Giften tun sie alle. Lügen auch. Faustdick versuchten es die Beamten und Politiker, als im Grunewald das Waldsterben begann. Volker Lange beschreibt, wie ROBIN WOD den Zuständigen kurze Beine machte.

Berlin, so lernen wir es in der Schule, ist eine Insel. Im Januar 1983 schien sich dies wieder einmal zu bestätigen: «Während im Bundesgebiet bisher überwiegend Fichten- und Weißtannenbestände von dem vermutlich hauptsächlich durch ‹sauren Regen› verursachten Waldsterben betroffen sind», so ließ es der Senator für Umweltschutz im schönsten Amtskauderwelsch verlauten, «sind an den in Berlin vorherrschenden Kiefernbeständen bisher keine Schäden festgestellt worden.»

Dieses Ergebnis einer kleinen Anfrage im Rathaus beruhigte dann auch die Berliner. Sogar die Autoren des GEO-Umweltatlas, Koch und Vahrenholt, ließen sich beeindrucken: «Während im Bundesgebiet das Waldsterben streckenweise gravierende Ausmaße angenommen hat, ist es nach Auskunft der Umweltbehörde an den Berliner Forsten bisher spurlos vorübergegangen.»

Niemand schien es zu stören, daß die Hauptbestandteile des sauren Regens, nämlich Schwefeldioxid, Stickoxide und Schwermetalle, in Berlin so reichlich vorhanden sind, daß es 1976 zum Belastungsgebiet erklärt werden mußte. Ausgerechnet in dieser Stadt sollte das nicht zum Absterben der Bäume führen! Niemand, auch nicht die sonst recht wache Presse, fragte nach. Man war zufrieden, wenigstens von diesem Umweltproblem verschont geblieben zu sein.

Es war Detlef, 22, damals noch biologisch-technischer Assistent am Bundesgesundheitsamt, ein ROBIN WOOD der ersten Stunde, der den Stein ins Rollen brachte. Bei einem Interview mit der Stadtillustrierten *tip* erzählte er von kranken Bäumen, die er auf einem Spaziergang entdeckt hatte. *tip* druckte seine Äußerungen und wir, die Berliner ROBIN WOODS, gerieten in akute Beweisnot. Klar war uns allen, daß auch in Berlin die Bäume über kurz oder lang sterben mußten, wenn nicht sehr bald etwas geschehen würde, aber um Ausmaß und Ablauf der Katastrophe exakt zu bestimmen, mußten wir Kontakt mit Fachleuten aufnehmen.

Berliner Kiefern sind hart im Nehmen

Im Landesforstamt empfängt uns der stellvertretende Amtsleiter Grund. Seit geraumer Zeit vertritt er den Forstdirektor Martin Klees, der wegen Krankheit beurlaubt ist. Wir sitzen im Konferenzzimmer vor einer großen Karte der Berliner Forsten. Herr Grund ist freundlich und kooperativ. Bereitwillig antwortet er auf unsere Fragen. Erst als wir ihn auf die Waldschäden ansprechen, weicht er aus. Von Trockenschäden ist die Rede, von Schädlingsbefall und von einer ominösen Kiefernkrankheit, die den Förstern in Berlin «schon seit Jahren Kummer macht». Nein, Schäden durch Luftverschmutzung seien ihm nicht bekannt. «Berliner Kiefern», so Herr Grund, «sind hart im Nehmen.»

Berliner Kiefern – in vier Jahren sind alle tot

April 1983, Ortsbesichtigung im Grunewald. Förster Klein zeigt mir sein Revier. Kiefern und Eichen herrschen vor, dazwischen immer wieder die Traubenkirsche, ein strauchartiges Gewächs, das auf übersäuerten Böden prächtig gedeiht, jeden Baumnachwuchs überwuchert und kaum auszurotten ist.
Dennoch, in der warmen Frühlingssonne wirkt der Wald frisch und gesund. Zumindest auf den ersten Blick.
Hilmar Klein ist Förster mit Leib und Seele. Er liebt seinen Wald, ist immer bereit, sich zu engagieren, wenn er ihn bedroht sieht. Vor zehn Jahren schloß er sich mit anderen Bürgern zusammen und verhinderte den Neubau eines Kraftwerkes im Spandauer Forst. Große Teile des Waldes hätten für dieses Projekt geopfert werden müssen.

Schon damals kannte sich Förster Klein mit Rauchschäden aus. Während seiner Ausbildung bereiste er Mitte der sechziger Jahre viele hessische Forste, in denen Glashütten und andere Fabriken lagen, meist kleinere Betriebe mit niedrigen Schornsteinen und hohen Emissionen, die in ihrer Nachbarschaft erhebliche Waldschäden verursachten.
1979 wurde Hilmar Klein Leiter der Försterei Saubucht. Sein Revier liegt abgelegen im Grunewald, nur an Wochenenden erinnern ihn die Blechkarawanen auf der Havelchaussee daran, daß er in einer Großstadt lebt. Manöverschäden durch amerikanische Truppen schienen bis dahin die größte Bedrohung seines Waldes zu sein.
Im März 1980 hörte er einen Vortrag des Göttinger Professors Ulrich über Ursachen und Folgen der bundesweiten Bodenversauerung. Hilmar Klein war alarmiert. Er registrierte auch in seinem Revier, daß kalkliebende Pflanzen wie Brombeere, Walderdbeere und Süßgräser kaum noch zu finden waren. Er begann Fragen zu stellen, doch seine Behörde reagierte ausweichend, herablassend, zum Teil gar nicht. Förster Klein fühlte sich allein gelassen. Deshalb ist er dankbar, wenigstens mir zeigen zu können, was ihm auf der Seele liegt.
Wir gehen tiefer in den Wald. Ein grob behauener Stein zeigt uns, daß wir den Abschnitt «Jagen 168» betreten. Plötzlich bietet sich ein Bild beginnender Verwüstung – der Boden ist mit frischen Trieben und grünen Nadeln übersät, als hätte hier ein Sturm getobt. Ameisen schleppen Nadeln zu ihrem Hügel, der schon mit einer grünen Schicht überzogen ist. Grüne Nadeln auf einem Ameisenhaufen, so etwas habe ich noch nie gesehen, obwohl ich im Wald aufgewachsen bin!
Förster Klein zeigt mir Zweige junger Kiefern. Ihre Nadeln sind auf der Windseite gelblich verfärbt, bei der leisesten Berührung fallen sie ab. Er deutet nach oben: Altkiefern recken ihre mächtigen Äste wie abgewetzte Besen in den blauen Himmel. Deutlich zu sehen, daß sie nicht einmal die Hälfte ihres normalen Nadelbesatzes tragen.
«Stellen Sie sich vor, Sie hätten nur noch einen Lungenflügel! Stellen Sie sich weiter vor, auch der würde nun langsam absterben. Genauso fühlen sich diese Bäume. In spätestens vier Jahren wird hier keine Altkiefer mehr stehen.»
«Weiß denn das Landesforstamt davon?» frage ich entgeistert.
«Aber sicher! Seit 1982 teile ich meinen Vorgesetzten regelmäßig mit, was hier draußen vorgeht.»

Der Senator weiß von nichts

27. April, Rathaus Schöneberg. Piepsend fährt der Detektor über meinen Körper. Schlüsselbund, Feuerzeug, der Inhalt meiner Taschen türmt sich auf dem Tisch der Untersuchungskabine. Erst nachdem sich der Sicherheitsbeamte von meiner Harmlosigkeit überzeugt hat, darf ich die heiligen Hallen der großen Politik betreten.
Detlef grinst mich an. Zusammen machen wir uns auf die Suche nach unserem Umweltsenator. Zehn Minuten seiner kostbaren Zeit hat uns sein Sekretariat zugestanden.
In den letzten Monaten hat sich in der politischen Landschaft Berlins einiges bewegt. Nach einer Schamfrist von einem Jahr hat sich die FDP bereit erklärt, eine offene Koalition mit der CDU einzugehen. Das bedeutet: Sie kann endlich an der Macht teilhaben und einen Senatorensessel als Lohn für fügsame Abstimmungen der letzten Monate besetzen.
Die Gelegenheit war günstig. Umweltsenator Hassemer (CDU) hatte sich mit unorthodoxen Ideen und Tatkraft in seiner Partei recht unbeliebt gemacht. Hassemer, der früher im Umweltbundesamt gearbeitet, der sich stark für einen konsequenten Schutz der Natur eingesetzt hatte, wurde ins Kulturressort abgeschoben. Neuer Senator für Stadtentwicklung und Umweltschutz wird dafür der Architekt Horst Vetter, Fraktionsvorsitzender der FDP. Damit wird der Bereich Stadtentwicklung aufgewertet und dem Umweltschutz die Bedeutung genommen, die er unter Hassemer gewonnen hatte.
Aus Lautsprechern scheppern die Reden, die im Plenarsaal gehalten werden. Herr Vetter eilt durch die Wandelhalle auf uns zu – klein, jovial, er schüttelt unsere Hände. Sein Forstreferent stellt uns vor, wir nehmen Platz.
Noch am Vormittag hatte ich im Wald kranke Kiefern fotografiert und den Film in einem Schnellabor entwickeln lassen. Ich breite die feuchten Abzüge auf dem Tisch aus. Detlef erzählt von unseren Beobachtungen, erklärt dem Senator, daß der saure Regen nun auch in Berlin den Wald tötet.
Horst Vetter schiebt die Fotos seinem Fachreferenten hinüber. «Ist Ihnen das bekannt?» Der betrachtet erstaunt die Bilder und schüttelt den Kopf.
«Sprechen Sie mit den zuständigen Stellen!» befiehlt der Senator,

IN OST UND WEST
STINKT'S WIE
PEST

schüttelt uns noch einmal – ganz Mann des Volkes – herzlich die Hände und hastet in den Plenarsaal zurück.
Detlef und ich schauen uns an. Die «zuständige Stelle», das ist das Landesforstamt mit seinem Leithirsch, diesem Herrn Grund, der die Warnrufe seiner Förster geflissentlich überhört und sich auf die Nehmerqualitäten seiner Berliner Kiefern beruft.

Drei mutige Förster packen aus

11. Mai, Grunewald. Wieder stehen wir neben dem Feldstein am «Jagen 168». Neben uns der graue Übertragungswagen des Senders Freies Berlin. Die Journalistin Vivian Isaacs verkriecht sich unter ihren bunten Schirm. Es gießt. Der Tontechniker kurbelt seine Teleskopantenne in die Höhe und peilt sie auf das Funkhaus ein. Aus einem kleinen Lautsprecher verfolgen wir die laufende Sendung – das Echo am Morgen, Berlins meistgehörte Sendung.
«Ü Eins, SFB auf Rädern», der Vorspann läuft. Dann hören die Berliner frisch zum Frühstück eine Reportage aus der «überhaupt nicht mehr heilen Welt im Grunewald».
Es war nicht leicht, die Berliner Presse für dieses Thema zu interessieren. Die Redakteure der Tageszeitungen winkten ab, als wir sie darauf ansprachen. Nur die Zeitfunkredaktion des SFB griff unsere Idee auf, mit dem Ü-Wagen in die Saubucht zu fahren, wo Förster Klein und seine Kollegen Hamer und Maximini für ein Interview bereitstanden.
Sachlich und deshalb sehr eindrucksvoll berichten sie jetzt über Schadsymptome, über die drohende Waldkatastrophe. Vivian Isaacs erzählt, daß sogar sie als Laie erkennen kann, daß die Kiefern im Grunewald krank sind.
Selbst Professor Lahmann vom sonst so regierungsfrommen Bundesgesundheitsamt gesteht, daß «er nicht ausschließen kann, daß diese Schäden durch Schwefeldioxid verursacht wurden». Ein Hörer meldet sich per Telefon in der Redaktion. Er hat in den «Bewag-Impulsen», der Zeitschrift der Berliner Stadtwerke, gelesen, daß es nach Angaben der Behörden keine Immissionsschäden in den Berliner Forsten gäbe. Beunruhigt will er wissen, «wie denn eine solche Meldung zustande kommt».
Vivian Isaacs fragt die Förster und bekommt eine deutliche Antwort: «Die Landesforstämter wiegeln alle ab», hören die Berliner. «Sie haben

nach außen die Schäden verschwiegen und nach innen Zurückhaltung bei der Öffentlichkeitsarbeit ‹empfohlen›.»
Robin Wood hat das Schlußwort. Detlef und Martina machen noch einmal deutlich, daß es nun endlich an der Zeit ist, schärfere Umweltmaßnahmen zu beschließen, dann gibt die Reporterin «betroffen und nachdenklich» zurück ins Funkhaus.
Senator Vetter reagiert schnell und clever. Mit Gespür für die politische Brisanz des Themas in einer Inselstadt, die wie keine andere auf ihre wenigen grünen Erholungsgebiete angewiesen ist, richtet er wenige Tage nach der Sendung eine Arbeitsgruppe aus Berliner Förstern ein. Leider folgt deren Mehrheit der Linie ihres Vorgesetzten. «Ursachen für die Waldschäden», berichtet der Tagesspiegel wenig später über die Erkenntnisse der Experten, «sind nicht eindeutig feststellbar.»

Jetzt sind auch die Buchen dran

Juli 1983. Der Frühmaschine aus München entsteigt Professor Schütt, Forstbiologe der Universität München, Experte für das Phänomen Waldsterben. Senator Vetter hatte ihn rufen lassen, um ein Gutachten über die Berliner Forsten anzufertigen.
Das Landesforstamt ist inzwischen in der Defensive. In allen «Verlautbarungen» hält man an der Mär von den Trockenschäden fest, jetzt läuft man Gefahr, daß der Münchner Experte die Vertuschungen aufdeckt. Mit Sorgfalt hat man daher das Programm zusammengestellt. Der Gast wird erst einmal zu einem ausgedehnten Frühstück gebeten, bei dem man darauf hinweist, daß die Berliner Kiefern ja noch nie besonders vital gewesen sind; dann führt man ihn in den Tegeler Forst, dessen Kiefernbestand noch vergleichsweise gesund ist.
Daß sich ausgerechnet hier ein weiteres Indiz für Immissionsschäden versteckt, daß in Berlin auch die Laubhölzer krank sind, ahnt keiner. Professor Schütt entdeckt fast zufällig die Symptome, die ihm aus Bayern nur allzu bekannt sind: Lückenhaftes Blattwerk und deutliche Vergilbung lassen schließen, daß sich auch hier «fortgeschrittene Anzeichen des Waldsterbens zeigen».
Jetzt hilft alles nichts mehr. Senator Vetter tritt die Flucht nach vorne an. Im September stellt er eine Schadenserhebung des Bonner Landwirtschaftsministeriums vor. Ergebnis: Rund 30 Prozent des Berliner Waldes sind krank – soviel wie im Bundesdurchschnitt.

Und bald darauf zeigt sich, daß ein allzu vorsichtiger Umgang mit der Wahrheit eine Karriereleiter knicken kann. Der Göttinger Forstwissenschaftler Uwe Maierjürgen wird neuer Leiter des Berliner Landesforstamtes und nicht der ehrgeizige Herr Grund, der so unübertrefflich zu schweigen verstand.

Schrei, wenn es nützt!

7. November. Der Wetterbericht kündet Nebel an, und wie so oft in Berlin kommt er nicht nur sicht- sondern auch riechbar über die Stadt. Um 12.30 Uhr habe ich wieder einmal einen Termin bei Senator Vetter. Während ich noch einige Fragen notiere, höre ich im Radio, daß zur Zeit vier der Berliner Smog-Meßstellen umgerüstet werden, also außer Betrieb sind. Und dies ausgerechnet in stark belasteten Innenstadtbezirken. Der häßliche Verdacht der Manipulation drängt sich auf, aber vielleicht bin ich ja überkritisch, vielleicht ist es auch nur mal wieder

Schlamperei, daß diese Umstellung gerade in dieser smogreichen Jahreszeit geschehen muß.
Unser Gespräch findet diesmal in seinem Büro statt. Fragen der politischen Umbesetzung beantwortet der Senator ebenso souverän wie unverbindlich. Dies scheint der Stil fast aller Politiker zu sein. Ausweichende, möglichst unpräzise Formulierungen gehören offenbar zum Rüstzeug einer öffentlichen Karriere.
Anders ist es, wenn es um exaktes Wissen, Fakten und Zusammenhänge geht. Herr Vetter wird unsicher, verweist auf seine Sachbearbeiter. «Auf welchen Wert sollen die Berliner Kraftwerke entschwefelt werden?» frage ich. Verwirrt wühlt er in seinen Papieren, fragt seinen Pressesprecher, um mir dann den Tip zu geben, doch direkt die Kraftwerksbetreiber anzusprechen. Seine ganze Haltung scheint auszudrükken: «Aber dafür bin ich doch nicht der Fachmann!»
Manchmal möchte ich in solchen Situationen am liebsten schreien. Es würde zwar der Sache, die ich vertrete, schaden. Mir würde es helfen.
«Das ist es ja gerade», möchte ich ihm ins Gesicht schreien. «Ich will dir ja gar nicht deine gute Absicht bestreiten. Sicher hast du in den letzten acht Monaten gelernt, daß die politische Bedeutung des Umweltschutzes Tag für Tag wächst, hast wohl auch begriffen, daß du deine Karriere versaust, wenn du als Senator, der dem Waldsterben in Berlin tatenlos zugesehen hat, in die nächste Wahl gehen mußt. Deshalb wirst du im Rahmen deiner Möglichkeiten handeln. Aber reicht das? Das Unglück ist doch, daß du kein Fachmann, daß du auf deine Berater angewiesen bist. Und wohin das führt, hättest du eigentlich sehen müssen. Wer garantiert, daß dich bei der nächsten Umweltkatastrophe wieder eine Organisation wie Robin Wood darauf aufmerksam machen wird, daß dich deine Behörde im Stich gelassen hat! Weißt du genug, um Probleme zu erspüren, bevor sie nur noch mit Mühe oder überhaupt nicht mehr zu bewältigen sind? Um dich von Kollegen und Lobbyisten nicht an die Wand drücken zu lassen? Würdest du jemanden wie dich in deiner Firma anstellen?»
All das möchte ich ihn fragen, obwohl es sinnlos wäre. Denn müßten nicht fast alle Politiker gehen, wenn man ihnen die Forderungen stellen würde, zu deren Erfüllung sie angetreten sind: Das Wohl der Bürger zu mehren und Schaden von ihnen zu wenden …?

Die Sehn-Sucht nach dem Untergang

Was wir brauchen, sind ein paar «verrückte» Leute; seht euch an, wohin uns die normalen gebracht haben.
George Bernhard Shaw

Sterben müssen wir alle, aber ick laß mir nicht drängeln!
Anna Schreyer, 74, Rentnerin aus Berlin

Manche Psychologen lassen ihre Patienten einen Baum zeichnen und schließen aus den mehr oder minder verkümmerten oder verkrüppelten Bildern auf den Seelenzustand des Kranken.
Richard Zimmermann aus Berlin übernimmt diese Methode. Am Bild des sterbenden Waldes, dem Werk unserer Gesellschaft und ihrer Politiker, diagnostiziert er den Machthabern ein Suchtverhalten, das sogar die drohende Selbstzerstörung in Kauf nimmt.

In Mitteleuropa, dem am stärksten durch Luftverschmutzung belasteten Gebiet der Erde und besonders in dem Land, das die massenhafte Vernichtung der Juden auf dem Gewissen hat, wird die arglos benutzte Redensart «bis zur Vergasung» gespenstisch aktuell: Passiv, wie die Deutschen damals den millionenfachen Mord geschehen ließen, nehmen sie heute ihre drohende Selbstausrottung hin. Es scheint, als wäre es ihnen einerlei, ob sie am Ende alle den Umwelttod sterben.
Das Waldsterben ist das Werk des «Homo Faber», des Menschen, der sich die Erde untertan macht. Der Sage nach brachte Prometheus den Menschen das Feuer. Die Menschen verherrlichten ihn dafür als Erfinder der Baukunst, Schiffahrt und Astronomie. Er entdeckte die Zahl und die Schrift. Zeus ließ ihn an einen Felsen schmieden, wo ihm ein Adler die Leber zerfleischte. Herakles, später als Gott des Handels, des Verkehrs und des Kriegsdienstes verehrt, befreite ihn und endete schrecklich: Er verbrannte sich selbst, um den Qualen, die ihm das Zauberhemd des Kentauren Nessus bereitete, zu entgehen.

In diesen Sagen spricht sich die Ahnung aus, daß es mit dem Homo faber nicht endlos gutgehen könne. «Nur als ein Naturwesen kann der Mensch in die Natur eingreifen und sie verändern», schreiben Elisabet und Tor Inge Romøren, «er kann die Natur nur beherrschen, indem er sich ihr unterwirft.»*

Eben dies tun der Prometheus und Herakles unserer Zeit nicht. «Die Vorstellung, man könne durch Mehrheitsbeschlüsse Naturgesetze außer Kraft setzen», sagt Hans Bibelriether, «ist bis in die obersten Schichten der Hierarchie unseres Staates verbreitet.»

Bei Helmut Kohl klingt das so: «Die von der modernen Technik verursachten Schäden können nur durch den Einsatz modernster Mittel der Technik wieder aufgebaut und beseitigt werden ... Die Schäden an unseren Wäldern sind alarmierend. Die Bürger erwarten zu Recht wirksame Gegenmaßnahmen. Wir haben sofort nach der Regierungsübernahme gehandelt.» Gemeint sind damit offenbar die Großfeuerungsanlagenverordnung und die Novellierung der «Technischen Anleitung zur Reinhaltung der Luft».

Diese Maßnahmen entsprechen jedoch weder moderner Technik, noch sind sie wirksam. Wenn sie dennoch entschlossenes Handeln ausweisen sollen, so sind entweder die Politiker nicht so alarmiert, wie sie behaupten, oder sie sind zwar alarmiert, klammern sich aber an die irrationale Hoffnung, es werde trotz ihrer Flickschusterei noch irgendwie gutgehen. Nehmen wir das letztere an. Wie erklärt sich dann der Widerspruch zwischen Worten und Taten der Politiker? Aus der Klemme hilft ein Denkmodell, das der Psychologe Wolfgang Schmidbauer in seinem Beitrag: «Wir Fixer. Sind die Industriegesellschaften suchtkrank?»** vorgetragen hat, ein Denkmodell, das nicht alles erklärt, aber vieles besser verstehen hilft.

Das Tückische an der Sucht ist, daß sie anfangs nicht erkannt wird. Wer einen Cognac trinkt, um mit Streß besser fertig zu werden, ist nicht süchtig – wer aber mit Streß ohne Cognac nicht mehr fertig wird, ist vom Alkohol abhängig, also süchtig. Wer das Auto als Transportmittel benutzt, handelt rational – wer aber durch das Auto das Laufen verlernt, gebraucht es wie eine Droge. Der ehemalige Alkoholiker Horst

* Kursbuch 33, Rotbuch Verlag, 1973.
** *natur*, Heft 3 und 4, 1982.

Zocker* schreibt: «Süchtige begnügen sich mit inadäquaten, unerfüllten, nichtlohnenden Antworten auf das Leben.»
Das Fischer-Lexikon meint: «Der Süchtige gefährdet unter dem Zwang, sich unter allen Umständen das Suchtmittel zu verschaffen, und durch die Veränderung seiner Persönlichkeit sich selbst und seine Mitmenschen.» Von hier ist es ein kleiner Schritt zum Kerngedanken von Schmidbauers Aufsatz: «Lange bevor ein Fixer sich den letzten Schuß versetzt, erlischt seine Selbstbestimmung. Er weiß, was er sich antut, und tut es. Unsere Industriegesellschaft bietet ein ähnliches Krankheitsbild: Sie weiß, daß sie die Lebensgrundlagen aufzehrt, und tut es.» Ermöglicht wird dies durch den psychischen Mechanismus der Verleugnung.
Schmidbauer steht mit solchen Ansichten nicht allein. Horst Zocker zitiert in seinem Bericht über die Anonymen Alkoholiker zum Beispiel den Arzt Karl Geck, der die Suchterkrankungen als «individuelle Manifestationen eines gesellschaftlichen Zustandes» einschätzt und zu dem Schluß kommt, «daß unsere Welt wie ein Alkoholiker von Krise zu Krise» torkele. Dieses Suchtmodell läßt die Kluft zwischen dem rhetorischen Engagement unserer Politiker und ihrer stümperhaften Praxis in einem anderen Licht erscheinen.
Schmidbauer schreibt: «Wer verleugnet, gesteht durchaus ein, daß es das gibt, was er verleugnet. Aber er weigert sich, wirklich anzuerkennen, was es bedeutet.» Man kann dazu den Alkoholikertest der Weltgesundheitsorganisation heranziehen, dessen zwölfte Frage lautet: «Haben Sie ein Trinksystem versucht – zum Beispiel nicht vor bestimmten Zeiten zu trinken?» Einem solchen «Trinksystem», zu dem unter anderem eine begrenzte Trinkmenge und die Beschränkung auf bestimmte Sorten («nur Bier», «nur Rotwein») gehören, entsprächen dann etwa die – viel zu hoch und viel zu lang angesetzten – Grenzwerte und Fristen der Großfeuerungsanlagen-Verordnung. So, wie die Umwelt auf die Selbsttäuschung eines Alkoholikers hereinfallen kann, läßt sich ja ein Großteil der bundesdeutschen Gesellschaft mit den Bonner Beschlüssen zum Waldsterben beruhigen, obwohl davon allenfalls ein langsameres Absterben des Waldes zu erwarten ist.
Eine weitere Parallele bietet sich an. Für Politiker, Technokraten und viele Bürger ist das Waldsterben Anlaß und Vorwand, den Bau von Kernkraftwerken voranzutreiben.

* *Der Spiegel*, 39/1983.

Dabei ist die Bundesrepublik von ausländischem spaltbarem Material ebenso abhängig wie von importiertem Erdöl. Die Kosten für den Plutoniumbrüter in Kalkar steigen ständig, das Problem der «Entsorgung» radioaktiven Abfalls ist nirgendwo gelöst und – bei einer 24000 Jahre zählenden Halbwertzeit des Plutoniums – schon vom Denkansatz her unlösbar. Liegt da nicht der Vergleich mit einem süchtigen Individuum nahe, das von einer Droge auf eine andere umsteigt?

Horst Zocker schreibt: «Die krankhaften Bemühungen, atomares Wettrüsten und physische wie psychische Verelendung von Millionen Menschen, Baumsterben und Nahrungsmittelvergiftung zu verleugnen oder zu verharmlosen, sind reines Suchtverhalten.»

Ex-Kanzler Schmidt sagte Ende 1983, die Friedensbewegung gewinne ihre Stärke daraus, daß ständig öffentlich über Atomwaffen geredet werde. Er empfahl deshalb eine Rückkehr zur Geheimdiplomatie – als ob die Vernichtungsmittel dadurch weniger gefährlich würden. «Trinken Sie heimlich?» lautet die zweite Frage des WHO-Alkoholiker-Tests.

Gegen Ende seiner Kanzlerschaft richtete Schmidt am 30. April 1982 in der Fernsehsendung «Bericht aus Bonn» an seine Mitarbeiter Klaus Bölling und Hans Jürgen Wischnewski die Worte: «Welcome in the club of workoholics!» Auf Deutsch: «Willkommen im Club derjenigen, die sich mit Arbeit besoffen machen.» Deutlicher hätte wohl keiner den Suchtaspekt von Politik darstellen können. Schmidbauer nennt die Arbeitssucht «die wohl noch häufigste, sicherlich aber sozial am meisten anerkannte Form der Sucht». Ebenso aufschlußreich ist ein anderes Selbstzeugnis des ehemaligen Kanzlers: sein Ehrgeiz sei, «das, was man bewegt, besser zu bewegen als der Vorgänger oder der Nachfolger oder der Nebenmann oder der andere Nebenmann auf der linken Seite». Der Anspruch, mehr zu leisten als alle anderen, ist tief irrational. Zweckgerichtetes Handeln ist es, eine Aufgabe im Interesse der Sache optimal zu erledigen, dabei auch von anderen zu lernen. Doch andere ständig mit seiner Leistung übertrumpfen zu wollen, heißt, die Sache in den Dienst der eigenen Person, nicht die Person in den Dienst der Sache zu stellen. Der Träger solcher Wünsche kommt nie zur Ruhe.

Schmidts unersättlicher Geltungsdrang wurzelt offensichtlich in seiner Kindheit, die nach dem Grundmuster der bürgerlichen Gesellschaft verlief: «Im allgemeinen gilt die Regel: Liebe gegen Leistung, und für den männlichen Teil der Bevölkerung setzt die Militärzeit nur fort, was zu Hause angelegt worden ist: Gehorchen, Gefühle unterdrücken, Wünsche wegschieben.»

Das Zitat aus der quasi offiziösen Biographie* könnte in Millionen von Lebensgeschichten stehen. Das suchterzeugende Tauschgeschäft «Liebe gegen Leistung» ist ein Merkmal der Leistungs- und Konkurrenzgesellschaft, deren verkrüppelnde Normen Schmidt wie kaum ein anderer Spitzenpolitiker verkörpert. Ein Menschentypus wie Schmidt, der sich über viele Jahre hin einen sechzehnstündigen Arbeitstag abver-

* Sibylle Krause-Burger: «Helmut Schmidt – Aus der Nähe gesehen», Düsseldorf 1980.

langt, kann mit der Schöpfung nur als Zuchtmeister und Zwingherr umgehen: «Auf eine ganz ähnliche Weise wie der Süchtige mit seinem Körper geht die Industriegesellschaft mit ihrer Umwelt um. Sie soll die erwünschten Reaktionen liefern – sonst setzt es was! Sie soll die Gifte vertragen, die in sie gekippt, versprüht oder verpulvert werden. Wenn sie es nicht tut, müssen neue Gifte her.» (Schmidbauer)

Gäbe es einen Preis für irreale politische Aussagen, so wäre Schmidt ein kaum schlagbarer Kandidat. «Ich bin ganz sicher», prophezeite er im Februar 1980, «daß wir im Laufe der achtziger Jahre ein noch höheres, vernunftmäßigeres Engagement zustande bringen, und daß wir noch größere Erfolge zustande bringen werden als schon in den siebziger Jahren.» Anderthalb Jahre vorher hatte Martin Urban in der *Süddeutschen Zeitung* geschrieben: «Der deutsche Wald muß sterben, weil die Schlote qualmen sollen. Die Vorstellungen der Bundesregierung – Beispiele Abwasserabgabe, Lärmschutz und nun auch Luftqualität – scheinen eher darauf abzuzielen, jegliches Wachstum auch um den Preis der Zerstörung der Umwelt zu erlauben.» Und ungefähr zur gleichen Zeit hatte Bernd Knebel in der *Westfälischen Rundschau* über eine Anhörung im Berliner Umweltbundesamt berichtet: «Das Ergebnis ist erschreckend. Die zulässigen Werte (der Emission von Luftschadstoffen) müßten ‹zur besseren Sicherung der Wälder zwingend notwendig› herabgesetzt werden.»

Auch die wirtschaftlichen Faktoren, die dem Kampf gegen das Waldsterben entgegenstehen, lassen sich in das Suchtmodell integrieren. Zum einen ist Profitgier und zügelloses Machtstreben leicht als Sucht zu erkennen.

Zum anderen ist es widersinnig, die Wälder irgendwelchen anderen Interessen zu opfern, weil die Rettungsversuche um ein Vielfaches teurer kommen, als irgendein ökonomischer Gewinn zu ihren Lasten – so wie die Kosten der Heilung eines Suchtkranken immer höher werden, je länger er die Therapie hinausschiebt.

Die Natur läßt sich nicht betrügen, die menschliche so wenig wie die außermenschliche. Wahrheit ist eine seelische Energie, die noch so fein gewebte Schleier, noch so dick aufgetragene Tünche, noch so angestrengte Selbsttäuschung zu durchdringen sucht. Politikern, die ihre Zweifel am eigenen Tun unterdrücken wollen, ergeht es ähnlich wie dem Apostel Petrus, als der seinen Herrn Jesus verleugnen wollte – ihre Sprache verrät sie.

In seiner Regierungserklärung vom 4. Mai 1983 sagte Bundeskanzler Helmut Kohl: «Gelingt es uns nicht, die Wälder zu retten, wäre die Welt, in der wir leben, nicht wiederzuerkennen.»

In diesem Zitat verrät ein kleiner Fehler den großen Pferdefuß. Am Anfang des Bedingungssatzes steht das Wort «Gelingt», obwohl vom Zusammenhang her der Konjunktiv «Gelänge» stehen müßte. In Kanzler Kohls Kauderwelsch verbirgt sich eine Wahrheit: Tatsache ist für ihn, daß es nicht gelingen wird, die Wälder zu retten. Fraglich ist lediglich, ob er diese seine Welt dann noch wiedererkennen würde; gerade Blindheit ist diesem Mann durchaus zuzutrauen.

Auch Bundesminister Ignaz Kiechle wurde Opfer einer Fehlleistung, als er im Oktober 1983 die Waldschadenserhebung mitteilte. In dem Satz «Ein so trostloses Bild wie im Erzgebirge ist bei uns gottlob nicht zu finden», rutschte ihm, abweichend vom verteilten schriftlichen Text das Wörtchen «noch» hinein.

Eine Woche vorher hatte die Runde der beamteten Bonner Staatssekretäre entschieden, das Wort «Waldsterben» ab sofort aus dem offiziellen Bonner Sprachgebrauch zu tilgen. Minister und Regierungsexperten

hätten künftig von «neuartigen Waldschäden» zu sprechen. *Der Spiegel* fügte hinzu: «Auch Landwirtschaftsminister Kiechle wird umdenken müssen. Noch am 15. September hatte er in seiner Rede vor dem Bundestag das Unwort gleich dreimal erwähnt.»
Vor diesem Hintergrund wollte die Bundestagsabgeordnete Liesel Hartenstein in einer Anhörung des Bundesinnenausschusses wissen, ob denn nun «neuartige Waldschäden» oder «Waldsterben» die zutreffende Bezeichnung sei. Die Antwort der Experten war eindeutig. Sie sprachen von «katastrophalen Waldschäden» und vom «nationalen Notstand». Der Vertreter der Forstleute im Deutschen Beamtenbund sagte: «Der Försterberuf droht zum Leichenbestatterberuf zu verkommen.» Der hessische Umweltbeauftragte Karl Friedrich Wentzel und der leitende Mitarbeiter der Recklinghäuser Landesanstalt für Ökologie, Wilhelm Knabe, machten deutlich, daß sie schon in den sechziger Jahren vor der Gefährdung der Wälder durch Luftschadstoffe gewarnt hatten. Der Mann, der in der Bundesrepublik Deutschland die Richtlinien der Politik bestimmt, Bundeskanzler Helmut Kohl, erlaubte sich einen gravierenden Verstoß gegen die Sprachregelung der Staatssekretäre. Am 28. Dezember 1983 sagte er in einem Interview mit dem Zweiten Deutschen Fernsehen: «Aber wir haben das Waldsterben mitten in Deutschland, mitten in der Bundesrepublik.»

In der modernen Psychologie testet man den seelischen Zustand eines Menschen, indem man ihn einen Baum zeichnen läßt. Die Schlüsse, die ein Arzt aus solch einem Baumtest zieht, sind vage, entsprechend schwierig gestalten sich Therapien, die darauf aufbauen.
Seelische Erkrankungen sind ja keine funktionellen Defekte, die wie ein Maschinenschaden durch einen Eingriff zu beheben sind. Es dauert lange, bis solche Lebensstörungen geheilt sind. Der Zuruf «Du mußt dein Leben ändern» steht am Anfang eines langen Weges.
Die Gattung Mensch, die den Wald sterben läßt, die ihr Leben gefährdet, ist krank. Mit ihrer Lebensweise ist etwas nicht in Ordnung. Ökologen wie Günter Altner und Kurt Oeser, beide bezeichnenderweise von Haus aus Theologen, sprechen davon, daß die Industriegesellschaften ihre Lebensweise von Grund auf ändern müßten.
Wie groß muß der Schaden, der klug macht, noch werden?

Todesursache: Smog

Im März 1983 erschien in Berlin eine Untersuchung von Helen Palamides und Andreas Jahn, die Schlagzeilen machte. Das Ergebnis: Zwischen Luftverschmutzung und Sterblichkeit besteht ein deutlicher Zusammenhang. Volker Lange besuchte und befragte Andreas Jahn.

19. Januar 1982, sieben Uhr. Beim Aufstehen höre ich den Wetterbericht: «... ein ausgeprägtes Hochdruckgebiet über Südosteuropa bestimmt weiterhin das Wetter in Berlin. Tageshöchsttemperaturen

minus ein Grad, schwachwindig. Mit erhöhten Schadstoffkonzentrationen ist zu rechnen.»

Ein ganz normaler Wintertag in Berlin, der heimlichen Smogmetropole Deutschlands, die immer noch das größte zusammenhängende Ballungsgebiet, die größte Industriestadt Deutschlands ist, die immer noch die meisten Kraftfahrzeuge pro Quadratkilometer hat.

Erst vor sieben Tagen gab's die letzte Entwarnung, aber hier im Wedding habe ich immer noch das Gefühl, unter einer giftigen Dunstglocke zu leben. Ich spüre ein Brennen im Hals, rieche faule Eier, atme diese Luft. Ich tue was für meine Gesundheit, lasse das Fahrrad stehen und fahre mit der U-Bahn zum Unterricht. In der Schule das gewohnte Bild. Einige Kinder klagen über Kopfschmerzen, wir alle sind unkonzentriert, der Unterricht schleppt sich dahin. Große Pause: «Nein, wir wollen heute nicht auf den Hof, draußen stinkt es so!» – «Tut mir leid, im Klassenzimmer dürft ihr erst bei Smog-Alarm bleiben.» Gereiztheit auf beiden Seiten.

In unserer Inselstadt stehen zur Zeit acht Kraftwerke mit einer Gesamtleistung von 2251 Megawatt. Der höchste, bisher aufgetretene Stromverbrauch lag bei 1570 Megawatt. Trotzdem will das örtliche Stromversorgungsunternehmen, die BEWAG, ein neues Kraftwerk hinbauen. 600 Megawatt zusätzliche Leistung sollen installiert werden. Ist es ungerecht, daß ich gerade in diesem Zusammenhang an die BEWAG denken muß? Immerhin produziert sie etwa 75 Prozent des Schwefeldioxids dieser Stadt. Sicher, nur ein Teil davon wirkt sich direkt auf Berlin aus, der Rest wird über große Entfernungen transportiert und läßt in Schweden die Fische sterben. Wer ist dann der Hauptschuldige? Etwa die 600000 Kraftfahrzeuge, die sich durch die Straßen schieben und zur Rush-hour sogar die Stadtautobahn blockieren? Sie produzieren kein Schwefeldioxid, sondern Stickoxide und Kohlenmonoxid, nicht weniger giftige Stoffe. Oder sind es die über 400000 kohlebeheizten Wohnungen, die mir zu schaffen machen? Die nämlich hat der Senator für Umweltschutz als schlimmste Luftverpester unserer Stadt ausgeguckt.

Egal, auf dem Nachhauseweg brennen mir die Augen. Ein Satz aus einem Rundschreiben des Schulsenators fällt mir ein: «Während der Smog-Alarm-Stufen 1 und 2 sollen Schüler mit Bronchial- und Lungenleiden körperliche Tätigkeiten vermeiden.» Ist das Herumtollen auf dem Heimweg eine körperliche Tätigkeit? Ist überhaupt Smog-Alarm?

Smog-Alarm

Das Wort smog ist ein Kunstwort. Es ist zusammengesetzt aus den beiden englischen Worten smoke = Rauch und fog = Nebel. Ursprünglich wurde damit ein durch Rauch belasteter Nebel bezeichnet. Heute hat sich diese Bedeutung etwas gewandelt. Wir verstehen unter «Smog» eine gefährliche Ansammlung von Schadstoffen in der Luft. Diese Schadstoffansammlung entsteht, wenn sich eine warme Luftschicht in zwei- bis dreihundert Meter Höhe über die bodennahe kältere Luft schiebt. Fehlt nun noch der Wind, dann werden die Schadstoffe wie unter einer Glocke festgehalten, bis Konzentrationen entstehen, die für herz- und kreislaufgeschädigte Menschen tödlich sein können.
Für sogenannte Belastungsgebiete, d. h. Gebiete mit besonders hoher Luftverschmutzung, ist deshalb ein Smog-Alarmplan vorgesehen. Danach soll in drei Stufen versucht werden, bei akuter Luftbelastung die Emissionen zu stoppen:

Stufe 1: 0,8 mg SO_2, 30 mg CO:	Vorwarnstufe, ohne Konsequenzen
Stufe 2: 1,6 mg SO_2, 60 mg CO:	Fahrverbot von 6 bis 10 Uhr Großfeuerungsanlagen dürfen nur schwefelarme Brennstoffe verwenden
Stufe 3: 2,4 mg SO_2, 90 mg CO:	Zusätzlich zu Stufe 2 gilt ein ganztägiges Fahrverbot sowie eventuelle Betriebsstillegungen.

31 automatische Meßstationen für Schwefeldioxid und 10 Meßstationen für Kohlenmonoxid sollen dafür sorgen, daß bei einem Überschreiten der Grenzwerte in der Berliner Innenstadt Smog-Alarm ausgelöst wird.

Schwefeldioxid (SO_2) – Immissionswerte in der Bundesrepublik Deutschland
zusammengestellt von Andreas Jahn, Berlin

	Beispiele (Quelle)	Zeitra
Gemessene Werte in der Bundesrepublik Deutschland 	Frankfurt-Mitte, 1980 (6)	Ja
	Hamburg, 1980 (5)	Ja
	Reinluftmeßstelle Schauinsland (Schwarzwald) (9)	Ja
	Reinluftmeßstelle Deuselbach (Hunsrück) (8)	Ja
	Reinluftmeßstelle Schauinsland (Schwarzwald) 19.12.1981 (10)	T
	Reinluftmeßstelle Deuselbach (Hunsrück)	T
	Reinluftmeßstelle Waldhof (Niedersachsen) 20.01.1982 (1)	T
	Reinluftmeßstelle Westerland (Sylt) 20.01.1982 (1)	T
	Frankfurt, höchster Wert Januar 1982 (1)	3
	München, höchster Wert Januar 1982 (1)	½
Gemessene Werte in Berlin (West) 	Alle Meßstellen zusammen 1979 (13)	Ja
	Meßstelle 11 (Wedding) 1979 (13)	Ja
	Meßstelle 16 (Kreuzberg) 1979 (13)	Ja
	Alle Meßstellen zusammen, höchster Wert 19.01.1982 (1)	T
	Meßstelle 11 (Wedding), höchster Wert 19.01.82 (1)	T
	Meßstelle 16 (Kreuzberg), höchster Wert 16.12.1981 (1)	½
Grenzwerte §	TA Luft Langzeitwert (2)	Ja
	Weltgesundheitsorganisation (WHO) (2)	Ja
	IUFRO Grenzwert für normale Standorte (Wald) (9)	Ja
	IUFRO Grenzwert für extreme Standorte (Wald) (9)	Ja
	MIK-Wert der VDI-Kommission (4)	Ja
	TA Luft Kurzzeitwert (4)	9
	MIK-Wert der VDI-Kommission (9)	T
	IUFRO Grenzwert für normale Standorte (Wald) (9)	T
	IUFRO Grenzwert für extreme Standorte (Wald) (9)	T
	Smog-Alarm Stufe 1 Berlin (West) (6)	3
	Smog-Alarm Stufe 2 Berlin (West) (5)	3
	Smog-Alarm Stufe 3 Berlin (West) (5)	3
	MIK-Wert der VDI-Kommission (4)	½
Schadens-grenzen  	nachrichtlich: natürliche Konzentration in der Luft (9)	Ja
	Koniferen auf standörtlich armen Höhenlagen (11)	Ja
	Tanne, Fichte, Stachelbeere, Spinat, Erbse, Klee usw. (4)	Ja
	Kiefer, Lärche, Linde, Apfel, Getreide, Salate usw. (4)	Ja
	Beim Menschen: Symptome an den Atemwegen (3)	Ja
	Beim Menschen: Häufigere Erkrankungen der Atemwege (Italien) (7)	Ja
	Beim Menschen: Schwerere Erkrankungen der Atemwege bei Kindern England (7)	Ja
	Beim Menschen: Erhöhte Mortalität bei Bronchitis (England) (7)	Ja
	Beim Menschen: Verschlechterung der Atemwegserkrankungen (3)	T
	Beim Menschen: Erhöhte Mortalität und Krankenhauseinweisungen (3)	T
	Beim Menschen: Erhöhte Mortalität (England) (7)	T
	Beim Menschen: Erhöhte Mortalität (Holland) (7)	T
	Beim Menschen: Häufigeres Fernbleiben von der Arbeitsstelle (Holland) (7)	T
	Beim Menschen: Starker Anstieg von schwerer Bronchitis (USA) (7)	T
	Beim Menschen: Ausgeprägte Symptome bei chronischen Lungenerkrankungen (England) (7)	T
	Beim Menschen: Erhöhte Mortalität (USA) (7)	T
Smog-Katastrophen	Ruhrgebiet 1962 (5)	
	London (England) 1952 (5)	
	Maas-Tal (Belgien) 1970 (5)	
	Donara (USA) 1948 (5)	
	New York (USA) 1953 (5)	

gemessen in µg SO2/m3 Luft
100 200 300 400 500 1000 1500
80
57
120
144
360
170
600
520
105
169
156
568
864
2311
140
60
0
100
400
300
100
0
400 (800)
800 (1600)
1200 (2400)
1000
)
i0
80
100
105 265
120
115
250 500
500
715
500
300 500
715
600
1500
5000
3830
25000
1600
2200

Kurzkommentare zu den Schwefeldioxid (SO_2)-Immissionswerten

Gemessene Werte in der Bundesrepublik Deutschland	Relativ hohe Schadstoffkonzentrationen in den sogenannten Reinluftgebieten des Schwarzwaldes und des Bayrischen Waldes können nur durch die Hochschornsteinpolitik der 60er und 70er Jahre erklärt werden.
Gemessene Werte in Berlin (West)	Berlin (West) gilt weiterhin als höchstbelastetes Ballungsgebiet in der Bundesrepublik Deutschland; erschreckend sind dabei die in den Bezirken Kreuzberg und Wedding aufgetretenen Schadstoffkonzentrationen, denen sich kaum Wissenschaftler in Klimakammern bei Selbstversuchen aussetzen lassen würden.
Grenzwerte	Grenzwerte sind nicht nur eine wissenschaftliche, sondern auch eine politische Entscheidung; sogar der WHO-Wert würde, in der Realität in Wäldern erreicht, größte Schäden verursachen. – Der TA-Luftgrenzwert und die Smog-Alarm-Verordnungswerte sind dringend zum Schutze der Wälder und der in den Städten lebenden Menschen mindestens zu halbieren.
Schadensgrenzen	Einige Pflanzenarten reagieren schon auf geringste Luftverunreinigungen mit Schäden; die in der Literatur genannten für Menschen schädlichen Konzentrationen wurden in Berlin (West) wiederholt deutlich übertroffen.
Smog-katastrophen der Vergangenheit	Hoffentlich bleiben wir vor den meteorologischen Randbedingungen, die zu den Katastrophen mit 950% mehr Todesfällen in Donora (USA) 800% mehr Todesfällen im Maaßtal (Belgien) 72% mehr Todesfällen in London 10% mehr Todesfällen im Ruhrgebiet und 9% mehr Todesfällen in New York oberhalb der zu erwartenden Werte führten, verschont.

Andreas Jahn, im Oktober 1983

Quellen

1 Senator für Stadtentwicklung und Umweltschutz Berlin: Smogtage – Werkstattbericht Winter 1981/82, Berlin 1982.

2 Umweltbundesamt: Materialien zum Immissionsschutzbericht 1977 der Bundesregierung an den Deutschen Bundestag, Berlin 1977.

3 Lahmann, E.: Literaturstudie über die ökonomischen Konsequenzen von SO_2, Europäische Gemeinschaften EUR 5134d, Berlin 1974.

4 VDI-Richtlinie Nr. 2310 vom 10.9.1974, Düsseldorf 1974.

5 Borgers, D./Heberling, R.: Auswirkungen der Smog-Tage des Winters 1981/82 auf die Mortalität in Berlin (West), in Bundesgesundheitsblatt 25, Nr. 10, 1982.

6 1. Verordnung zur Änderung der Verordnung zur Verhinderung schädlicher Umwelteinwirkungen bei austauscharmen Wetterlagen (Smog-Verordnung) vom 15. Januar 1982, veröffentlicht im Gesetz- und Verordnungsblatt für Berlin (GVBl) vom 2. Februar 1982, S. 251.

7 US Department of Health, Education and Welfare: Air Quality Criteria for Sulphur Oxides, National Air Pollution Control Administration Publication No. AP/50, Washington, D. C. 1969.

8 Umlandverband Frankfurt: Zusammenfassender Bericht über die Problematik der Immissionsschäden an den Wäldern im Gebiet des Umlandverbandes Frankfurt – Arbeitsbericht Nr. 4, Frankfurt 1982.

9 Rehfuess, K. E.: Walderkrankungen und Immissionen – eine Zwischenbilanz – in: Allgemeine Forstzeitschrift (AFZ), S. 601-610, 1983.

10 Grosch, W.: Die zeitliche Entwicklung der überregionalen Pegel von Schwefeldioxid, Sickoxid, Schwefel im Schwebstaub und der Konzentration von H^+-Ionen im Niederschlag, in: Hatzfeld, H. G.: Stirbt der Wald? S. 124-137, Karlsruhe 1982.

11 Umweltbundesamt: Luftverschmutzung durch Schwefeldioxid – Ursachen, Wirkungen, Minderung –, Berlin 1980.

12 Behörde für Bezirksangelegenheiten, Naturschutz und Umweltgestaltung: Luftbericht '82, Hamburg 1982.

13 Senator für Gesundheit und Umweltschutz: Luftreinhalteplan – Teilplan Schwefeldioxid (SO_2) –, Berlin 1981.

Beim Mittagessen höre ich es dann im Radio: In Berlin ist Smog Stufe 1. Die Bevölkerung wird aufgerufen, auf das Auto zu verzichten und die Raumtemperatur so weit wie möglich zu reduzieren. Das ist alles. Konkrete Maßnahmen wird es erst bei der doppelten Schadstoffbelastung geben.

20. Januar 1982: *Bildzeitung:*

«Allein das Deutsche Rote Kreuz brachte gestern 300 Berliner in die Krankenhäuser. Die Einsatzleitung: ‹Die meisten hatten Asthma-Anfälle, Kreislaufzusammenbrüche, Herzattacken› (...) Dr. Peter Krein, Vorsitzender des Hausärzteverbandes sagte: ‹Vor allem ältere Menschen fielen um.›»

ROBIN WOOD: Andreas, eure Untersuchung über die Wirkung von Luftverschmutzung auf die Berliner Bevölkerung hat Aufsehen erregt. Wie seid ihr vorgegangen?

JAHN: Wir haben in den Wintermonaten zwischen 1976 und 1982 die Schwefeldioxidwerte mit der Todesursachenstatistik verglichen. Die Daten von 513 Tagen wurden in einen Computer gegeben und nach einem statistischen Programm aufbereitet.

ROBIN WOOD: Und was ist dabei rausgekommen?

JAHN: Die Sterblichkeit steigt an Tagen mit einer Schwefeldioxid-Konzentration von mehr als 300 Mikrogramm um durchschnittlich 10,8 Prozent. Besonders betroffen sind Alte und Kreislaufkranke. In der Innenstadt erhöht sich die Sterblichkeit bei Personen, die über 70 sind um 14,8 Prozent.

ROBIN WOOD: Sind das etwa akute Vergiftungen?

JAHN: Nein. Es handelt sich dabei um Todesfälle, bei denen die Luftverschmutzung das Krankheitsbild so verschlechtert, daß der Patient vorzeitig stirbt. Trotzdem ist das Ergebnis alarmierend, denn wenn die

**Der «Übungs»schornstein ▸
am Nernstweg in
Hamburg**

Luftverschmutzung bei Schwerkranken die Sterblichkeit erhöht, können wir vermuten, daß sich Kreislaufbeschwerden oder Erkrankungen der Atemorgane verschlimmern, ohne daß diese Fälle in einer Statistik auftauchen.
ROBIN WOOD: Gibt es bereits Untersuchungen über chronische Auswirkungen der Luftverschmutzung?
JAHN: In Berlin nicht. Dafür müßte man die Erkrankungen in zwei ähnlichen Städten mit unterschiedlicher Luftbelastung vergleichen. In den USA ist so etwas schon durchgeführt worden. Hier noch nicht, obwohl es dringend notwendig wäre.
ROBIN WOOD: Vor kurzem stand in der Zeitung, daß in den USA jährlich 50000 Menschen durch Smog sterben. Ist diese Zahl seriös?
JAHN: Die Amerikaner sind mit Zahlen schneller bei der Hand als wir Deutschen. Der Berliner Senat wird nie Zahlen nennen, wenn bei einer Smog-Periode vier bis fünf Leute mehr gestorben sind als sonst. Das würden die sich nie trauen.
Aber wir kommen von der Größenordnung her auf ähnliche Ergebnisse wie die amerikanischen Kollegen.
ROBIN WOOD: Konkret gefragt: Wieviel zusätzliche Todesfälle durch Luftverschmutzung haben wir in Berlin?
JAHN: Wenn man unsere Ergebnisse umrechnet, dann kommt man ganz grob gerechnet auf die Zahl von 150 bis 200 Personen, die jedes Jahr an Luftverschmutzung sterben. Das ist eine sehr ungenaue Zahl. Es können zehnmal mehr sein, denn Personen, die an Langzeiteffekten sterben, kann man mit unserem Verfahren gar nicht erfassen.

Der Ätzer von Bergedorf

Aus Dagnys Tagebuch

27.4.1983
Mit Reiner geschnackt. Er soll als Comic alle Hamburger Kohlekraftwerksschornsteine verknoten. Oben drauf eine Tanne, die mit dem ganzen Optimismus ihrer braunen Nadeln sagt: ROBIN WOOD stoppt den sauren Regen. Alternativ-Comic: Die Firma ESSO («Dein Partner für Umweltschutz») schwimmt in ihren Widersprüchen wie ein Fisch im Wasser. Geht nicht. Mit Wasser assoziiert man in Hamburg die Elbe. Da gibt es zwar Widersprüche, aber keine Fische. Ginge vielleicht aber als Sandwich-Plakat. Die verknoteten Schornsteine also für die Pressemappe.

28.4.1983
Das übliche Umhergelaufe vor Aktionen, letzte Absprachen, dazwischen ein Hund, der Egon oder Kuno oder Dammtor heißt und offenbar zu Rolf oder ROBIN WOOD gehört. Der Verknotungscomic ist gedruckt. Sieht lustlos aus. Heute abend Treffen in Bergedorf. Leiterproblem noch nicht geklärt. Die aus unserem Garten dürfte zu kurz sein.
Das Werk der ESSO-Tochter FAVORIT liegt mitten im Wohngebiet. Sozialbauten, Wohnblocks. Niemand vom Werk zu sehen. Man kann vom Balkon aus das Gelände fotografieren. Bereits Tage vorher haben wir den Technikkram durchgespielt. Die Gartenleiter ist wirklich zu kurz.
Bei Greenpeace war Harald fürs «equipment», für die Ausrüstung, zuständig. Während wir nachmittags den FAVORIT-Schornstein vom Balkon einer Wohnung aus beobachten, kommen alte Greenpeace-Situationen hoch, besonders von der letzten Atommüllkampagne, als Harald, David und ich den Atommüllfrachter im holländischen Militärhafen Den Helder beobachten sollten. Harald ist damals auf den Flutlichtmast geklettert. Diesmal ist es eben ein Balkon, sozialer Wohnungsbau.

ROBIN WOOD
NACH DEM WALD STERBEN WIR

Abends. Gegen 19 Uhr ruft Anne bei einem Gartengeschäft an. Trotz Ladenschluß bekommt sie noch eine Alu-Leiter. Preis 240 Mark. (Nachtrag: Zwei Tage nach der Aktion tauscht Anne die Leiter gegen einen Rasenmäher.)
Thomas und Ute stempeln tausend ROBIN WOOD-Infos. Die Aktivisten schnacken mit der Video-Gruppe, knoten die Funkgeräte fest. Klaus teilt die Leute für morgen ein. Keiner hat Lust, Aufgaben wie Telefondienst oder Infostand zu übernehmen. Rolf und Wolf überlegen, wo und wie sie die tote Tanne am besten befestigen sollen und wie das 30 Meter lange Transparent am Schornstein entrollt werden muß, damit die Sache nicht schiefgeht wie am Michel. Überall liegen Gasmasken, Sicherheitsgurte, Schutzanzüge, Karabinerhaken, Messer herum. Der Wetterbericht für morgen: Wind aus Süd bis West, im wesentlichen niederschlagsfrei.
Gegen 21 Uhr 30 sind Thomas und Ute noch immer nicht mit dem Stempeln der Atemmasken durch. Die sollen an die Leute in Nettelnburg verteilt werden. Wollen klarmachen, daß nicht nur die Autos durch Schwefeldioxid verätzt werden. Auch die Menschen sind gefährdet. Gegen Mitternacht haben Reiner, Anne und Klaus die Code-Schilder fertig genäht.

Nummerncode. Falls Walkie-Talkie ausfällt können die Turmbesteiger damit von oben signalisieren. Der Schornstein-Code wird vereinbart. Die Zahlen 1 bis 9 sind auf handtuchgroße Stoffstreifen genäht und bedeuten folgendes: 1 – Rolf, 2 – Wolf, 3 – ist schlecht, 4 – Hilfe rauf, 5 – Transparent, 6 – o.k., 7 – Funkkontakt, 8 – Kanal-Wechsel, 9 – Freßkorb.
Beispiel: 1-3-9 = Rolf ist schlecht, Freßkorb rauf!
Oder: 7-3-8 = Funkkontakt ist schlecht, wechselt den Kanal! (Fallbeispiel 1 ist zum Glück nicht eingetreten!) Um ein Uhr früh kommt die Presseerklärung von der GAL.

29.4.1983
8 Uhr 10. Aufstieg klappt wie am Schnürchen. 9 Uhr 30 – Wolf und Rolf entrollen das Transparent. 11 Uhr 30 – sie sind wieder unten. Gespräch mit einem Vertreter von ESSO. Sagt, sein Werk sei am SO_2-Ausstoß nur zu etwa einem Prozent beteiligt, das übrige stamme aus anderen Quellen. Klaus erwidert, die Fabrik sei dadurch aufgefallen, daß sogar Autolacke verätzt wurden. ESSO-Mann nimmt Taschenrechner, fängt an zu rechnen und behauptet, daß im Jahresdurchschnitt dreißig Kilo Schwefeldioxid herauskommen. Klaus: Bei Vollast sind es zweihundert

Kilo. Werks-Typ: Bei Vollast sind es fünfzig Kilo.
Wann die Firma Änderungen vornehmen würde? Typ: ESSO macht Umweltschutz freiwillig. Umstellung auf Erdgas wirtschaftlich nicht zumutbar, etc. Polizei schaltet sich ins Gespräch ein, diskutiert mit, zeigt sich betroffen: «Viele von uns wohnen doch auch hier!»
Reges Interesse der Bevölkerung. Schulklassen holen Informationsmaterial, Schüler laufen mit dem endlich gestempelten Mundschutz durch die Gegend.
Lehrer: «Wir werden das im Unterricht behandeln.»
Scheißwetter. Nebel. Tanne und Transparent sind trotzdem weit sichtbar. Gut zu erkennen von der Marschenautobahn, der A 25.
«ROBIN WOOD» steht drauf.
Und: «Nach dem Wald sterben wir.»

Ein Wahrzeichen bröckelt

Wie die Hamburger ROBIN WOOD-Gruppe den Michel als Fahnenmast für ein großes Transparent gegen den sauren Regen benutzen wollte und warum diese Aktion fast schief gegangen wäre.

Die Hauptkirche St. Michaelis ist das Wahrzeichen Hamburgs. Der schlanke Turm mit dem grünspanbedeckten Kupferdach begrüßt jedes Schiff, das in den Hamburger Hafen einläuft, und wenn es den Altonaer Fischereihafen elbabwärts passiert, wirft mancher Fahrensmann noch einen Blick hinüber zum Michel, bis die Wetterfahne hinter dem Hamburger Berg verschwindet.

Kein Zweifel – ohne den Michel wäre Hamburg nicht nur um einen Kirchturm ärmer, doch eine Anfrage an die Hamburgische Bürgerschaft läßt da einiges befürchten: In den Jahren von 1978 bis 1982 mußte die Stadt für Reparaturen an Gebäuden, die durch «saure Niederschläge» geschädigt waren, 25,2 Millionen DM ausgeben und auch der Michel gehört zu den Bauwerken, bei denen «natürliche Alterungserscheinungen durch die Schadstoffbelastungen der Luft beschleunigt» worden sind.

Saure Niederschläge bestehen aus Schwefeldioxid, das zu etwa 60 Prozent aus Kraftwerken stammt und aus Stickoxiden, die zu 45 Prozent aus Autoauspuffen kommen. Schwefeldioxid und Stickoxide verbinden sich mit der Luftfeuchtigkeit zu einem aggressiven Gemisch, das nicht nur den Wald sterben, sondern auch Mauerwerk, Kalk und Mörtel zu bröckelndem Gips werden läßt.

ROBIN WOOD-Leute besichtigten deshalb im Januar 1983 den Michel und fragten beim Landeskirchenamt an, wie es um die Bausubstanz der Hamburger Kirchen bestellt sei. Das Ergebnis war schockierend. Die Kirchenverwaltung rechnet in den nächsten Jahren mit Reparaturkosten in Millionenhöhe. Niemand weiß, woher das Geld zu nehmen wäre. Man hofft, mit Hilfe von Spenden wenigstens die schlimmsten Schäden beheben zu können, wobei andere Hamburger Kirchen noch schlimmer bedroht sind als der Michel. Immerhin, das Wahrzeichen der stolzen Hansestadt ist in Gefahr – das müßte den Nerv auch derjenigen Hamburger anrühren, die sonst dazu neigen, Umweltschützer als moskaugesteuerte Chaoten oder grüne Phantasten abzutun. So begannen wir unser Netz zu knüpfen.

Netze werden geknüpft

Um die Bedrohung des Michel weit über Hamburg und den Hafen hin sichtbar zu machen, braucht man Fläche. Die fanden wir an den Seitenfronten des Turmes unterhalb der Kuppel. Die obere Galerie sollte der Befestigungspunkt für unser Transparent sein, mit dem wir die staunenden Hamburger aufrütteln wollten. Hier galt es zu klotzen und nicht zu kleckern. Auf mehr als 50 Quadratmetern wollten wir unser ROBIN WOOD-Symbol zeigen und darunter in riesigen Lettern unsere Forderungen

> Rettet den Wald
> Stoppt den sauren Regen
> Schützt den Michel.

ROBIN WOO
RETTET

Um das Gewicht und den Windwiderstand gering zu halten, wählten wir Fischernetze, die verknüpft und mit Emblem und Lettern benäht werden sollten. Wo aber konnte ein Transparent mit den Ausmaßen einer kleineren Dreizimmerwohnung gemalt, genäht und geknüpft werden? Zum Glück kannte jemand einen, der einen anderen kannte, der wiederum Beziehungen zu einer großen Gärtnerei am Stadtrand hatte. Dort wurden am Wochenende Werkhalle und Lastwagenremise für den ROBIN WOOD-Nähclub geräumt.
Eine andere Gruppe sammelte inzwischen Informationen über die Luftverschmutzung in Hamburg und ihre Folgen: Zeitungsartikel, Broschüren, Stellungnahmen wurden gelesen, um daraus eine Presseerklärung zu formulieren und ein Flugblatt herzustellen.
Die dritte Gruppe schließlich hatte den organisatorischen Teil zu bewältigen. Keine leichte Aufgabe, denn Aktionspläne sind mit vielen Wenn und Aber behaftet. Der Teufel steckt meist im Detail, an das man nicht gedacht hat. Wer konnte zum Beispiel ahnen, daß unsere Funkgeräte vom Kupferdach des Michel so stark abgeschirmt sein würden, daß die Verbindung Turm – Erde aus ununterbrochener Funkstille bestand!

Der ROBIN WOOD-Nähclub

Seltsame Dinge geschahen an einem Januarwochenende in der Gärtnerei des Hartmut B. Zwischen den Topfblumen im Gewächshaus lag ein lang ausgerolltes Fischernetz. Über den gefegten Steinfußboden der Lagerhalle waren riesige Stücke Stoff ausgebreitet, die vier Männer und Frauen blau und gelb anmalten. In der Werkstatt wimmelte es wie in einem Ameisenhaufen. Ein Dia-Projektor warf in Riesenbuchstaben den Schriftzug ROBIN WOOD auf eine Leinwand. Mehrere Leute malten die Schriftzüge weiß auf grün nach. Andere knieten am Boden, schnippelten, nähten, fluchten und schwitzten. Ein eisiger Ostwind pfiff unter den Toren der Lagerhalle und der Werkstatt durch, machte die Hände klamm und die Füße kalt. Heiße Getränke gingen rund, jeder versuchte, sich warmzuarbeiten so gut es eben ging. Neue Leute kamen dazu, brachten Kaffee und Kuchen mit und machten dort weiter, wo jemand aufgehört hatte, der nach Hause mußte.
Im Gewächshaus war es am wärmsten und gemütlichsten. «ROBIN WOOD – Stoppt den sauren Regen» wurde in Großbuchstaben untereinander auf breite Streifen Fischernetz genäht – Transparente für die Freunde in Köln. Im Lkw-Schuppen trugen die Maler und Dekorateure mit Farbrollern die schwarze Regenwolke und die grüne Tanne auf den Untergrund auf. Im Gewächshaus forderte ROBIN WOOD derweil im zweiten Durchgang zum Stoppen des sauren Regens auf. Auch für einen Berliner Schornstein mußte ein Transparent genäht werden. Das zweite Exemplar allerdings nahm weniger Zeit in Anspruch, denn die Schablonen für die Buchstaben waren schon fertig.
Als es an diesem Sonntag dunkel wurde, malten die Michel-Dekorateure immer noch, obwohl der Lkw-Schuppen schon aussah wie ein Trockenboden. Ringsum waren Leinen gespannt, die mit Silben und Worten behängt waren. Während die Maler am Boden kniend ihre Proteste auf die Leinwand brachten, räumten die arbeitslosen Künstler Gewächshaus und Werkstatt auf. Die Kölner und Berliner Transparente wurden aufgerollt und zum Versand in Kartons gepackt.
Während zwei Leute die Pakete zum Postamt brachten, fegten die übrigen Gewächshaus und Werkstatt aus, verbrannten alte Schablonen und Papierreste auf dem Acker, und als die Maler zu guter Letzt den Michel auf die Leine

zum Trocknen hängten, sah auch der Steinboden im Lkw-Schuppen wieder so aus wie am Freitag nachmittag – vielleicht sogar etwas ordentlicher.

Organisation ist, wenn ...

In den letzten Tagen vor dem Aktionstermin hatten wir alle Lampenfieber, 40 Grad und mehr. Schließlich stand für uns eine Premiere bevor! Zum Glück war noch so ungeheuer viel zu tun, daß die Aufregung mühelos in Energie umgesetzt werden konnte: Wer sortiert und verschickt die Pressemappen? Wer besorgt Funkgeräte, Karabinerhaken, Seile, Tauwerk und viele andere große und kleine Dinge? Wer organisiert die Luftballonaktion? Wer fotografiert? Um diese und viele, viele andere Dinge kümmerte sich Daniela musterhaft und nach besten Kräften. Wir merkten, daß eigentlich an alles gedacht worden war, sogar an Ersatz für ein aufgebrochenes Vorhängeschloß.

Unsere größte Sorge war, daß wir wegen der bombastischen Ausmaße des Transparents das Entfalten und Abrollen nicht üben konnten.

Die Aktion läuft

Sonntag, 21. Februar. Mit den letzten Besuchern bestiegen am Sonntag nachmittag etwa 20 ROBIN WOODS den Michel. Es ging alles ganz schnell. Der schmale Treppenschacht wurde bei der oberen Plattform durch einen künstlichen «Stau» von oben und unten blockiert. Peters großer Koffer und mehrere Rucksäcke mit den Transparentteilen, Seilen, Funkgeräten und anderen Ausrüstungsgegenständen wanderten zusammen mit den Aktivisten blitzschnell über die Absperrung und verschwanden hinter einem Verschlag. Geschafft! Stau beendet, alle nach unten!

Ich blieb als Sicherungsposten für alle Fälle auf der Aussichtsplattform. Als keine neuen Besucher nachrückten, machte ich mich an den Abstieg.

Auf der oberen Plattform ließ mich ein leises «Psst!» aufhorchen. Wolle raunte mir in einem günstigen Moment zu: «Dominik fehlt noch!» Wieder auf der Aussichtsplattform entdeckte ich Dominik, der seelenruhig «Hamburg von oben» genoß. Mit einem Trick gelang es, den Nachzügler vor Ort unterzubringen. Hinter dem Verschlag quollen blaue Wolken aus Rainers Pfeife empor und Tabakduft verbreitete sich im

Turmaufstieg – zum Glück unbemerkt!
Während der Nacht trat auf dem Michel der ROBIN WOOD-Nähclub erneut zusammen. Die Teile des Transparents mußten verknüpft werden. Jetzt war die Gruppe auf sich allein gestellt.

Nicht schwafeln, entschwefeln

Was ist schwieriger: selber zu klettern oder als «Bodenpersonal» geduldig zu warten und dann zu helfen, wenn es nötig ist? Klaus Scheerer war bei der Michel-Aktion dabei und erzählt vom langen Warten, einer Tasche voller Groschen und warum ihm der Bürgermeister ohnmächtig vorgekommen ist.

Gegen halb acht Uhr stehe ich mit Rolf, Irmtraut, Werner und Thomas am Michel-Vorplatz. Wir warten auf zwei Dinge: Einmal auf das Lastauto mit Gerd und den Luftballons, die Sabine, Mareike, Raimond, Roswitha und Peter in aller Herrgottsfrühe mit Gas gefüllt und verladen haben. Zum anderen natürlich auf eine Regung, eine Hand, einen Stoffetzen oder irgend etwas ähnliches auf der Turmgalerie unter dem riesigen Zifferblatt des Michel. Halb neun – immer noch nichts.
Mareike versucht erneut, eine Funkverbindung mit den Turmbesteigern zu bekommen – vergebens. Meine Manteltaschen reißen mich fast zu Boden. Sie sind mit Groschen gefüllt, um von der nahen Telefonzelle aus die «Pressezentrale» in Köln und die Aktionstelefone in Bremen, Kiel und Berlin anrufen zu können. Da – ein Knacken und Rauschen in Mareikes Funkgerät! Die Turmbesatzung meldet sich. Es geht los, oben tut sich etwas. Ich sehe, wie Wolle sich über die Galerie

neigt. Da sind auch Wolf und Andreas. Das Transparent erscheint über der Brüstung – es fällt! Scheiße, es hakt! Was ist los? Die Leute oben bemühen sich, die riesige Leinwand hochzuziehen, weiter nach außen zu schwingen, frei von den Vorsprüngen und Erkern am Turm. Ich schwitze. Alle sind nervös. Wir beschließen, Rainer und Thomas als Delegation zum Kirchenbüro zu schicken.
Ich gehe zur Telefonzelle und berichte nach Köln. Dani ist am Telefon und erzählt mir, daß in Frimmersdorf und Berlin alles programmgemäß abgelaufen ist. Diese frohe Botschaft richtet mich wieder auf. Ich gehe wieder über die Straße zum Michel, um den anderen zu berichten.
Auf dem Rückweg sehe ich, daß sich auf der Ost-West-Straße ein Stau gebildet hat. Die Autos fahren langsam. Einige haben angehalten, die Fahrer spähen zum Michel hinauf. In den Bürohäusern gegenüber sind Fenster aufgegangen. An anderen Scheiben drükken Büroangestellte sich die Nasen platt. Wir werden beobachtet – leider auch von einem Kirchenmitarbeiter. Der rennt aufgeregt und schimpfend über den Vorplatz. Auf unsere Ansprache geht er nicht ein und verschwindet im Turm.
Kurz darauf trifft die Polizei ein und stürmt zum Turmaufgang. Bald ist die Englische Planke von Funkstreifenwagen blockiert. Offenbar ist außer uns noch jemand entschlossen, den Michel zu schützen, allerdings nicht vor saurem Regen, sondern vor uns und unseren Transparenten.
Oben zerren die vier armen Umweltschützerlein vergebens an dem riesigen Spruchband. Verflixte Tücke des Objekts! Ich spüre hautnah unsere Ohnmacht. Als ich die anderen um mich herum ansehe, erkenne ich, daß sie genauso fühlen. Jeder von uns zieht in Gedanken mit denen da oben an Seilen, Netzen und Leinwand. Umsonst – das riesige Polizeiaufgebot ist schon oben; für sechs kräftige Polizistenarme ist es ein leichtes, das verhakte Transparent nach oben zu ziehen. Weg mit dem Schandfleck – aus den Augen – aus dem Sinn?
So einfach ist es nicht! Jemand hat ein Transistorradio mitgebracht. Während der Polizeitrupp noch mit dem Bergen des Spruchbands beschäftigt ist, hören wir, daß die Forderungen von Robin Wood schon hinaus in den Äther gehen. Nachrichten auf der Hamburg-Welle: «Umweltschützer einer bisher nicht bekannten Umweltschutzorganisation mit Namen Robin Wood haben am Turm der Hauptkirche St. Michaelis ein

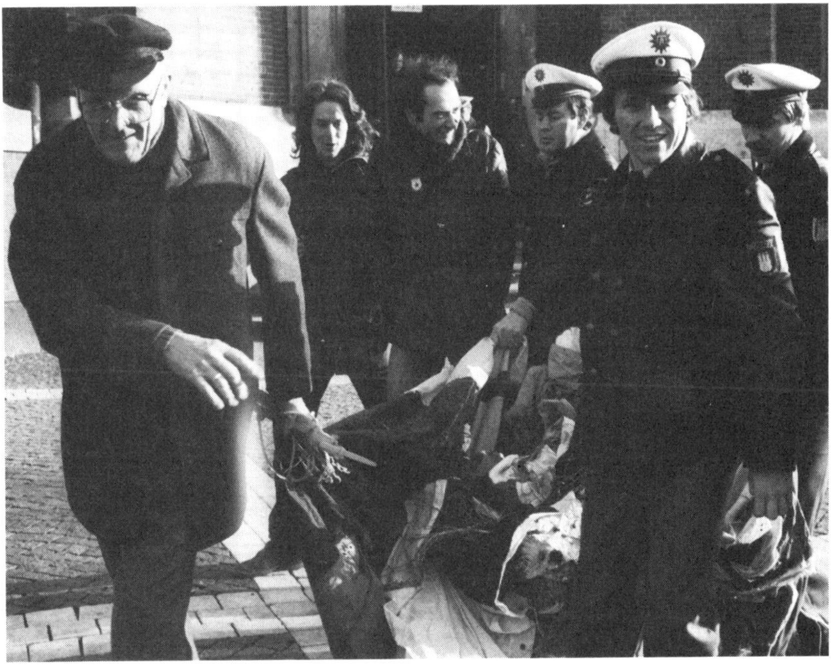

Transparent befestigt. Mit ihrer Aktion will die Gruppe gegen Gebäudeschäden durch sauren Regen protestieren. Gleichzeitig bestiegen Mitglieder von Robin Wood in Berlin und in Frimmersdorf bei Köln die Schornsteine.»
In unsere Freude mischt sich Sorge. Hoffentlich respektieren die Polizisten unsere Gewaltfreiheit und sind fair zu unseren Freunden dort oben!
Unsere Delegation kommt aus dem Kirchenbüro zurück. Thomas und Rainer hatten um einen winzigen Aufschub gebeten, um das Transparent wenigstens einmal in ganzer Länge ausrollen zu können. Das ginge auf keinen Fall, wurde ihnen barsch erwidert, da könne schließlich jeder kommen und außerdem habe man noch nicht gefrühstückt. Auch die Vorstellung, daß es hier nicht um jeden gehe, sondern einzig und allein um die Hamburger Kirchen, speziell um den Michel, fruchtete bei dem geistlichen Herrn nichts.
Man solle doch nach dem Frühstück wiederkommen, jetzt sei nicht der Zeitpunkt. Auf etwas

2
2
TURM-
BESTEIGUNG

mehr Verständnis hatten wir vorher doch gehofft!
Die Polizei verlädt inzwischen unser Transparent in einen VW-Bus, der auch die Turmbesteiger aufnimmt, unversehrt und guter Dinge. Die Streifenwagen fahren ab, die Straße wird frei. Gerd kann den Lastwagen vor den Kircheneingang dirigieren. Wir öffnen den Laderaum und lassen die Luftballons steigen. Der Wind trägt sie nach Südosten, Richtung Kraftwerk Hafen. Block zwei ist erst 1982 ans Netz gegangen – ohne Entschwefelungsanlage. Ein Musterbeispiel für hamburgische Umweltpolitik!
Später stellen Rolf und ich ROBIN WOOD im Rathaus vor. Der Empfang bei Bürgermeister Dohnanyi wird von verbindlichem Lächeln und artigen Absichtserklärungen umrahmt. Schließlich ist Wahlkampf und wir haben das Fernsehen mitgebracht. Wir lauschen den Ausführungen über das Hamburger Energiekonzept, das irgendwann einmal wirksam wird, wenn die Hamburger Wälder längst in der Spanplattenfabrik sind. Während Dohnanyi redet, überlege ich mir, ob – wenn diese Spanplatten zu Möbeln verarbeitet sind und dereinst als Sperrmüll an der Straße stehen, der Regen wohl immer noch sauer sein wird.
Nicht schwafeln, entschwefeln – schießt es mir durch den Kopf. Aber ich bin zu höflich, ich sage nichts dergleichen. Auch als der Bürgermeister schulmeistert, daß er solch illegale Aktionen wie die unsere nicht billigen könne, erkläre ich ihm nicht, warum wir glauben, legitim zu handeln. Ich koche innerlich, sage aber nichts. Ich denke, daß auch diesem mächtigen Mann gelegentlich die eigene Ohnmacht bewußt wird und daß er wohl kaum an die Wirksamkeit dessen glauben kann, was er da erzählt. Wie ein vernagelter Ignorant wirkt er nicht. Ich glaube, er hat uns zugehört und wird lesen, was in der Pressemappe steht, die Rolf ihm übergeben hat. Für mich steht fest: Ich will lieber illegal handeln, als der legalen Umweltzerstörung zusehen. Wer schwafelt, statt für Entschwefelungsanlagen zu sorgen, macht sich mitschuldig am stillen Sterben der Wälder.

Nach der Aktion: Einige der Hamburger Robin Woodler verschnaufen auf den Kirchenstufen. Gruppenbild ohne den Sauren Regen

Kölns Wahrzeichen wird weniger

Einen langen, anstrengenden Vormittag kletterten Robin Woods Dombaumeister Dr. Wolff über Gerüste, Leitern und Dächer des Kölner Doms.
Das Wahrzeichen der Stadt besteht aus einer Vielfalt von Baumaterialien, was sich durch die 800 Jahre lange Bauzeit erklärt. Etwa 50 Gesteinsarten sind im Laufe der Jahrzehnte verwendet worden, die je nach Zusammensetzung unterschiedlich stark angefressen sind.

Robin Wood: Schwefeldioxid gilt als Hauptverursacher des Waldsterbens. Andere Schäden, die es bei Menschen oder Gebäuden anrichtet, sind dagegen offenbar noch weitgehend unerforscht. Wie sehen Sie das am Beispiel des Kölner Doms?
Dr. Wolff: Daß Schwefeldioxid eine Ursache für Gesteinsverwitterung ist, hat man schon im 19. Jahrhundert festgestellt, zum Beispiel am Londoner Parlament. Aus der Zeit um 1907 gibt es sichere Nachricht, daß ein Professor Kaiser aus Gießen Rauchgase als Hauptursache des Steinzerfalls am Schlaitdorfer Sandstein erkannte. Heute muß man allerdings schärfere Kriterien anwenden, wenn man etwas beweisen will. So ist der wissenschaftliche Nachweis, daß Schwefeldioxid den Sandstein schädigt, schwer zu führen.
Robin Wood: Sieht das bei allen Gesteinsarten so aus?
Dr. Wolff: Nein. Beim Muschelkalk, der zur Bausubstanz des Kölner Doms gehört, sind die Schäden nur durch Schwefeldioxid zu erklären. Hier ist der wissenschaftlich exakte Beweis geführt. Bei anderen Steinarten kann man dagegen nur den «Wahrscheinlichkeitsbeweis» antreten. Hier in Köln zum Beispiel haben wir sehr starke Belastungen und entsprechende Zerstörungen; in Ulm oder Neuschwanstein ist die Luft sauberer, die Schäden am Bau geringer. Dies gilt als starker Hinweis, allerdings nicht als exakter Beweis, daß Schwefeldioxid die Hauptrolle der Zerstörung spielt.
Robin Wood: In der Dombauhütte arbeiten zur Zeit 70 Leute, darunter 40 Steinmetzen, Bildhauer, Glasmaler, Gerüstebauer, Schlosser,

Schreiner und Dachdecker. Die Schäden müssen also ein erhebliches Ausmaß erreicht haben?

Dr. Wolff: Man muß dabei zwischen Pflegemaßnahmen und Heilungsmaßnahmen unterscheiden. Pflegemaßnahmen braucht ein solcher Bau ständig. Deshalb kann man nicht alle Kosten auf das Konto Luftverschmutzung setzen.

Robin Wood: Wie hoch sind die Reparaturarbeiten, die durch Schadstoffe verursacht werden?

Dr. Wolff: Für 1982 wären es rund fünf Millionen Mark. Das sind zwei Drittel unserer Gesamtausgaben. Leider reicht das nicht. Wir können nicht Schritt halten. In jedem Jahr wird mehr zerstört, als wir reparieren können. Notgedrungen setzen wir dort an, wo die Substanz, die Konstruktion des Doms angegriffen ist.

Robin Wood: Welche Maßnahmen müßten Sie gegen diese galoppierende Schwindsucht des Doms ergreifen?

Dr. Wolff: Ich bin dagegen, daß man die Mittel für die Denkmalpflege erhöht. Man muß den Ausstoß der Schadstoffe eindämmen und die Forschung vorantreiben, um das Schlimmste zu verhüten. Wir wollen die Substanz erhalten, nicht nur die Form. Alles, was hier zerstört wird, kommt nie wieder, ist verlorenes Kulturgut. Die Fragen, die wir heute haben, sind doch nur ein Teil von dem, was die Zukunft fragen wird. Unsere Nachfahren werden andere Fragen haben. Wenn nichts mehr da ist, gibt es keine Antworten mehr.

Robin Wood: Die einzelnen Figuren weisen zum Teil sehr feine Strukturierungen auf, die das Schwefeldioxid als erstes angreift. Können Sie die Schäden an den Figuren näher beschreiben?

Dr. Wolff: Sie müssen unterscheiden zwischen Figuren, die «im sauren Regen» stehen, und denen, die trocken bleiben. Wenn ein Bauteil trocken bleibt, kann ihm Schwefeldioxid nichts anhaben. Nur in Verbindung mit Wasser entsteht aus Schwefeldioxid Schwefelsäure. Deshalb sind diese Figuren hier vollkommen unversehrt. Das, was Sie nicht sehen, sind Figuren, die wir abgenommen haben, was natürlich ein gewaltiger Schaden ist, denn diese Figuren verbinden die Portale untereinander. Die Harmonie, die in solch einer Fassade wirkt, ist damit zerstört.

Robin Wood: Was ist mit den Figuren geschehen, wo sind sie heute?

Dr. Wolff: Wir haben sie restauriert. Sie stehen im Museum. Zurückstellen darf man sie auf keinen Fall, dann wären sie schnell endgültig zerstört. Ein Beispiel sind die Engel dort oben, die kein Dach über sich haben. Sie sind völlig zerfressen, haben keine Gesichter mehr, ihre Oberkörper sind völlig deformiert. Nur noch unten, wo sie sich selber «Regenschatten» spenden, sind sie erhalten.

ROBIN WOOD: Wie ich gehört habe, mußten Sie an einem Portal eine ganze Reihe von Türmchen durch Plastikimitationen ersetzen?

DR. WOLFF: Dort haben wir versucht, die feinen Teile, die zuerst verwittern, durch Plastikkopien zu ersetzen. Das ist nur ein Versuch, der zeigen soll, daß wir uns um neue Lösungen bemühen. So ein Türmchen in Stein nachzuahmen, ist eine ziemlich teure Angelegenheit. Die Plastikkopie kostet 60 Mark, eine Steinkopie würde bestimmt über 1000 Mark kosten. So etwas können wir uns nicht leisten.

ROBIN WOOD: Kennen Sie die Verursacher der Domschäden?

DR. WOLFF: Nach dem zweiten Weltkrieg hat die ständig wachsende Stromproduktion im Ruhrgebiet zweifellos dazu geführt, daß sich die Emission von Schadstoffen erhöht hat. Die Abgase der Autos schaden dem Bau dagegen nur minimal. Indirekt ist der Autoverkehr allerdings beteiligt und zwar über die Benzinherstellung in den Raffinerien, die erhebliche Schwefeldioxidmengen auswerfen.

ROBIN WOOD: Wir haben erfahren, daß auch Tauben das Gestein durch ihre Scheißerei zerstören. Stimmt das?

DR. WOLFF: Die Tauben sind ein Problem, weil sie sich dort einnisten, wo kein Regen fällt. Deshalb werden die einzigen Stellen, die das Schwefeldioxid nicht trifft, auch geschädigt. Eine unangenehme Sache. Wir haben große Mühe, die Viecher von den kostbaren Figuren zu vertreiben, aber das ist ein Teilaspekt. Von der Größenordnung her zu vernachlässigen.

ROBIN WOOD: Was haben Sie bisher gegen den Verfall Ihres Doms unternommen?

DR. WOLFF: Ich habe das Nationalkomitee für Denkmalschutz und das Bonner Innenministerium immer wieder gemahnt, daß nicht nur der Natur, sondern auch der Kultur schwere Schäden zugefügt werden. Ich habe deutlich gemacht, daß Bäume möglicherweise irgendwann nachwachsen können, zerstörte Kulturgüter dagegen für immer verloren sind. ROBIN WOOD: Und die Reaktion?

DR. WOLFF: Die Denkmalpflege hat nicht den Stellenwert, den Sie vermuten. Ich hoffe, daß die Sorge um die Wälder letztlich auch unserer Kultur zugute kommen wird.

Freudenstadt: Turnschuhe treffen Lodenmäntel

Die Schwarzwaldtanne war früher weit über die Landesgrenzen hinaus bekannt. Zu gigantischen Flößen zusammengebunden trieben ihre Stämme den Rhein bis nach Holland hinunter, um dort als Bauholz für Schiffe und Gebäude verarbeitet zu werden.
Diese Zeit, von Wilhelm Hauff in seinem Märchen «Das kalte Herz» verewigt, ist schon lange vorbei. Heute gilt die Tanne im Schwarzwald als aussterbende Holzart.
Aber der Widerstand in der Bevölkerung formiert sich. Ist es ein Zufall, daß gerade in Freudenstadt, einem kleinen Schwarzwaldort, die erste Bundeskonferenz gegen das Waldsterben stattfand?

Die Schüler eines Biologieleistungskurses des Freudenstädter Wirtschaftsgymnasiums warteten im November 1981 besonders gespannt auf den ersten Schnee. Aus der Presse hatten sie erfahren, daß der Regen in den letzten Jahren immer mehr versauert war, jetzt wollten die Achtzehnjährigen untersuchen, ob die weiße Pracht in Freudenstadt tatsächlich noch so sauber war, wie sie an kalten Wintertagen erschien. Als die ersten Flocken gefallen waren, ergab ihre Untersuchung Bestürzendes: Mit einem pH-Wert von nahezu 4,0 war der Schnee fast fünfzehnmal saurer als erwartet.

Schon 1977 hatte der Münchener Forstbiologe Professor Peter Schütt erkannt, daß im 3200 Hektar großen Freudenstädter Stadtwald Tannen ohne erkennbare Ursachen starben. Vier Jahre später, im Herbst 1981, stapfte der Gemeinderat durch diesen Forst und lauschte verwirrt den Erläuterungen des Forstdirektors John, der ihnen fast beiläufig eine fatale Rechnung aufmachte: «Allein durch Zuwachsverluste», vernahmen die erschreckten Stadtväter, «werden wir in den nächsten zehn Jahren einen Schaden von fünf Millionen Mark haben!» Die Ursachen dieser Schäden müßten allerdings noch erforscht werden. Forsteinrichter Heperle wurde deutlicher: «Es scheint, als ob jetzt auch im Schwarzwald die Luftverschmutzung die Bäume tötet.»

Ausgerechnet Freudenstadt, diese 20000 Einwohner zählende Oase für Erholungssuchende aus aller Welt sollte vom Waldsterben betroffen sein? Undenkbar. Doch die Untersuchung der Schülergruppe erhärtete diesen Verdacht.

Entsprechend alarmiert zeigte sich Bürgermeister Gerhard Wolf, als Mitglieder der BUND-Ortsgruppe ihn im Januar 1982 aufsuchten: «Ich möchte Sie doch bitten», flehte er, «daß wir dieses Thema nicht in der Öffentlichkeit diskutieren. In einer Kurstadt sollten wir da etwas vorsichtig sein!»

Die Umweltschützer ließen nicht locker. Gemeinsam mit den Gemeinderäten einer «Bürgeraktion» versuchten sie, das Thema «Luftverschmutzung und Waldsterben» in der Kommunalpolitik zu verankern. Ohne Erfolg: Die Lokalpresse berichtete von «niederschmetternden Abstimmungsergebnissen für die kleinste Fraktion». Selbst die Forderung nach veränderten waldbaulichen Maßnahmen fand keine Gnade vor dem Gemeinderat. Allein, so merkten Bürgeraktion und BUND sehr bald, standen sie auf verlorenem Posten. Man sah sich nach Bundesgenossen um.

Olfert Dorka, 40, selbständiger Gartenbauingenieur und Gemeinderat der Bürgeraktion erinnert sich: «Das war im April 1983. Die SPD forderte alle Gruppen auf, die das Thema Waldsterben bearbeiten, sich an einen Tisch zu setzen. Eingeladen wurden dann alle Vereine und Parteien aus dem Raum Freudenstadt, dazu die Stadtverwaltung, der Landrat und die Bürgermeister der umliegenden Gemeinden.»

Sechzig Mitglieder von vierzig Gruppierungen verabschiedeten schließlich eine gemeinsame Plattform, auf der dann die eigentliche Aktionseinheit gegründet wurde. «Entscheidend für unsere weitere Arbeit war», so resümiert Dorka, «daß das Forstamt von Anfang an mitgezogen hat. Viele Leute sind halt doch von der Seriosität der Forstverwaltungen überzeugt.»

Diese Arbeit sollte sich auf mehreren Ebenen abspielen. Vor Ort wollte man die Freudenstädter Bevölkerung darüber aufklären, was «da draußen im Wald überhaupt vor sich geht». Da das Waldsterben jedoch nicht an Gemarkungsgrenzen halt macht, wurde eine Einladung dankbar angenommen, sich mit 20 weiteren Gruppen aus dem schwäbisch-badischen Raum in Bruchsal zusammenzusetzen, und nach Abschluß der Tagung stand fest, daß die Freudenstädter die Koordination für den gesamten süddeutschen Raum übernehmen sollten.

«Die haben halt gedacht», weiß Olfert Dorka heute, «daß wir auch personell dazu in der Lage waren.»

Bei so viel Betriebsamkeit blieb es nicht aus, daß die größte bundesweite Waldkonferenz in diesem kleinen Schwarzwaldort stattfand.

Es war uns fast peinlich. Riesig groß, acht mal acht Meter prangte unser Transparent mit dem ROBIN WOOD-Emblem über dem Eingang der Theodor-Gerhard-Schule. Dabei waren wir nur eine Gruppe von vielen, und nicht unbedingt die wichtigste! Allerdings hatten sich erstaunlich viele ROBIN WOODS auf den Weg gemacht. Von Kiel bis München, jede Regionalgruppe war mit mindestens vier Personen vertreten.

Den Auftakt unserer Konferenz sollten Waldführungen bilden. Wir wollten uns noch einmal vor den Toren Freudenstadts in das Gedächtnis rufen, worüber wir die nächsten beiden Tage diskutieren würden.

Der Schrecken war den meisten von uns fast schon vertraut. Sterbende Bäume auf beiden Seiten des Weges.

«Sie können sich 50 Mark verdienen!» tönte plötzlich die Stimme des Försters, der uns durch seinen Bestand führte. «Zeigen Sie mir noch einen gesunden Baum!»

Das Geld schien leicht verdient. Mehr als eine Jungfichte stand in Reichweite, sattes Grün und dichter Nadelbesatz deuteten auf eine hohe Vitalität hin. Wir schwärmten aus, um besonders gesunde Exemplare zu finden, aber der Fachmann zerstörte unsere Hoffnungen. An auf den ersten Blick gesund erscheinenden Bäumen zeigte er uns die Frühstadien dieser heimtückischen Waldkrankheit: Nadelverfärbungen, und Verlust der Wachsschicht auf der Nadeloberfläche. In diesem Wald, so wurde bei unserem Spaziergang deutlich, gab es keinen einzigen gesunden Baum mehr.

Auf dem Rückweg erzählte uns Förster Trefz eine Geschichte, die sich im 16. Jahrhundert im Freudenstädter Wald abgespielt haben soll:

Ein Bauer war an einem kalten Wintertag in den Wald gegangen, um Holz zu schlagen. Beim Spalten eines riesigen Baumstammes rutschte ihm der Keil so unglücklich ab, daß seine linke Hand im Spalt festgeklemmt wurde. Vergeblich versuchte sich der Mann zu befreien, er saß fest.

Es begann zu dämmern, die Kälte drang durch seine Kleider, und in der Ferne konnte der Unglückliche schon das Geheul der vom Blutgeruch angelockten Wölfe hören. Den Tod vor Augen blieb ihm nur noch eine Möglichkeit: Mit einem gewaltigen Hieb seiner scharfen Axt trennte er sich die Hand ab und lief blutüberströmt, aber lebend, nach Hause.

Die Geschichte machte uns nachdenklich. Müßte sich nicht auch so mancher Politiker die Hand abhacken, mit der er sich den Interessen der Industrie verschrieben hat und die ihn nun unfähig werden läßt, der drohenden Katastrophe zu begegnen?

«Die Grenze der Kompromißfähigkeit ist nun erreicht!» Hubert Weinzierl, 48, Land- und Forstwirt und seit 1983 Bundesvorsitzender des BUND, drückte aus, was wohl alle Teilnehmer in der holzgetäfelten Aula der Theodor-Gerhard-Schule fühlten:

«Wer das Sterben der Wälder duldet – und die verantwortlichen Politiker tun dies zur Zeit –, sündigt gegenüber Kindern und Enkelkindern, aber auch gegenüber der Schöpfung; wo weiterhin chemische Waffen gegen unsere Mitgeschöpfe eingesetzt werden, ist politischer Widerstand vonnöten.»

Leitlinien für diesen Widerstand zu beraten und zu beschließen, das war die Aufgabe, die sich die 700 Teilnehmer dieser Waldkonferenz für die nächsten beiden Tage gestellt hatten. In 13 Arbeitsgruppen sollten

Informationen ausgetauscht und Strategien beraten, in einer Abschlußveranstaltung schließlich jedem Abgeordneten des Deutschen Bundestages ein namentlich gekennzeichneter Patenschaftsbaum gewidmet werden.

Veranstalter dieses Spektakels waren neben der Freudenstädter Aktionseinheit und ROBIN WOOD der BUND, der BBU, der Deutsche Naturschutzring sowie das Öko-Institut Freiburg. Aber schon die Liste der Unterstützer zeigte, daß diese Konferenz über das übliche hinausging: Neben Matthias Wissmann (CDU) fand sich dort der Umweltschutzbeauftragte der Evangelischen Kirche ebenso wie die Deutsche Reiterliche Vereinigung oder die Freiherr von Rotenhansche Forstverwaltung.

Es war das breiteste Bündnis in Sachen Umweltschutz, das es in Deutschland je gegeben hatte. «Turnschuhgeneration» und «Lodenmäntel» waren sich endlich nicht nur in der Ursachenbeschreibung, sondern auch in der Vorgehensweise einig. «Uns steht das Wasser bis zum Hals» drückte Dietger Freiherr von Fürstenberg die Stimmung der privaten Waldbesitzer aus, «wir wären auch bereit, einen Pakt mit dem Teufel einzugehen!»

Entsprechend breit war dann auch der Forderungs- und Aktionskatalog, der nach langer Diskussion im Plenum verabschiedet werden konnte. Ein Fundament war gegossen, auf das in Zukunft sechs Umweltschutzorganisationen und diverse Interessenverbände ihre Arbeit aufbauen werden. Die Koordination, so war man sich einig, sollte ein überregionaler Koordinationsausschuß übernehmen.

War die Konferenz also ein Erfolg, der Beginn einer neuen Qualität in der Umweltarbeit? Olfert Dorka, Mitorganisator, zeigte sich optimistisch:

«Wir können schon etwas erreichen! Wir als Umweltschützer müssen es schaffen, den Politikern ebensoviel zu erzählen wie die Lobby der Industrie. Aber dazu müssen die Bürger sich engagieren, egal in welchem Verein oder welcher Gruppe.

Ich bin da übrigens sehr zuversichtlich, daß das in Zukunft verstärkt passieren wird!»

Der Freudenstädter Appell

Wenn nicht sofort entscheidende Maßnahmen ergriffen werden, wird eine ökologische und ökonomische Katastrophe von bisher nicht gekanntem Ausmaß unvermeidbar sein. Seit einigen Jahren, in den letzten Monaten aber dramatisch beschleunigt, stirbt der Wald in großen Flächen ab.

Mit dem Wald verschwindet ein gewaltiges, vielschichtiges System von zahllosen Tier- und Pflanzenarten. Die Waldschäden sind nur die sichtbarste Folge einer ständigen, gigantischen Luftverschmutzung in den Industriestaaten. Wird dieser Luftverschmutzung nicht unverzüglich Einhalt geboten, ist Mitteleuropa in wenigen Jahren nicht wiederzuerkennen. Die Waldgebiete Europas drohen zu versteppen.

Wo der Wald stirbt, stirbt der Mensch. Um eines fragwürdigen materiellen Fortschritts, um der Steigerung von Konsum und Gewinn willen wird Krieg gegen die Natur geführt. Mit den Wäldern wird unsere wichtigste Trinkwasserquelle und der Reiniger unserer Luft zerstört. Ungeheure kulturelle und volkswirtschaftliche Werte werden vernichtet.

Hunderttausende von Arbeitsplätzen, gewachsene Existenzsicherung aus Waldbesitz, wertvolle Erholungslandschaften und viele andere Lebensgrundlagen gehen verloren. Andererseits würde eine sinnvolle Umwelt- und Energiepolitik Hunderttausende von Arbeitsplätzen schaffen.

In unserem Streben nach Wohlstand vergessen wir unsere humane und christliche Verantwortung gegenüber der Natur. Wir alle sind herausgefordert. Die Lebensgrundlagen unserer Kinder und Enkel sind in Gefahr.

Die zur Luftsanierung bisher vom Staat beschlossenen Maßnahmen sind völlig unzureichend.

Nach allem, was wir von Wissenschaftlern und Forstleuten wissen, ist der Tod unserer Wälder noch in diesem Jahrzehnt unausweichlich und unabwendbar, wenn wir nicht zur Kenntnis nehmen, daß Naturgesetze keine Kompromisse zulassen.

Aus vielen Gründen ist der Bau und Einsatz von Atomkraftwerken keine Alternative und kann das Waldsterben nicht aufhalten.

Wir fordern als Not- und Sofortprogramm:

1) **Verschärfung der Verordnung über Großfeuerungsanlagen**
mit den Hauptpunkten:
– Ausdehnung des Geltungsbereichs auf 10 MW
– Verkürzung der Übergangsfristen für Altanlagen auf 1988
– Umrüstung der Altanlagen nach einem festgelegten Stufenplan: zuerst Altanlagen mit mengenmäßig besonders hoher Verschmutzung, dann der kleineren Anlagen
– Streichen jeglicher Ausnahmeregelungen
– vorgeschriebener Entschwefelungsgrad 90%
– keine Inbetriebnahme von großen «Alt»-Anlagen (wie z. B. Buschhaus) ohne Rauchgasentschwefelung
– wichtig: die Verordnung ist über eine entsprechende Änderung des Bundesimmissionsschutzgesetzes gegen Klagen der Kraftwerkswirtschaft abzusichern

2) **Brennstoffentschwefelung bzw. -einsatz, Prioritäten bei Kraftwerken**
– sofortiges maximales Ausfahren der entschwefelten Kohlekraftwerke (Grundlast)
– sofortiges Hochfahren der Gaskraftwerke
– sofortige Stillegung und Umrüstung stark emittierender Braun- und Steinkohlekraftwerke
– schwefelreiche Brennstoffe dürfen nur in Anlagen mit Rauchgasentschwefelung eingesetzt werden, schwefelarme Brennstoffe in Haushalten und kleinen Feuerungsanlagen
– die Schwefelgehalte von Heizöl EL und Dieselkraftstoffen sind auf 0,1 % zu begrenzen

3) **Verschärfung der TA-Luft**
Die TA-Luft ist erneut zu novellieren, grundsätzlich muß ein Verschlechterungsverbot aufgenommen werden, die Immissionswerte, insbesondere für Schwefeldioxid, sind zu senken und scharfe Emissionswerte in Teil 3 der Verordnung festzulegen.

4) **Schwefelabgabegesetz**
- die Abgabe muß ab 10 MW gelten
- sie muß 4000 DM pro Tonne Schwefeldioxid betragen

5) **Abwärmeabgabe bzw. Stickoxidabgabe**
(Vorlage entsprechender Gesetzesentwürfe)
- zur indirekten Förderung der Nah- und Fernwärmenutzung ist eine Abwärmeabgabe zu erheben (auch auf Kernkraftwerke)
- das Schwefelabgabegesetz muß so schnell wie möglich durch ein generelles Schadstoffabgabegesetz erweitert werden (auch für abgebrannte Brennelemente aus Kernkraftwerken)

6) **Abschaffung des Grundtarifs beim Strompreis, Anreiz zum Kleinverbrauch**
(ab sofort bzw. beim Auslaufen von Verträgen)

7) **Geschwindigkeitsbegrenzung auf Tempo 100 (Bundesautobahnen) und Tempo 80 (Bundes- und Landstraßen)**

8) **Kfz-Abgase**
- sofortige Einführung bleifreien Benzins
- Entgiftung der Kfz-Abgase um 90% ab Mitte 1984
- umfassende Kraftfahrzeugabgastests halbjährlich, auch für Diesel-PKW
- gestaffeltes Programm zur Entgiftung der Altwagen
- Höherbesteuerung von bleihaltigem Benzin, die Differenz zu bleifreiem Benzin muß 50 Pfennig betragen (pro Liter)
- Umlegung der Kraftfahrzeugsteuer auf die Mineralölsteuer
- Umschichtung der Haushaltsmittel vom Straßenbau zugunsten des öffentlichen Personennahverkehrs, der Bundesbahn und des Ausbaues der Fahrradverkehrs-Infrastruktur
- Änderung des Bundesverkehrswegeplanes und des Gemeindeverkehrs-Finanzierungsgesetzes
- keine Streckenstillegungen bei der Bundesbahn

9) **Veröffentlichung**
- einer Liste «umweltfreundlicher» Autos (Energieverbrauch, Abgaskatalysator, Verbrauchsanzeiger usw.)
- einer Liste strom- und wasserverbrauchsarmer Haushaltgeräte
- aller Emissions- und Immissionsmessungen bzw. -erklärungen
- kontinuierlicher Schwefeldioxid- und Stickoxidmessungen bei allen Großanlagen und Fernübertragung mit öffentlichen Bildschirmen auf Marktplätzen
- einer Liste sämtlicher Beteiligungen bzw. Verflechtungen der EVU's sowie aller Aufsichtsräte und deren (Aufwands-)Entschädigungen

10) Für die **langfristige** Rettung der Wälder und der Böden ist eine Neuorientierung der Energie- und Verkehrspolitik notwendig, die 1984 in die Wege geleitet werden muß.
Hauptpunkte müssen sein:
- Erstellung eines Energieeinsparprogrammes
- Förderung dezentraler Kraftwärmekoppelung
- Förderung erneuerbarer Energien
- Änderung des Energiewirtschaftsgesetzes
- Neuorientierung der Forschungspolitik mit den Schwerpunkten: rationelle Energienutzung, erneuerbare Energieträger, umweltverträgliche Produktionsverfahren und Vermeidungstechnologien für Schadstoffe
- integriertes Verkehrskonzept mit Förderung des öffentlichen Nahverkehrs, des Fahrradverkehrs und der Bundesbahn

11) Sendezeit für Umweltschutzverbände in Rundfunk und Fernsehen

Bundesverband Bürgerinitiativen Umweltschutz (BBU) · Bund für Umwelt- und Naturschutz (BUND)
Deutscher Naturschutzring (DNR) · Robin Wood · Öko-Institut Freiburg · Freudenstädter Aktionseinheit gegen das Waldsterben. Kontaktadresse: Aktionseinheit / Postfach 570 / D-7290 Freudenstadt

Die Freiburger wollen es (ein)packen

Freiburg ohne Robin Wood? Die Stadt, in der fast jeder zweite aussieht, als sei er einer Landkommune entsprungen, wo der Wald so schnell stirbt wie kaum anderswo! Freiburg braucht Robin Wood. Robin Wood braucht Freiburg. Thomas J. Schult erzählt:

Gesagt, getan und umgezogen: Im Oktober 1983 fahre ich von Hamburg aus mit einem Leihkombi los, der dicht vor dem Achsbruch steht, wobei ich mich doch mehr auf den eigentlichen, sehr privaten Umzugsgrund freue als auf die bevorstehende Gründung einer Robin Wood-Gruppe, was dann gar nicht mehr so einfach erscheint.
Es erleichtert die Sache, daß auf einmal Conny vor der Tür steht, die mit ihren Freundinnen und den Freundinnen ihrer Freundinnen schon nach einer Woche eine halbe Gruppe zusammentelefoniert hat. In der Universitätsbibliothek hat sie das Robin Wood-Plakat aufgehängt «Ist der Versuch der Natur, ein denkendes Wesen zu erzeugen, fehlgeschlagen?» Dieser Text scheint besonders männliche Kommilitonen anzusprechen; vier davon melden sich, so daß nach sechs Wochen und drei Info-Ständen zwanzig Leute zusammen sind.
Bei einer Wanderung im Schwarzwald rede ich mit einem Förster. «Im Schwarzwald werden in wenigen Jahren große Flächen kahl sein», sagt er mir. «Die Tanne wird bei uns aussterben.»
Ich fahre per Seilbahn auf den Schauinsland. Anfangs sieht der Wald tief unter der Kabine grün und gesund aus. Doch im oberen Drittel der Strecke taucht die Seilbahn in den Wald ein, entlarvt das Grün als schütteren Kronenrest. Fast alle Bäume zeigen deutlich Immissionsschäden.
Die Lektüre einer Untersuchung von Professor Reichelt, der große südwestdeutsche Waldgebiete auf Schäden untersucht, gibt mir den Rest: «Das gesamte Untersuchungsgebiet weist ernste bis katastrophale Waldschäden an praktisch allen Baumarten auf ... Wenn bis in späte-

stens fünf Jahren keine ausreichenden Maßnahmen zur Luftreinhaltung getroffen werden, ist der größte Teil des Nadelwaldes – und wahrscheinlich nicht nur er – im gesamten Untersuchungsgebiet tot; und es wird nicht einmal gelingen, ihn durch Wiederaufforstungen nachzuziehen.»

Im November spät abends ein Anruf, der mich kaum einschlafen läßt: In vier Wochen ist Aktionstag. Das ist beinahe zu kurz für eine größere Sache; am nächsten Tag beschließen wir beim Gruppentreffen, es dennoch zu versuchen. Ich greife auf ein Aktionskonzept zurück, das ich in einem mehrstündigen Palaver mit meiner Schwester entwickelte: Wir wollen versuchen, ein Stück Wald einzupacken, so wie es Christo mit dem Berliner Reichstag vorhat. Wir verstehen das nicht etwa als künstlerischen Klimmzug, wir wollen in einer ebenso notwendigen wie absurden Maßnahme auf das katastrophale Sterben des Schwarzwaldes reagieren.

Schon in den nächsten Tagen bekommen wir kalte Füße. Es ist enorm schwierig, eine 1500 Quadratmeter große Plane über die Wipfel einer Schonung zu ziehen, ohne die jungen Fichten zu beschädigen. Zudem ist unsere Gruppe noch recht klein, und mit der wollen wir eine Aktion durchführen, deren Vorbereitung die aktionserprobten Berliner wegen technischer Probleme aufgegeben haben.

Doch jetzt bleiben wir dabei. Die Aufschrift auf der Plane steht schon. Sie lautet: «Wir haben den Wald nur von unseren Kindern geborgt.»

«Naturschützer müssen schon mal sehr früh aufstehen ...» beginnt der Bericht des Redakteurs der *Badischen Zeitung* am Tag nach der Aktion. Damit sind aber nicht einmal wir ROBIN WOODS gemeint, bei denen wie bei mir am Nikolausmorgen um zwanzig nach drei der Wecker rasselt; nein, es geht um die armen Reporter, die schon um acht Uhr am Aktionsort erscheinen sollen.

Zu diesem Zeitpunkt sind die Vorarbeiten schon abgeschlossen, und eine 60 Meter lange Wurst, zu der die 1500 Quadratmeter große Plane zusammengelegt ist, liegt am Schauinslandhang unterhalb der Fichtenschonung, die eingepackt werden soll. Ein bißchen Angst haben wohl alle, denn in den letzten Tagen wurde uns klar, daß bei der Durchführung des Verpackens noch viele Fragen offen sind. Ich hatte meine Energie auch mehr darauf verwendet, eine möglichst breite Öffentlichkeit für diesen Tag zu schaffen als technische Details zu klären. Insbeson-

WIR HABEN D
NUR VON U
KINDERN G
ROBIN WOO

WALD
SEREN
BORGT

dere die Suche nach Schraubzwingen und Funkgeräten gestaltete sich schwierig. Erst am Abend vorher tauchten plötzlich acht Geräte auf, nachdem ich zwei Wochen lang nicht einmal eins hatte auftreiben können. Über die Anzahl der Schraubzwingen, die für die Befestigung von Dachlatten und Seilen an der Plane unentbehrlich sind, herrschte in den letzten Tagen ebenso Ungewißheit wie über die Zahl der Leute, die schließlich mitmachen würden. Viele Unsicherheitsfaktoren gab es also, die aber alle dadurch ausgeglichen wurden, daß am Wochenende zuvor einige unserer Forststudenten nach behutsamem Vortasten beim Freiburger Forstdirektor und beim zuständigen Revierförster die Billigung der Aktion erreicht hatten. Wir haben also genug Zeit, weil wir nicht befürchten müssen, daß jemand die Aktion behindert oder beendet.

Das Wetter meint es auch gut mit uns. Da «unsere» Schonung am Hang in etwa 1000 Meter Höhe liegt, sind tiefhängende Wolken unser Albtraum, da dann die Aufschrift oberhalb der Plane vom gegenüberliegenden Hang nicht zu erkennen wäre. Doch der Himmel ist klar, die Straßen trocken, der Wind schläft noch. Angesichts dieser günstigen

Voraussetzungen läuft die Aktion schließlich doppelt so schnell ab wie erwartet. In einer knappen Stunde ist die Plane über die etwa drei Meter hohen Fichten gehoben und gezogen, so daß es schon um zehn so aussieht, als sei Christo am Werk gewesen. Die Fernsehteams sind zufrieden und verschwinden bald, AP und argus jedoch wurmt es noch, daß die Aufschrift kaum zu entziffern ist, denn durch die stark unterschiedliche Höhe der Bäume liegt die Plane nicht eben. So chartern sie kurzentschlossen ein Flugzeug, rasen in atemberaubendem Tempo die Serpentinen hinunter ins Tal, um zum Flugplatz zu kommen und tauchen eine Stunde später im Tiefflug wieder auf. Aus 50 Metern Höhe gelingen ihnen die schönsten Bilder, die wir überhaupt von der Aktion haben.

So können wir schon gegen eins die Bäume wieder auspacken in dem Bewußtsein, sie einen halben Tag lang vor trockenen Immissionen geschützt zu haben und dabei gleichzeitig die Absurdität all jener Maßnahmen zu demonstrieren, die beim Wald selbst ansetzen, um das Waldsterben aufzuhalten.

Am Abend bricht dann der Winter herein: Dichtes Schneetreiben, Glatteis. Wie gut, daß die Aktion mit Petrus abgesprochen war.

Fichte

Heute sind rund 36 Prozent der deutschen Wälder Fichtenwälder. Ursprünglich wuchs die Fichte in den Mittel- und Hochgebirgen, war der höchste Baum unseres Landes. Ihr Name hängt mit dem indogermanischen Wort «peuk» zusammen, das heißt «stechen». Später wurde daraus fiohta. Sie war wie die Tanne ein Schutzbaum, ein Lebensbaum. Noch heute stellt sie vielerorts statt der Birke den Maibaum dar. Mit bunten Bändern, Eiern und Schleifen verziert, symbolisiert sie den Sieg des Sommers und der Fruchtbarkeit über den Winter, den Tod. Als Weihnachtsbaum ist sie Sinnbild für den Sieg des Lichtes über die Finsternis.
Der Baum, den unsere Vorfahren verehrten, aus dessen Holz Stradivari und Amati kostbare Geigen bauten, ist heruntergekommen. Er wächst schnell und anspruchslos heran, die Monokulturen sind wirtschaftlich rentabel. Industriestaaten brauchen Bauholz, Papier und Verpackungsmaterial in Massen – das liefern die Plantagen. Dort stehen die Fichten dicht an dicht, können ihre Zweige nicht entfalten, schießen in die Höhe. Kaum ein Vogel nistet in diesen Kunstwäldern, die Schädlinge haben freie Bahn. Also wird gespritzt. Die Gifte schaden Mensch und Tier. Der Boden, versauert durch die Nadeln, kommt ein Sturm, dann gehen die Flachwurzler reihenweise zu Boden. Kein freundlicher Nachbar gibt ihnen Halt.

Fichte, Rottanne (Picea abies)
Familie der Kieferngewächse (Pinaceae)

Höhe	bis zu 50 m
Rinde	rotbraun, im Alter graubraun und schuppig
Blatt	vierkantige spitze Nadeln, erneuern sich alle sieben Jahre
Blüte	einhäusig. Weiblich: gelbgrüne Blütenzäpfchen; männlich: Blütenkätzchen. Blühen nach 30 bis 60 Jahren.
Frucht	kaffeebraune Samen mit Flügeln in hängenden Zapfen, die abfallen, sobald der Same reif ist
Blütezeit	Mai bis Juni
Standort	ursprünglich nur Wälder ab 800 m Höhe, in Alpen bis zu 2000 m. Durch Pflanzung weit verbreitet, als Ersatz für andere Baumarten
Verbreitung	Nord- und Mitteleuropa
Inhaltsstoffe	Vitamin C, Harz, ätherische Öle
Nutzung	Einst diente das Holz langsam gewachsener Fichten als Klangholz für exzellente Geigen, heute nur noch tauglich als Bauholz, zur Papierherstellung und als Verpackungsmaterial.
Hausapotheke	Harz früher zu Pflastern verwendet; Terpentin ist Bestandteil vieler Salben und Öle gegen Rheuma, Hexenschuß, Gliederschmerzen. Bäder mit einem Zusatz von Fichtennadelabsud sind durchblutungsfördernd, schleim- und hustenlösend.

Kiefer

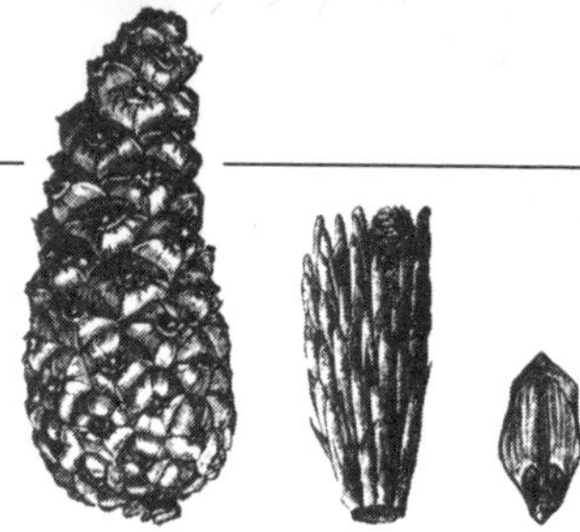

«Ist unter allen Hartzbäumen der feisteste / und gibt ein feist Hartz / welches man auch Kien nennet. Hierauß werden auch Fackeln an etlichen Orten gemacht: die man Dades nennt.»

Adamus Lonicerus

Das Harz der Kiefer ist ein uraltes Heilmittel. Aus ihm gewinnt man durch Destillation Terpentin und Terpentinöl, mit dem die Ägypter bereits vor viertausend Jahren ihre Toten einbalsamierten.
Die Kiefer spendete Licht. Ein fingerdicker Span, in Harz oder Pech getaucht, brannte etwa zwei Stunden lang, erleuchtete Bauernstuben und Rittersäle, erfüllte sie mit würzigem Duft.
Ihre Nadeln ließ man in lauwarmem Wasser gären, bis die harte Haut aufsprang und die innere, weiche Faser zum Vorschein kam. Sobald die getrocknet war, hatte man die schönste «Waldwolle», mit der man Polster und Matratzen stopfte. Die Kiefer spendete also Gesundheit, Licht, Behaglichkeit – kein Wunder, daß die Menschen glaubten, Feen wohnten in ihr, von eifrigen Zwergen umgeben. Die aber waren manch einem nicht geheuer, also brachte man sie mit dem Bösen zusammen.
Vor hundert Jahren klärte sich die Sache mit dem Teufel auf. Die männlichen Blüten nämlich «enthalten ungemein viel schwefelgelben Blütenstaub, der, in Regenpfützen zusammengeschwemmt, Veranlassung zur Fabel vom Schwefelregen gegeben hat».
Wer hätte damals ahnen können, daß ein anderer Schwefelregen diesem Baum dereinst den Garaus machen würde!

Kiefer Familie der Kieferngewächse (Pinaceae)

	Waldkiefer, Föhre (Pinus sylvestris)	Bergkiefer, Latsche (Pinus mugo)	Zirbelkiefer, Arve (Pinus cembra)
Höhe	bis zu 40 m, Krone kegelförmig, später schirmförmig	bis 20 m oder niederliegender Strauch, Krone kegelförmig	bis zu 25 m, Krone kegelförmig oder walzig
Rinde	unterer Teil d. Stammes dunkelbraun, oben rostrot	grau bis schwarzbraun	braun
Blatt	je zwei Nadeln an Kurztrieben gebündelt, grau oder blaugrün, zugespitzt, 4 bis 7 cm lang	Nadelpaare an Kurztrieben, dunkelgrün, stumpf, 2 bis 5 cm lang	Nadeln je fünf an Kurztrieben gebüschelt, steif, 6 bis 10 cm lang, dreikantig
Frucht	kleine Nüßchen mit Flügeln sitzen an Zapfen. Zapfen ei- bis kugelförmig, 3 bis 7 cm lang, gestielt und hängend. Samenreife erst im 2. Jahr nach der Blüte	Zapfen fast sitzend, 2 bis 5 cm lang	eiförmiger Zapfen, 5 bis 8 cm lang, schief aufrecht oder abstehend, im 2. Jahr nach Blüte reif. Fruchtschuppen bläulich mit brauner Spitze
Blütezeit	Mai	Juni bis Juli	Juni bis Juli
Standort	steinige, trockene, sandige Böden, Wälder, Dünen, Moore	Bergwälder, Alpen bis zu 2500 m, Hochmoore	Nadelwälder in Hochlagen, an Waldgrenze in Alpen und Karpaten zwischen 1200 und 2600 m
Verbreitung	Europa	Gebirge Süd- und Mitteleuropas	Zentralalpen häufig, in Nordalpen selten
Nutzung	Das weiche, grobe und leicht glänzende Holz eignet sich für Möbel und den Innenausbau; gutes Brennholz. Die Zirbelkiefer liefert Holz für Resonanzböden.		
Hausapotheke	Innerlich angewendet lindernd, schleimlösend; Knospen leicht harntreibend. Äußerlich Knospen als Wundheilmittel; Nadelabsud bei rheumatischen Beschwerden. Das aus der Latsche gewonnene «Krummholzöl» steht dem Terpentinöl sehr nahe und ist ein Volksheilmittel, vor allem bei jeder Art Erkältung, Asthma und Lungenbeschwerden.		

Lärche

«Ist dem rothen Thannenbaum etwas gleich / jedoch dicker / und hat eine glättere Rinde / seine Blätter seynd auch feister und weicher / das Holtz auch besser und wärhafftiger: röthlecht und stark riechend / auß welchem ein feister Safft fleust / welchen man noch dieser Zeit für den Terpentin in Apotecken braucht. An seinen Aesten hangen auch zaselichte Nüß. Sein Holtz verbrennet nicht / und wird auch nicht / zu Kolen / sondern zerfällt im Feur und wird mürb / wie ein Stein der verbrant ist.»

Adamus Lonicerus

Als einziger Nadelbaum verliert die Lärche jedes Jahr im Herbst ihre «Blätter». Ihr Holz ist zäher und härter als das von Fichte, Kiefer und Tanne. Weil es Nässe gut verträgt, eignet es sich für Wasserleitungen, Bottiche, Kübel und Eimer. Vor allem aber liefert sie reichlich Harz, das allerlei Krankheiten und Gebrechen lindert. Das aus dem Harz destillierte Lärchenterpentin war früher sehr begehrt und im Handel unter dem Namen Venetianisches Terpentin bekannt. Venedig nämlich war der Hauptumschlagplatz.
In der Lärche wohnt das Waldfräulein, die Wald- und Bergfrau, dort sah sie manch einer nachts mit dem Kleinen Volk tanzen. Dem Menschen ist sie gewogen, auch kleine Hilfeleistungen belohnt sie fürstlich. Die Bauern pflanzten also gern eine Lärche als Schutzbaum in die Nähe ihrer Höfe, um die guten Geister um sich zu haben. Heute sind die glückbringenden Frauen verschwunden. Mit den Gemsen, ihren Lieblingstieren, haben sich «die Säligen» in die letzten unwegsamen Gebirgswälder zurückgezogen.

Lärche (Larix decidua)

Familie der Kieferngewächse (Pinaceae)

Höhe	bis zu 40 m
Rinde	graubraun, abblätternd, Innenseite rötlich, stark rissig
Blatt	hellgrüne, weiche Nadeln, werden im Herbst goldgelb und fallen ab. Sitzen an Langtrieben einzeln, in Büscheln zu 15 bis 30 Nadeln an den Kurztrieben.
Blüte	Einhäusig. Weiblich: purpurrote stehende Zäpfchen, blühen früher als die männlichen rötlich-gelben, eiförmigen, hängenden Kätzchen. Blühen nach 30 bis 60 Jahren
Frucht	in eiförmigen bis kugeligen Zapfen
Blütezeit	April bis Mai
Standort	Bergwälder der Alpen, Sudeten, Karpathen, in den Alpen bis zu 2500 m, auch im Flachland angepflanzt
Verbreitung	in fast ganz Europa
Inhaltsstoffe	Farb- und Bitterstoffe, Harz, ätherische Öle, Bernsteinsäure
Nutzung	Das Holz zeigt in feuchtem und in trockenem Zustand große Widerstandskraft und eignet sich daher gut zum Bauen. Die Rinde wurde zum Gerben verwendet, in manchen Gegenden sammelte man das Harz und kaute es.
Hausapotheke	Das Harz wurde einst für Pflaster, heute bei der Salbenherstellung verwendet. Es wirkt durchblutungsfördernd, wundheilend, desinfizierend, schleimlösend. Lärchenharzsalbe lindert rheumatische Schmerzen, Hexenschuß, Neuralgien. Die Wundsalbe desinfiziert, zieht Eiter und beschleunigt die Heilung. Als Brustsalbe schleimlösend bei Husten und Bronchitis. Innerlich angewendet nicht ungefährlich: kann Nieren reizen.

Linde

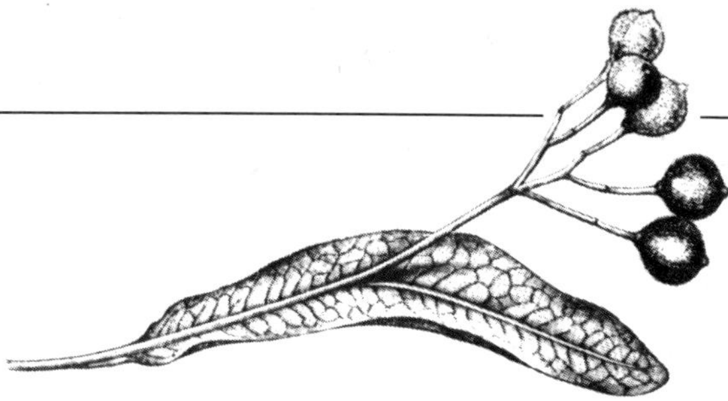

«Sein Holtz ist lind und weich. Es ist ein sehr fruchtbarer Baum / als welcher seine Aest mehr dann andere Bäume außspreitet / also daß man ihn auch mit vielen Seulen underbauen muß / dergleichen einer zu Meyntz im Closter zu S. Alban gewesen / mit 22 grossen steinern Seulen understützet / und ist doch Jährlich behauen worden.»

Adamus Lonicerus

Die Linde war der Baum der Freya, der Göttin der Liebe und der Fruchtbarkeit. Als das Christentum eingeführt war, trat die Maria an ihre Stelle. Die Linde blieb weiter Mittelpunkt der Dörfer. Unter ihrer ausladenden Krone fanden Gerichte statt, hier tanzten und feierten die Leute noch bis in die Neuzeit hinein. Manchmal erinnert noch der Name eines Gasthauses an den uralten Platz der Geselligkeit.

Die Linde spendet nicht nur Schatten und Geborgenheit. Ihre Blüten lindern allerlei Gebrechen, den Bienen sind sie ein wahres Schlaraffenland: 60000 Blüten an einem alten Baum! So widerstandsfähig und sturmfest sie auch sein mag, den Abgasen ist sie nicht gewachsen.

20 bis 30 Jahre alt wurden die Linden, dann schlug man sie und schälte die Rinde in Streifen ab. Man ließ sie im Wasser rotten, klopfte und wusch leicht zersetzbare Bestandteile heraus. Übrigblieben die dickwandigen Bastzellen, die ein feines Maschennetz bilden. Dann ließen sich die einzelnen Jahreslagen leicht voneinander trennen. Aus dem Bast entstanden Körbe, Decken und vor allem Matten als Verpackungsmaterial. Rußland, der Hauptlieferant, exportierte Ende des 19. Jh. jährlich 14 Millionen Bastmatten.

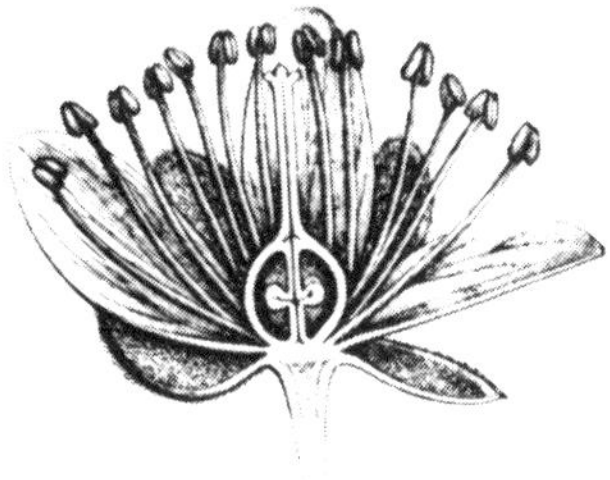 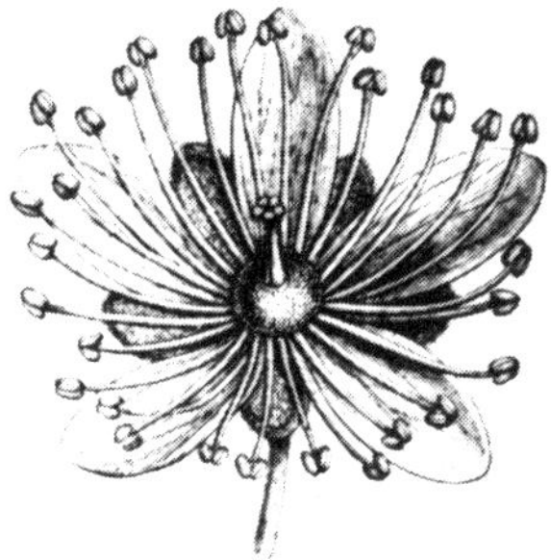

Linde Familie der Lindengewächse (Tiliaceae)

	Winterlinde (Tilia cordata)	Sommerlinde (Tilia platyphyllos)
Höhe	bis zu 25 m	bis zu 30 m
Rinde	braun und glatt, später dunkler, netzförmige Längsrisse	wie bei der Winterlinde
Blatt	herzförmig, 3 bis 8 cm breit, langgestielt, gesägt	5 bis 15 cm breit, langgestielt, herzförmig und gesägt
Blüte	zweihäusig; je 4 bis 10 gelblichweiße Blüten mit flügelartigem Tragblatt	je 2 bis 5 gelblichweiße Blüten mit flügelartigem Tragblatt, zwittrig
Frucht	dünnwandige, lederne Nüßchen	dickwandige fünfkantige Nüßchen, holzig
Blütezeit	Juni bis Juli	Juni
Standort	Laubmischwälder, zerstreut, wintermilde Lage, kaum über 1000 m	Laubwälder, zerstreut
Verbreitung	Südskandinavien, Mittel- und Südeuropa	Mittel- und Südeuropa
Inhaltsstoffe	Ätherische Öle, Flavonglykoside, Quercitrin, Tilrosid, Gerbstoffe, Saponine, Tocopherol	
Nutzung	Aus dem Lignum sanctum, dem «heiligen Holz», schnitzten Tilman Riemenschneider und Veit Stoß ihre Altäre. Als Nutz- oder Bauholz ist es zu weich, daher verwendet man es heute meist für Pinselstiele, Uhrenkästen, Spulen und Reißbretter; Kohle aus Lindenholz zum Zeichnen.	
Hausapotheke	Schweißtreibendes Mittel bei Erkältungen; Kopfdampfbäder; abwehrsteigernde Wirkung; Kohle bei Durchfall.	

Tanne

«Tannenhartz mit Gerstenmel und eines jungen Knaben Harn gesotten / über kröpffige Beulen gelegt / vertreibt dieselbige / und heilets.»

Adamus Lonicerus

Die Tanne war unseren Vorfahren heilig. In ihr wohnten, ebenso wie in der Eiche, Götter. Mit ihrem immergrünen Nadelkleid war sie Sinnbild des ewigen Lebens, und so spielte sie eine ganz besondere Rolle bei den höchsten Festen des Jahres. Bei der Wintersonnenwende (21. Dezember) und der Ankunft des Sommers, die je nach den klimatischen Verhältnissen in der Zeit zwischen März und Juni gefeiert wurde.

In Schlesien nannte man noch zu Beginn dieses Jahrhunderts das Frühlingsfest «den Tod austreiben». Den Tod, den Winter, stellte eine Tanne dar, die mit Strohketten gefesselt war. In anderen Gegenden spielten zwei Männer den ewigen Streit zwischen Sommer und Winter. Stets siegte der «Grüne Mann».

In der Mark mußten Knaben, die zum erstenmal das Vieh hüteten, eine Tanne mit Tierknochen schmücken und am Wipfel einen Pferdeschädel befestigen. Eine letzte Erinnerung an diese Tieropfer, die unsere Ahnen in Bäume hängten, ist unser geschmückter Tannenbaum. Sämtlichen christlichen Festen liegen heidnische Feiern zugrunde, und mancher uralte Brauch hat sich über Tausende von Jahren erhalten.

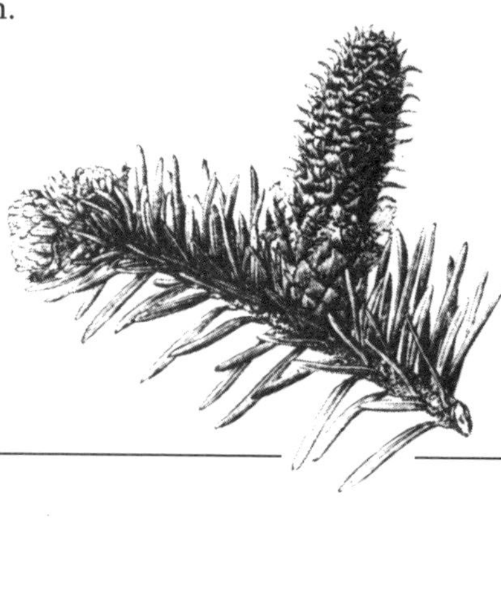

Weißtanne (Abies alba)

Familie der Kieferngewächse (Pineaceae)

Höhe	bis zu 50 m, Krone pyramidenförmig, bei älteren Bäumen storchennestartig abgeflacht, weil Seitenäste den Gipfeltrieb überragen
Rinde	glatt, hellgrau
Blatt	Nadeln flach, zweispitzig, dunkelgrün, unterseits gekielt, mit weißlichen Wachsstreifen
Blüte	einhäusig. Weiblich: 6 cm lange Zapfen, hellgrün, später braun. Männlich: 2,5 cm lange gelbe Kätzchen. Blüht nach 60 bis 70 Jahren
Frucht	aufrechter Zapfen, bei der Reife fallen die dreikantigen Schuppen mit Flügeln einzeln ab, die Spindel bleibt zurück
Blütezeit	Mai bis Juni
Standort	Bergmischwälder in luftfeuchter Lage, frostempfindlich
Verbreitung	Gebirge Mittel- und Südeuropas
Inhaltsstoffe	ätherische Öle, Vitamine A und C, Harze
Nutzung	Das sehr gleichmäßige, leicht spaltbare Holz eignet sich für Resonanzböden von musikalischen Instrumenten; liefert Harz und Terpentinöl. Im Mittelalter braute man Tannenbier.
Hausapotheke	Das Harz hat eine antiseptische Wirkung; bei Durchblutungsstörungen, als Salbe bei Rheuma und Arthrose; hilft bei Erkältung, Lungenschwäche, Bronchitis. Man kann mit einem Absud aus grünen Tannenzapfen gurgeln oder den Dampf eines Absuds aus Tannenzweigen inhalieren; Badezusatz.

Ulme

«Das Holtz / Laub / Rinde oder Wurtzel / in Wasser gesotten / und darinnen die Beinbrüch gebähet / machet es dieselbige wider zusammen wachsen. Die Feuchtigkeit so in den Knöpflin deß Ulmenbaums / wenn die Blätter erstlich herfür sprossen / gefunden wird / angestrichen / macht ein schön und lauter Angesicht. Das Laub dieses Baums / wenn es noch jung und zart / mag auch zur Speiß gebraucht werden.»

Adamus Lonicerus

Bei den Griechen stand die Ulme für Tod und Trauer. Nun scheint es, als sei sie selbst dem Tod anheimgefallen. Die Ulmen Mitteleuropas sind vom Aussterben bedroht. Schuld daran sind der Ulmensplintkäfer und ein Schlauchpilz, die gemeinsame Sache machen. Der Käfer frißt sich durch die Borke des Baumes, bohrt zwischen Rinde und

Holz einen Gang und legt dort seine Eier ab. Die geschlüpften Larven fressen weiter, als Käfer machen sie sich draußen über die Knospen und Blätter her, bis sie sich wieder ein Loch durch die Rinde bohren und so weiter. Unterdessen sind die Schlauchpilze am Werk, die der Käfer eingeschleppt hat. Sie verstopfen die Leitungsbahnen des Baumes, so daß der Saft nicht mehr zirkulieren kann, der Baum dahinsiecht. Neunzig Prozent aller Ulmen sollen inzwischen befallen sein.

Ulme, Rüster Familie der Ulmengewächse (Ulmaceae)

	Feldulme (Ulmus minor)	Flatterulme (Ulmus laevis)	Bergulme (Ulmus glabra)
Höhe	10 bis 30 m	wie Feldulme	bis zu 30 m
Rinde	graubraun	wie Feldulme	längsgefurcht
Blatt	6 bis 10 cm, scharf gezähnt, je 8 bis 12 Seitennerven, oben glatt, unterwärts in Nervenwinkeln behaart	12 bis 29 Seitennerven, lang gestielt	asymmetrisch, 8 bis 15 cm lang, scharf gesägt, rauh, je 12 bis 20 Seitennerven, unterwärts behaart
Blüten	zwittrig, knäulige Blütenstände, hellgelb oder rötlich	wie Feldulme	wie Feldulme, fast sitzend
Frucht	eiförmige bis runde Nüßchen, 2 cm lang	Flügel der Frucht mit zottigen Wimpern versehen	wie Feldulme, doch Samen in Mitte der Frucht
Blütezeit	Mai bis April	wie Feldulme	wie Feld-und Flatterulme
Standort	Laubwälder, Auenwälder	Laub- und Auenwälder, ziemlich selten	Laubwälder, Gebüsche, bis 1400 m Höhe
Verbreitung	Mittel- und Südeuropa	wie Feldulme	Europa
Inhaltsstoffe	Gerbsäure, Bitterstoffe, Kalium		
Nutzung	Laub als Schaf- und Rindviehfutter; der Bast für Seile und Matten. Das Holz eignete sich vorzüglich für den Maschinen- und Mühlenbau, Wagner und Drechsler schätzten es. Aus der wertvollen Ulmenmaser entstanden Gewehrschäfte und die Ulmer Pfeifenköpfe. Im Brennwert ist es der Eiche gleichgestellt.		
Hausapotheke	Bei Durchfall; Tee regt Blase und Nieren an; Absud aus Rinde bei Geschwüren, Wunden, Flechten und Hautausschlag äußerlich angewendet.		

Frühling
Sommer
Herbst
Winter
WERNER

Das Bremer Büro

ist die Geschäftsstelle des ebenso gemeinnützigen wie gewaltfreien Vereins ROBIN WOOD.
Ein paar Monate lang befand sich das Büro unserer bundesweiten Organisation in Peters unergründlichem Aktenkoffer und auf Heidis zweimal ausgeklapptem Eßzimmertisch.
Als es Heidi satt hatte, die Teetassen auf Flugblätter, Briefe vom Finanzamt, Pressemappen und Zeitungsausschnitte zu stellen, und die Fahndung nach den letzten Eintrittserklärungen in Peters Koffer immer länger dauerte, machten wir uns auf die Suche nach Büroräumen. Wir hatten überraschend schnell Erfolg.
Ein Astrologe zog in Bremens Innenstadt aus: Ein Zimmer hinten, eins vorn, sogar mit Schaufenster, Flürchen, Klo, Waschbecken-Räumchen, Abstellkammer und Kohlenkeller. Alles in allem für 120 Mark. Dafür nahmen wir Ofenheizung und feuchte Wände in Kauf. Die Lage in einer leicht verruchten und entsprechend lebendigen Umgebung bietet einen allzeit interessanten Blick aus dem Fenster.

Die Robins und die Woods gingen tatkräftig ans Werk und bescherten der Hauswirtin eine Grundrenovierung ihrer Räume: Sie stemmten Wände auf und verputzten die gelegten Leitungen, klebten Tapeten, malten, bauten Borde. Barbara und Frank entfernten den Dreck der letzten Jahre. Teppiche, eine bunte Galerie von Stühlen, Lampen und Rollschränken wurden von den Speichern unserer Mitglieder geholt und gaben den Räumen ein fast wohnzimmerliches Flair. Kurz und gut: Im Mai 1983 feierten wir Einweihung – zwölf Stunden lang.

Herbst und Winter beeinträchtigen die Gemütlichkeit etwas – dann empfängt den diensttuenden Büromenschen eine feuchtklamme Kälte. Aber wir haben ja das Öfchen und den Keller voller Kohlen. Wenn er angeworfen wird, senkt sich ein zarter schwarzer Schleier über Mensch und Akten, es dauert eine halbe Stunde, bis der Rauch den Weg ins Freie findet. Doch all dies schreckt die fünfzehnköpfige Büromannschaft nicht. Keiner der erprobten Büro'ler vergißt Wollsocken und den dicken Pullover, wenn es gilt, für einen Nachmittag der Kälte zu trotzen. Denn vieles ist zu erledigen, und jeder hat ein spezielles Arbeitsgebiet, so mannigfaltig sind die Briefe, Anfragen und Anregungen.

Da hagelt es Beitrittserklärungen, wissenschaftliche Arbeiten und Bitten um Infomaterial. Hin und wieder auch gehässige Briefe. Manchmal wird eine Spende angekündigt mit dem freundlichen Zusatz: Wie gut, daß es Euch gibt. So etwas läßt das Herz höher schlagen, stellt aber doch einen Anspruch, den es verstärkt zu erfüllen gilt.
Fragen werden uns gestellt: Wie haltet Ihr es mit der Atomkraft? Wie weit geht Eure Gewaltlosigkeit? Oder ganz allgemein: Ich sehe, wie der Wald meiner Kindheit stirbt. Was kann ich dagegen tun? Zeitungen wollen Artikel von uns haben, Schulen bitten um einen Diavortrag. Da muß ganz schnell eine Presseerklärung geschrieben, kopiert und verteilt werden, und einmal im Monat fassen wir das Wichtigste zusammen und schicken es an die Regionalgruppen.
Ein Zeitungsarchiv, von Udo minutiös geführt, läßt keine Politikeräußerung zum Waldsterben in Vergessenheit geraten, und sei sie noch so peinlich.
Trotz aller Arbeitsteilung: Es passiert schon mal, daß ein armer ROBIN WOOD-Interessent bis zu sechs Wochen auf Antwort warten muß. Manchmal erschwert es die Kommunikation auch, wenn ein Anrufer in einer Sache mehrmals nachfragt und dabei die Chance hat, Antworten von fünfzehn verschiedenen Partnern zu erhalten.
So einigermaßen verteilen sich die Büro'ler auf die verschiedenen Wochentage, manchmal treffen aber auch soviel aufeinander, daß die Arbeitseffektivität etwas darunter leidet, so daß man beschließt, erst mal den Bäcker um die Ecke leerzukaufen und eine Teestunde abzuhalten.

Plusminus Null?

Ein zahlenreiches Randkapitel, in dem gezeigt wird, daß sich ROBIN WOOD eigentlich keine großen Sprünge mehr erlauben darf.
Freude herrschte, als Heidi Schirmer, unsere «Kassenwärterin» aus Bremen, die Vereinsbilanz der ersten zehn Monate vorlegte. Unterm Strich standen 4700,09 DM als Überschuß!

Die Freude trübte sich, als wir uns das Zahlenwerk aufschlüsseln ließen. Der zweitgrößte Batzen unserer Einnahmen besteht aus Darlehen, die wir demnächst zurückzahlen müssen. Wie wir das machen sollen, ist unklar – es sei denn, daß uns ROBIN WOOD-Sympathisanten mit Spenden aus den Miesen helfen.

ROBIN WOOD e. V.
Einnahme-Überschußrechnung vom 1. 1. bis 31. 10. 83

1. Einnahmen			
Mitgliederbeiträge		9 180,–	
Aufnahmegebühren		4 085,–	
Spenden			
auf Spendenkonto	22 039,49		
Barspenden	3 554,28	25 593,77	
sonstige Einnahmen			
Infomaterial	268,83		
Risikodarlehen	21 000,–		
Mitgliederdarlehen	4 600,–		
sonstige Einnahmen	2 849,10	28 717,93	
Einnahmen gesamt		67 576,70	67 576,70
2. Ausgaben			
Aktionskosten			
Aktionsserie Februar	30 309,66		
April (Wien, Buschhaus, Hamburg, Bremen, Bonn)	4 555,76		
Recherchen	1 500,–		
Kirchentag	1 213,31		
Aktionen August	2 757,80		
Giro Blau (soweit nicht Sonderkonto)	400,81	40 737,34	
Kosten Geschäftsstelle Bremen		4 669,73	
Informationsmaterial		6 498,83	
Kosten für Vorstand, Verein, Delegierte		1 799,77	
laufende Kosten der Regionalgruppen		1 103,30	
sonstige Kosten			
Kontogebühren etc.	52,30		
Darlehen Weserfibel	1 000,–	1 052,30	
Ausgaben gesamt		55 861,27	55 861,27
Überschuß			11 715,43

3. Waren		
Einnahmen aus Verkäufen	13 561,57	
Ausgaben für Wareneinkäufe	20 567,91	
Verlust (bisher nicht verkaufte/ nicht abgerechnete Waren)	7 006,34	7 006,34
Überschuß gesamt		4 709,09*

* Anmerkung: Es liegen Abrechnungen von Mitgliedern für privat verauslagte Kosten über 4.000 Mark vor, die noch nicht erstattet worden sind.

Heidis Zwischenbilanz zeigt, daß wir das meiste Geld, nämlich 30 309,66 DM, für unsere erste Aktion ausgegeben haben. Verständlich, denn damals mußten wir ja alles von Grund auf neu anschaffen, vom Karabinerhaken über Sicherheitsleinen und -gurte, Gasmasken bis hin zu diesen teuren Funksprechgeräten, den sogenannten Quatschen, die im entscheidenden Moment jedesmal den Geist aufgeben. Wie sich's zusammenläppert, zeigt die Abrechnung für die Berliner Aktion, eine von dreien, die wir im Februar 1983 bundesweit starteten.

Schornsteinbesteigung und Luftballonaktion in Berlin 21. 2. 83

Kletterausrüstung + Kleidung (2 Seesäcke, Karabiner, Spezialmützen, Handschuhe, 1 Jacke, 2 Unterhosen, Isoliermatte, Biwacksack) gesamt	332,50
210 m Reepschnur	195,50
Sicherheit (2 Helme, 2 Gasmasken + Filter)	403,54
120 m Zeltschnur	46,60
Funkgeräte + Batterien	643,–
Verpflegung für Schornsteinbesteiger	68,70
Transparent (Nähzeug etc.)	20,30
Kletteraktion gesamt	1 764,14

Stand (Bäume in Betonständern/Luftballons in die DDR)

Unterschriftenlisten/Flugblätter	197,40
Postkarten/Ballonkarten	330,–
Lkw-Miete + Benzin	317,83
Lkw für Baumtransport (Berlin–Kiel)	720,50
Zement für Baumständer	60,–
Kosten für 5 000 bedruckte Luftballons (z.T. auch in anderen Städten verwendet) + Versandkosten	1 492,08
Standkosten gesamt	3 117,81

Verständlich auch, daß die folgenden Aktionen billiger kamen, weil wir dabei aus dem Fundus der ersten schöpfen konnten. Freilich, auf vierstellige Summen beläuft es sich allemal, wenn wir irgendeinen der vielen Waldfrevler ins Visier nehmen. Wer helfen will, unsere Trefferquote zu erhöhen, dem sei unser steuerabzugsfähiges Spendenkonto ans Herz gelegt:
ROBIN WOOD e.V., Landeshauptkasse Bremen,
Konto Nummer: 701 15000, Bremer Landesbank, BLZ 290 500 00

Adressen

ROBIN WOOD – Gewaltfreie Aktionsgemeinschaft für Natur und Umwelt e.V.,
Postfach 102 122, 2800 Bremen 1

Bundesgeschäftsstelle:
ROBIN WOOD e.V.
Schildstr. 27
2800 Bremen 1
Tel. 0421/78680

Regionalgruppen:
ROBIN WOOD – Berlin
c/o Heike Witte
Niebuhrstr. 78
1000 Berlin 12

ROBIN WOOD – Bremen
Schildstr. 27, Postfach 101222
2800 Bremen 1
Tel. 0421/78680

ROBIN WOOD – Freiburg
c/o Thomas Schult
Bayernstr. 6
7800 Freiburg
Tel. 0761/407672

ROBIN WOOD – Göttingen
c/o Axel Goldauer
Geismarer Landstr. 25b
3400 Göttingen

Über weitere Initiativgruppen gibt die Bundesgeschäftsstelle Auskunft.
Initiativgruppen gibt es u. a. in Hannover, Münster, Bonn, Frankfurt, Hanau.

ROBIN WOOD – Hamburg
Nernstweg 32
2000 Hamburg 50
Tel. 040/390956

ROBIN WOOD – Kiel
c/o Günther Ingwersen
Kronshagener Weg 20
2300 Kiel 1
Tel. 0431/14648

ROBIN WOOD – Köln
c/o Kölner Volksblatt Verlag
Palmstr. 17
5000 Köln 1
Tel. 0221/245211

ROBIN WOOD – München
Görresstr. 33
8000 München 40
Tel. 089/529770

ROBIN WOOD – Nürnberg
c/o Sieglinde Böhm
Nagelhof 1
8545 Spalt
Tel. 09175/471

Bundesverband Bürgerinitiativen
Umweltschutz (BBU)
Friedrich-Ebert-Allee 120
5300 Bonn 1
Tel. 0228/233099

Bund für Umwelt- und Naturschutz
Deutschland e.V.
In der Raste 2
5300 Bonn 1
Tel. 0228/230001

Deutscher Naturschutzring
Postfach 320210
5300 Bonn 3
Tel. 0228/441505

Elterninitiative Pseudokrupp
c/o Christa Kunkel
Unterstr. 53
4300 Essen 11
Tel. 0201/698885

Freudenstädter Aktionseinheit
gegen Waldsterben
Postfach 570
7290 Freudenstadt

Ulenspegel
c/o Reinhard Hübner
Großer Zimmerhof 20
3340 Wolfenbüttel
Tel. 05331/27434

Schutzgemeinschaft Alpen e.V.
Altersheimer Str. 16
8000 München 90

Aktionsgemeinschaft zur Rettung des Waldes
c/o Hubert Weiger
Kleestr. 16
8500 Nürnberg

Öko-Institut
Schönauer Str. 3
7800 Freiburg
Tel. 0761/420990

Bundesanstalt für Land- und Forstwirtschaft
Messeweg 11/12
3300 Braunschweig

Der Rat von Sachverständigen für Umweltfragen
Gustav-Stresemann-Ring 11
6200 Wiesbaden

Institut für Energie- und Umweltforschung e.V. (IFEU)
Im Sand 5
6900 Heidelberg
Tel. 06221/12956

Umweltbundesamt
Bismarckplatz 1
1000 Berlin 33

Katalyse-Umweltgruppe Köln e.V.
Friesenstr. 84
5000 Köln 1
Tel. 0221/122166

Bundesministerium für Ernährung,
Landwirtschaft und Forsten
Rochusstr. 1
5300 Bonn 1

Gewerkschaft Gartenbau, Land- und Forstwirtschaft
Druseltalstr. 51
3500 Kassel-Wilhelmshöhe 1

Institut für Vegetationskunde der Bundesforschungsanstalt für Naturschutz
und Landschaftsökologie
Konstantinstr. 110
5300 Bonn-Bad Godesberg

Zentralstelle für Agrardokumentation und Information
Konstantinstr. 110
5300 Bonn-Bad Godesberg

Bundesforschungsanstalt für Holz- und Forstwirtschaft
Leuschner Str. 91
2000 Hamburg 80

Länderausschuß für Immissionsschutz
Horionplatz 1
4000 Düsseldorf

Empfehlenswerte Bücher

Zur aktuellen Problematik: Waldsterben, saure Niederschläge – Bestandsaufnahme, Ursachen, Gegenmaßnahmen

Acidification Today and Tomorrow
A Swedish Study Prepared for the 1982
Stockholm Conference on the Acidification of the Environment.
Translated from the Swedish by S. Harper
Swedish Ministry of Agriculture 1982
Vom schwedischen Landwirtschaftsministerium zur Information und Alarmierung der europäischen Nachbarländer in englischer Sprache herausgegebenes Buch, das das ganze Ausmaß der Umweltkatastrophe, von der die skandinavischen Länder durch unsere Mitschuld betroffen sind – buchstäblich – sehr farbig darstellt. Das mit Fotos und Graphiken reich ausgestattete Buch kann – übrigens ebenso wie eine deutschsprachige Kurzfassung – bei «The Swedish NGO Secretariat on Acid Rain», c/o The Swedish Society for the Conservation of Nature, Box 6400, S-11382 Stockholm, Sweden, in kleinen Auflagen kostenlos angefordert werden.

Bosch, Christof: Die sterbenden Wälder
Fakten, Ursachen, Gegenmaßnahmen
München: C. H. Beck 1983 (Beck'sche schwarze Reihe)
In diesem leichtverständlich geschriebenen Buch werden nicht nur Ursachen und Auswirkungen der gegenwärtigen Waldzerstörung in unseren Breiten durch den sauren Regen beschrieben. Dargestellt werden unter anderem auch falsche Bewirtschaftungsmethoden in unseren Wäldern, die Waldvernichtung in der Vergangenheit, insbesondere im Mittelmeerraum und der Raubbau an den Tropenwäldern.

Bundes-Immissionsschutzgesetz mit Durchführungsverordnungen sowie TA-Luft und TA-Lärm
Textausgabe mit e. Einf. u. Erl. der wichtigsten Begriffe
4. erw. Aufl. Wiesbaden: Deutscher Fachschriftenverlag 1983
Für Leute, die sich ganz genau informieren wollen, hier der Text von Bundes-Immissionsschutzgesetz und der technischen Anleitung zur Reinhaltung der Luft auf dem neuesten Stand als einbändige Ausgabe mit knappen Erläuterungen. Es sind auch Einzelausgaben von Gesetz und Anleitung ohne Erläuterungen zu haben.

Dost, Bernd: Die Erben des Übels
München: Kösel Verlag 1983
Der Verfasser, Journalist aus dem Ruhrgebiet und als Vater einer an spastischer Bronchitis leidenden Tochter auch persönlich betroffen, hat sich intensiv mit den Auswirkungen von Umweltverschmutzung auf die Wehrlosesten in unserer Gesellschaft – die Kinder – auseinandergesetzt. Neben verschiedenen anderen Gefahrenquellen für Gesundheit und Leben, wie zum Beispiel Blei, Nitrat im Trinkwasser, Strahlenbelastung, schildert er eindringlich die krankmachenden Wirkungen der Luftverschmutzung: SO_2 als Ursache von Pseudokrupp und anderen Erkrankungen der Atemwege und als mutmaßlicher Ursache der mysteriösen Erscheinung des «plötzlichen Kindtodes». Ein vor allem wegen der zahlreichen Fallstudien aufrüttelndes, gut dokumentiertes Buch.

Das gelbe Gift
Todesursache Saurer Regen. Hrsg. von Jochen Bölsche. Rowohlt 1984. (SPIEGEL-BUCH)
Anders als Titel und Untertitel vermuten lassen, behandeln die in diesem Gemeinschaftswerk von 12 Spiegel- und einem NATUR-Mitarbeiter gesammelten, überwiegend schon im «Spiegel» (und in einem Fall in der «NATUR») erschienenen Artikel, nicht nur das Phänomen des «Sauren Regens» mit seinen alarmierenden Auswirkungen. Knapp die Hälfte des Hauptteils ist anderen, nicht minder bedrohlichen Umweltschadstoffen gewidmet (u. a. Quecksilber, Blei, Pestizide, Nitrat, Erdöl). Das Hauptgewicht des Buchs liegt aber auf der Darstellung der akuten gesundheitlichen Bedrohung durch Luftschadstoffe (vor allem SO_2), des Waldsterbens sowie auf der Entlarvung der Gegenmaßnahmen des Gesetzgebers als halbherzig oder gar – im Falle der TA-Luft – als zusätzlicher Bluff. – Im Anhang eine Reihe von Texten sehr verschiedener Herkunft (u. a. Eltern-Initiative Pseudo-Krupp, Umweltbundesamt, SPD-Kommission f. Umweltfragen, BUND) zum Thema Luftverschmutzung, auf die sich die Artikel der Spiegelleute z. T. beziehen. Ein relativ umfangreiches Literaturverzeichnis und Adressen von Natur- und Umweltschutzorganisationen beschließen den Band.

Grießhammer, Rainer: Letzte Chance für den Wald?
Die abwendbaren Folgen des Sauren Regens
M. Beitr. von D. Schulz u. F. Beirl
Freiburg i. Br.: Dreisam-Verlag 1983 (Öko; 9)
Darstellung aller wichtigen Tatsachen zum Thema Waldsterben/saurer Regen, gewürzt durch eine chronologische Zusammenstellung von Zei-

tungsmeldungen und Politikeraussagen aus der jüngeren und jüngsten Vergangenheit, die hervorragend dokumentieren, wie wenig unsere Volksvertreter noch bis vor ganz kurzer Zeit den Ernst der Situation erfaßt hatten.

Die Lage der Nation
Umweltatlas der Bundesrepbulik. Daten, Analysen, Konsequenzen
Hamburg: GEO im Verlag Gruner + Jahr 1983. (GEO-Buch)
Stellt nach Ländern und nach Landkreisen getrennt 26 Belastungsfaktoren für die Umwelt in Texten und farbigen Karten dar. Erfaßt sind u. a. Schwefeldioxid-Emission und Immission, Waldfläche, Waldschäden und Umweltschutzinvestitionen. Eine Karte der Waldschäden in der gesamten Bundesrepublik nach dem Stand von 1982 findet sich in der lesenswerten Einführung zum Thema «Luft».

Der Rat von Sachverständigen für Umweltfragen: Waldschäden und Luftverunreinigungen
Sondergutachten März 1983
Mainz: W. Kohlhammer Verlag 1983
Der 1971 vom Bundesinnenministerium ins Leben gerufene Sachverständigenrat hat in diesem Gutachten den Versuch gemacht, aus der großen Zahl der sich teilweise widersprechenden Forschungsergebnisse den heutigen Kenntnisstand herauszufiltern. Er ist zu dem Ergebnis gekommen, daß die Ursachen der «neuartigen Waldschäden» (Originalton u. Sprachregelung der Bundesregierung) nicht im Bereich der waldbaulichen Bedingungen, unter denen die Wälder Mitteleuropas existieren, sondern bei den Luftschadstoffen und ihren Umwandlungsprodukten zu suchen sind. Trotz der zurückhaltenden Schlußfolgerungen wegen der Fülle der ausgewerteten Literatur eine nützliche Quelle.

Saurer Regen
Ursachen, Folgen, Gegenstrategien. 2. Aufl.
Fellbach: Bonz 1982 (Öko-Magazin; Bd. 7)
Enthält sechs Aufsätze verschiedener Autoren, die in konzentrierter Form alle wichtigen mit dem sauren Regen zusammenhängenden Aspekte behandeln (Baumsterben; Seensterben in Skandinavien; SO_2 und menschliche Gesundheit; meteorologische Aspekte; Alternativen zur gegenwärtigen Energieversorgung, TA-Luft und Großfeuerungsanlagenverordnung). Am Schluß des Buches ein «Maßnahmenkatalog des Öko-Instituts».

Schadstoffbelastung des Waldes – Forstliche Konsequenzen
Hg. von Hermann Graf Hatzfeld

Hamburg: Parey 1983. (Forstwissenschaftliche Forschungen; H. 38) Die wichtigsten Referate einer Tagung namhafter Vertreter von Forstwissenschaft und Forstwirtschaft aus dem April 1983. Die Beiträge befassen sich und anderem mit der Belastbarkeit von Waldökosystemen, mit Möglichkeiten der Bodenverbesserung, mit der speziellen Gefährdung von Fichtenwäldern und mit der Bedeutung des naturnahen Waldbaus. Fazit der Waldfachleute: «Mit forstlichen Mitteln allein ist der Wald nicht mehr zu retten. Um den Wald tatsächlich zu erhalten, muß der Forstmann heute vor allem als sachkundiger Informant der Öffentlichkeit und als Lobbyist für die Reinhaltung der Luft tätig werden.»
Mit diesem Buch sollen nicht nur Forstfachleute, sondern ausdrücklich auch eine breitere Öffentlichkeit angesprochen werden.

So stirbt der Wald
Von Peter Schütt u. a.
München: Bayrischer Landwirtschaftsverlag 1983
An den vier bisher hauptsächlich vom Waldsterben betroffenen bestandsbildenden Baumarten (Weißtanne, Fichte, Kiefer, Rotbuche) werden die typischen Erkrankungsmerkmale durch zahlreiche Fotos und klare Erläuterungen verdeutlicht. Eine knappe Darstellung, die gut geeignet ist, um zum Beispiel auf Waldspaziergängen selbst die Symptome des Baumsterbens erkennen zu lernen.

Stirbt der Wald?
Hg. von Hermann Graf Hatzfeld
Karlsruhe: C. F. Müller 1982. (Alternative Konzepte; 41)
Aus einer vom Öko-Institut Freiburg angeregten Expertentagung hervorgegangene Aufsatzsammlung, inhaltlich konzentriert auf die energiepolitische Seite der Problematik.

Das Waldsterben
Ursachen, Folgen, Gegenmaßnahmen
Hg. vom Arbeitskreis Chemische Industrie u. der Katalyse Umweltgruppe Köln. Vorw. von Carl Amery.
Köln: Verlag Kölner Volksblatt 1983
Bisher ausführlichste Darstellung der gesamten Thematik einschließlich der Auswirkungen von Luftverschmutzung auf uns Menschen sowie kulturhistorisch bedeutende, aber in dieser Hinsicht nicht weniger anfällige Bauwerke neueren Datums. Alle wichtigen Gesichtspunkte werden unter Berücksichtigung der internationalen Zusammenhänge gründlich, kritisch und gut illustriert dargestellt. Besonders wichtig für alle, die sich

noch nicht ins Bockshorn haben jagen lassen, das Kapitel «Gegenmaßnahmen»: Neben dem, was auf politischer und technischer Ebene getan werden muß, wird in ihm auch beschrieben, wie sich der einzelne sinnvoll engagieren kann. Das Buch, an dem neben zahlreichen anderen Autoren auch einige Mitglieder von ROBIN WOOD mitgearbeitet haben, hat – nicht zuletzt wegen der guten Erschließung durch Register und ausführliches Literaturverzeichnis – quasi Handbuchcharakter.

Was Sie schon immer über Luftreinhaltung wissen wollten
Hg.: Bundesministerium des Innern. (Erarbeitet vom Umweltbundesamt). Stuttgart: Verlag W. Kohlhammer 1983
Enthält sicher *nicht alles*, was man schon immer mal über den Dreck in unserer Atmosphäre und seine Herkunft wissen wollte. Bringt aber auf knappem Raum eine zur schnellen Information geeignete Zusammenstellung wichtiger Fakten, insbesondere auch über nationale und internationale Bekämpfungsmaßnahmen der Luftverschmutzung, über Verträge und Gesetze. Ein alphabetisch geordnetes «Wörterbuch Luftreinhaltung», das den größten Teil des Taschenbuchs einnimmt, bringt Kurzinformationen zu Stichwörtern von «Abfallverbrennung auf See» über «Saurer Regen» und «Schwefeldioxid» bis «Zuckerfabriken».

Den Wald kennenlernen, solange es ihn noch gibt

Blüchel, Kurt: Der deutsche Wald
Wien, München: Meyster 1978
Ein aufwendig gestalteter, großformatiger Band mit vielen brillanten, teilweise einfach nur schönen, zum großen Teil aber auch informativen Fotos. Dazu ein locker, aber mit spitzer Feder geschriebener Text, in dem kritische Überlegungen zu Natur- und Umweltschutzfragen nicht zu kurz kommen. In den zehn thematisch abgegrenzten Kapiteln werden so ziemlich alle mit dem Wald zusammenhängenden Fragen behandelt. Ein Buch, dessen Wert vor allen Dingen darin liegt, dem Betrachter eindringlich vor Augen zu führen, welcher Verlust uns mit dem Absterben des Waldes droht.

Braun, Helmut J.: Bau und Leben der Bäume
Freiburg i. Br.: Rombach 1980. (Rombach Hochschul-Paperback; 99)
Aus einer Vorlesung für Forststudenten hervorgegangene, aber trotzdem allgemeinverständliche Darstellung von Bau, Entwicklung, Funktion, Fortpflanzung und Ökologie der Bäume. Etwa die Hälfte des Buches nimmt

ein Abbildungsteil (überwiegend schematische Zeichnungen) ein. Eine didaktisch geschickt aufgebaute Ergänzung zu den üblichen Baumbestimmungsbüchern.

Hofmeister, Heinrich: Lebensraum Wald. 2. Aufl.
Hamburg: Parey 1982
Das Ökosystem Wald wird wissenschaftlich exakt und dennoch allgemeinverständlich in Wort, Bild und Tabellen dargestellt. Das Buch enthält Übersichten über die ökologischen Gruppen von Waldbodenpflanzen, Bestimmungstafeln der wichtigsten Waldbäume und Sträucher und Beschreibungen der häufigsten Waldgesellschaften. Dem Leser werden die Gründe für die Ausbildung unterschiedlicher Vegetationstypen (Klima, Wasserhaushalt, Bodenbeschaffenheit usw.) anschaulich vermittelt, er erfährt, wie ein Waldökologe arbeitet und lernt, pflanzensoziologische Untersuchungen selbst durchzuführen.
Sehr empfehlenswert auch für botanisch-ökologisch interessierte Laien, da das Buch – anders als herkömmliche Bestimmungsbücher – über die Benennung einzelner Arten hinaus erlaubt, ökologische Zusammenhänge zu erkennen.

Der Kosmos-Waldführer
Pflanzen und Tiere in Farbe
Stuttgart: Franckh 1979. (Kosmos-Naturführer)
Bestimmungsbuch, das die häufigsten Typen des europäischen Waldes mit ihren typischen Tier- und Pflanzenarten in farbigen Zeichnungen und Fotos vorstellt. Dem Bestimmungsteil gehen Angaben über Verbreitung, Ökologie, Geschichte und Ökologie der Wälder voraus. Gut geeignet zum Kennenlernen der Fauna und Flora unserer Wälder, solange es diese Wälder noch gibt!

Rettet den Wald
Hg. von Horst Stern
Bearb. Taschenbuchausgabe
München: Heyne 1983. (Heyne-Buch; 7220: Heyne Sachbuch)
Seit seinem erstmaligen Erscheinen im Jahr 1980 ist dieses Buch wegen seines Materialreichtums zu einem Standardtitel und wichtigen allgemeinverständlichen Nachschlagewerk über die Ökologie des Waldes geworden. In der preisgünstigen Taschenbuchausgabe ist gegenüber der – ebenfalls noch erhältlichen, großformatigen Originalausgabe – nur die Zahl der Abbildungen vermindert; der Text ist vollständig übernommen und sogar noch um ein neues Kapitel über den sauren Regen ergänzt worden.

Wald, eine grüne Lebensfreude
Hg. von Günther Zimmermann
Stuttgart: DRW-Verlag 1979
Bild-Text-Band, der Natur- und Wanderfreunden in ausgewählten Fotos und kurzen Wortbeiträgen die Schönheit des Waldes und seine vielfältigen Aufgaben nahebringen möchte. Zeichnet ein Bild des Waldes, wie es ihn vielleicht bald nicht mehr gibt, denn Gefahren, die dem Wald drohen und die bereits im Entstehungsjahr des Buches sichtbar waren, werden nicht erwähnt. Das Buch vermag aber vielleicht gerade dadurch, daß es eine «Heile Waldeswelt» in schönen Bildern zeigt, auch solche Leser, die sich durchaus der harten Realität bewußt sind, für einen Einsatz zur Rettung des Waldes emotional einzustimmen.

Praktische Versuche zum Thema Luftverschmutzung

Schwedt, Georg: Analytisch-chemisches Umweltpraktikum
Anleitungen zur Untersuchung von Luft, Wasser und Boden
Stuttgart: Thieme 1981
Eine Darstellung der Analysemethoden, die mit relativ einfachen Mitteln eine Feststellung anorganischer und organischer Schadstoffe in unserer Umwelt ermöglichen. Geeignet und gedacht für Schüler von Leistungskursen der Sekundarstufe II, Studenten und Leute mit entsprechenden chemisch-biologischen Vorkenntnissen.

Steubing, Lore: Pflanzenökologische Experimente zur Umweltverschmutzung
3. verb. u. erw. Aufl.
Heidelberg: Quelle und Meyer 1980 (Biologische Arbeitsbücher; 11)
Von den 79 beschriebenen Versuchen beziehen sich etwa die Hälfte auf Immissionsschäden durch Staub und Abgase. Die Experimente sind auf Schulen (Sekundarstufe II) ausgerichtet. Da sie aber meist mit einfachen Mitteln durchführbar sind, ist das Buch auch für Leute außerhalb der Schule oder Uni gut brauchbar.

Versuche zum Umweltschutz
Aus d. Schwedischen übers.
Für Schulen in der Bundesrepublik Deutschland bearbeitet von Hans Hermann Kiekeben. 3. Aufl.
Weinheim, Basel: Beltz 1977. (Beltzpraxis)
Dieser Beitrag der schwedischen Generalschuldirektion zum Europäi-

schen Naturschutzjahr 1970 ist eine – auch nach über 10 Jahren noch – gut brauchbare Anleitung für Schulversuche zum Umweltschutz, insbesondere zur Luftverschmutzung und Wasserversauerung. Die Schweden haben diese Probleme eben schon viele Jahre vor uns zu spüren bekommen und versucht, aktiv darauf zu reagieren.

«Saurer Humor» – ein Comic zum Waldsterben

Marcks, Marie: Wer hat dich, du schöner Wald ...
Bildgeschichte
Reinbek bei Hamburg: Rowohlt Taschenbuch Verlag 1983 (rororo rotfuchs 326)
Ein Comic über die Versuche einer Schulklasse und ihrer beiden Lehrer, den sterbenden Wald vor ihrer Haustür mit spektakulären Aktionen vor dem schwefelspuckenden Kraftwerk vor ihrer Haustür zu retten. Anders als gewöhnlich in der Wirklichkeit, gelingt dies auch schließlich, weil die Kinder die verantwortlichen Erwachsenen überzeugen können. Die witzig-ironische Geschichte sollte man sich mal zur Erholung von den «ernsten» Büchern über das Waldsterben gönnen.

Aktion «Schornsteinpatenschaft»

Aus Hunderten von Schloten quillt das gelbe Gift, das Wälder, Seen und Menschen sterben läßt. Wir haben versucht, die größten Vergifter einmal zusammenzutragen.
In der folgenden Liste finden sich alle uns bekannten bundesdeutschen Kraftwerke über 100 MW, die von Elektrizitätswerken oder von der Industrie betrieben werden. Die wenigsten von ihnen sind entschwefelt.
Aber wenn nun zum Beispiel eine Schulklasse in Karlsruhe, ein Seniorenklub in Duisburg oder eine Lehrlingsgruppe in München die «Schornsteinpatenschaft» für «ihr» Kraftwerk übernehmen würde? Wenn diese und andere Gruppen anfangen, Informationen zu sammeln, Dreckschleudern in der Lokalpresse anzuprangern, Politiker anzuschreiben und Aufsichtsräten auf die Nerven zu fallen, dann könnte so mancher der hohen, giftigen Herrn sich bemüßigt fühlen, endlich die Mittel für eine Abgasreinigung bereitzustellen!
Wir von Robin Wood werden diesen Gruppen mit Rat und Tat zur Seite stehen und in unserem Bremer Büro die Koordination der Patenschaften übernehmen.
Schreiben Sie uns, für welches Kraftwerk Sie eine Patenschaft übernehmen wollen.
Schreiben Sie uns bitte auch, wenn wir einen Schmutzfink vergessen haben sollten. Er hätte es nicht verdient.

Öl- und Kohlekraftwerke über 100 MW in der BRD

Kraftwerk (Betreiber)	Leistung	Brennstoff
Baden-Württemberg		
Altbach (Neckarwerke AG)	703 MW	st/öl
Gaisburg (TW Stuttgart)	277 MW	öl/eg
Heilbronn (EVS)	600 MW	st/öl
Karlsruhe (Badenwerke)-Rheinhafen	660 MW	st/öl
Mannheim (GKW Mannheim AG)	1568 MW	st/öl

Kraftwerk (Betreiber)	Leistung	Brennstoff
Marbach (EVS)	525 MW	st/öl
Stuttgart (TW Stuttgart)	164 MW	st/öl
Walheim (Neckarwerke AG)	256 MW	st/öl
Bayern		
Arzberg (Bayr. Elektr. Lief. Ges.)	464 MW	st/öl/br
Aschaffenburg (Bayernwerk)	514 MW	st
Dettingen (RWE)	147 MW	st/öl
Frauenaurach (GKW Franken AG)	388 MW	st/öl
Ingolstadt (Bayernwerk)	1048 MW	öl/gs
Irsching (Isar-Amperwerke AG)	930 MW	öl
München-Freimann (Stw. München)	158 MW	öl/gs
München-Nord (Stw. München)	169 MW	st
Pleinting (Bayernwerk)	725 MW	öl
Schwandorf (Bayernwerk)	534 MW	br
Zollingen (Isar-Amperwerke AG)	265 MW	st/öl
Bremen		
Bremen/Hafen (Stw Bremen AG)	655 MW	st/öl/gs
Bremen-Mittelsbüren (Stw Bremen AG)	504 MW	öl/gs
Bremen-Farge (NWK)	420 MW	st
Hamburg		
Hamburg/Hafen (HEW)	211 MW	öl
Hamburg-Neuhof (HEW)	192 MW	st/öl
Hamburg-Tiefstack (HEW)	198 MW	st
Hamburg-Wedel (HEW)	713 MW	st/öl
Hamburg-Moorburg (HEW)	1013 MW	öl/gs
Hessen		
Borken (Preag)	329 MW	br
Frankfurt/Gutleutstr. (Stw Fr)	144 MW	st/öl
Frankfurt/Niederrad (Stw Fr)	133 MW	öl/gs
Großkrotzenburg (Preag)	1419 MW	st/öl
Kassel (KW Kassel GmbH)	132 MW	st/öl/gs

Kraftwerk (Betreiber)	Leistung	Brennstoff
Wölfersheim (Preag)	112 MW	br/öl
Niedersachsen		
Afferde (EW Wesertal GmbH)	155 MW	st/öl
Emden (NWK)	740 MW	st/öl/gs
Hannover-Herrenhausen (Stw Han)	144 MW	st/gs
Hannover-Linden (Stw Han)	155 MW	st/öl/gs
Lahde/Heyden (Preag)	296 MW	st/gs
Landesbergen (Preag)	1038 MW	öl/gs
Offleben (BKB Helmstedt)	710 MW	br
Salzgitter/Hallendorf (Peine-Salzg.)	310 MW	st/öl/gs
Stade/Schilling (NWK)	341 MW	öl
Wolfsburg (VW)	304 MW	st/öl
Nordrhein-Westfalen		
Alsdorf (EBV)	141 MW	st/gs
Bielefeld (Stw Bielefeld)	119 MW	st/öl/gs
Bochum/Springgorum (VKR)	276 MW	st
Bergkamen A (Steag VEW)	460 MW	st
Datteln (VKR)	227 MW	st
Dormagen (Bayer)	118 MW	st/öl/gs
Dortmund/Knepper (VKR)	483 MW	st
Dortmund/Harpen (Harpener AG)	150 MW	st
Düsseldorf/Flingern (Stw Dü)	180 MW	st/öl
Düsseldorf/Lausward (Stw Dü)	925 MW	st/gs
Duisburg (Stw Duisburg)	367 MW	st/öl/gs
Duisburg-Ruhrort (ATH)	216 MW	st/gs
Elverlingen (KEW Mark AG)	438 MW	st/gs
Essen/Karnap (RWE)	235 MW	st
Fortuna II und III (RWE)	833 MW	br
Frimmersdorf (RWE)	2376 MW	br
Gelsenkirchen/Horst (Veba)	104 MW	st
Goldenbergwerk (RWE)	763 MW	br
Hamborn (ATH)	121 MW	st
Hattingen (GKW Hattingen)	275 MW	gs

Kraftwerk (Betreiber)	Leistung	Brennstoff
Herdecke / Cunowerk (KEW Mark)	277 MW	st/gs
Herne GKW (Steag)	564 MW	st
Herne / Shamrock (VKR)	128 MW	st
Ibbenbüren (PREUSSAG)	226 MW	st
Köln / Hafen (GEW Köln)	303 MW	öl/gs
Köln-Nord (GEW Köln)	169 MW	öl/gs
Krefeld / Uerdingen (Bayer)	160 MW	st/öl/gs
Leverkusen (Bayer)	232 MW	st/öl/gs
Lunen-Ost u. Kellermann (Steag)	727 MW	st
Marl (BASF)	235 MW	st
Marl (CWM)	417 MW	st/gs
Marl (Thyssen)	141 MW	st
Möllen (Steag)	658 MW	st
Neurath (RWE)	1986 MW	br
Niederaussem (RWE)	2536 MW	br
Rauxel (Klöckner)	278 MW	st
Rheinpreussen (Texaco)	147 MW	st
Schmehausen (VEW)	650 MW	st
Gelsenk. / Scholven (VKR / RWE)	3417 MW	st/öl
Siersdorf (EBV)	140 MW	st
Oberhausen (EVO)	109 MW	öl/gs
Stockum (VEW)	1806 MW	st/öl/gs
Veltheim (Interargon)	865 MW	st/öl/gs
Walsum (Walsum AG)	345 MW	st
Weisweiler (RWE)	2133 MW	br
Westerholt (VKR)	248 MW	st/gs
Rheinland-Pfalz		
Ludwigshafen (BASF)	395 MW	st/öl
Mainz (KW Mainz-Wiesb. AG)	647 MW	st/öl/gs
Saarland		
Bexbach / St. Barbara (Saarbergw.)	747 MW	st
Ensdorf (VSE)	500 MW	st
Fürstenhausen / Fenne (Saarbergw.)	301 MW	st

Kraftwerk (Betreiber)	Leistung	Brennstoff
Göttelborn / Weiher (Saarbergw.)	1011 MW	st
Wehrden (KW Wehrden GmbH)	225 MW	st / öl / gs
Schleswig-Holstein		
Brunsbüttel (HEW)	268 MW	öl
Flensburg (Stw Flensburg)	109 MW	st / öl
Kiel / Förde (GKW Kiel GmbH)	328 MW	st
Lübeck / Siemens (NWK)	115 MW	st
Berlin		
Charlottenburg (Bewag)	409 MW	st / öl
Lichterfelde (Bewag)	450 MW	öl
Moabit (Bewag)	206 MW	st / öl
Oberhavel (Bewag)	200 MW	st / öl
Reuter (Bewag)	440 MW	st
Rudow (Bewag	175 MW	st
Wilmersdorf (Bewag)	277 MW	öl

Zeichenerklärung: MW = Megawatt; gs = Gas; öl = Heizöl; st = Steinkohle; br = Braunkohle.

Bildquellen

Werner Blattmann: 216, 230; Heide Breitel: 33; Dirk Eisermann/argus: 15, 16, 22/23, 25, 28, 29, 30, 55; Christian Geißler: 197; Manfred Grohe/argus: 46; Reinhard Großmann: 177, 183, 184; Reinhard Hübener: 38/39, 108, 122, 125, 164; Reinhard Janke/argus: 75, 76, 89, 182, 214/215; Dieter Kahl: 79, 80; Hartmut Klenke/argus: 160/161, 170, 172, 173; Axel Krause: 51, 56; Erdmann Wingert: 52, 53; Michael Kröger: 67, 105, 110, 169, 185; Holger Lübkert/argus: 187, 191, 198; Schwarz-Weiß Verlag, Köln: 8, 18/19; Rainer Sievers: 192; Loretta Walz: 94. Die Abbildungen in den Baumporträts entnahmen wir Meyers Konversationslexikon von 1886.